经济与管理科学智库丛书

我国制造企业
低碳创新绩效提升路径研究

WOGUO ZHIZAO QIYE DITAN CHUANGXIN JIXIAO TISHENG LUJING YANJIU

吕希琛　徐莹莹　著

哈尔滨工程大学出版社
Harbin Engineering University Press

内容提要

本书以我国制造企业为研究对象，以提升制造企业低碳创新绩效为研究目的，以制造企业低碳创新绩效的关键影响因素的识别研究为切入点，深入挖掘各个因素对制造企业低碳创新绩效的作用机制，结合实证分析结果，提出提升我国制造企业低碳创新绩效的对策建议，为低碳经济背景下我国制造企业打破低碳壁垒、培育竞争优势提供理论和实践借鉴。

本书适用于从事本领域研究的学者及相关业界人士使用。

图书在版编目(CIP)数据

我国制造企业低碳创新绩效提升路径研究/吕希琛，徐莹莹著.—哈尔滨：哈尔滨工程大学出版社，2018.6

ISBN 978-7-5661-1943-8

Ⅰ.①我… Ⅱ.①吕…②徐… Ⅲ.①制造工业-低碳经济-企业创新-企业绩效-研究-中国 Ⅳ.①F426.4

中国版本图书馆 CIP 数据核字(2018)第 112094 号

选题策划 龚　晨
责任编辑 张忠远
封面设计 博鑫设计

出版发行 哈尔滨工程大学出版社
社　　址 哈尔滨市南岗区南通大街 145 号
邮政编码 150001
发行电话 0451-82519328
传　　真 0451-82519699
经　　销 新华书店
印　　刷 哈尔滨市石桥印务有限公司
开　　本 787mm×960mm　1/16
印　　张 12.75
字　　数 321 千字
版　　次 2018 年 6 月第 1 版
印　　次 2018 年 6 月第 1 次印刷
定　　价 49.80 元
http://www.hrbeupress.com
E-mail:heupress@hrbeu.edu.cn

前　言

近年来，由化石燃料过量使用导致的全球气候剧变、城市雾霾横行等环境污染问题日益突显，人类的生存环境正面临着前所未有的危机，低碳化和可持续发展再一次成为管理者和研究者迫切关注的热点议题。作为世界性制造中心，我国制造业对提升经济社会发展的主体地位所做出的巨大贡献不言而喻，然而长久以来秉持的高投入、高增长和粗放式发展模式导致我国制造业的发展思路与低碳经济的主导思想极度背离，行业发展的创新能力和核心技术严重不足，发展态势堪忧。制造企业作为制造业的微观主体，既是大部分物质产品的直接提供者，又是绝大多数污染物的直接生产者，既要寻求在低碳沙漏的筛选下实现自身的生存和发展，又必须承担着积极响应国家低碳号召、担负低碳责任的使命，制造企业低碳创新的实现和推进势必会对我国低碳经济气候的形成产生以点带面的辐射作用，进而推动经济社会的全面低碳化进步。基于此，本书以我国制造企业为研究对象，以提升制造企业低碳创新绩效为研究目的，以制造企业低碳创新绩效的关键影响因素的识别研究为切入点，深入挖掘各个因素对制造企业低碳创新绩效的作用机制，结合实证分析结果，提出提升我国制造企业低碳创新绩效的对策建议，为低碳经济背景下我国制造企业打破低碳壁垒、培育竞争优势提供理论和实践借鉴。

第一，动态测度了我国制造企业低碳创新发展现状并分析存在的问题。在定性明确制造企业低碳创新内涵和特征的基础上，通过建立创新评价体系，应用组合动态评价模型等方法对我国制造企业低碳创新和发展态势进行动态测度，结合评价结果分析了我国制造企业低碳创新所面临的主要问题。

第二，识别了影响制造企业低碳创新绩效的关键因素。通过明晰制造企业低碳创新绩效的内涵和内容，利用调研访谈，采用扎根理论质化研究方法，紧密结合我国制造企业低碳创新情境，通过开放式编码、主轴式编码、选择式编码和理论饱和度检验等步骤深入识别出外部关系质量、外部环境质量和企业创新能力是影响制造企业低碳创新绩效的关键因素。

第三，探讨了外部关系质量因素对制造企业低碳创新绩效的作用机制。通过对开放创新模式下制造企业与合作主体关系间嵌入程度的衡量因素——外部关系质量进行深入解析，构建基于关系质量为前因变量、知识共享为中介变量、低碳创新绩效为目标变量的作用机制模型，采用层级回归分析方法对模型进行检验讨论。

第四，研究了外部环境质量因素对制造企业低碳创新绩效的作用机制。外部环境质量是对制造企业低碳创新活动具有约束、保障和支撑作用的关键影响因素，采用演化博弈分析方法探讨外部环境主体对制造企业低碳创新活动的影响作用，在此基础上采用多元回归分析方法实证检验外部环境质量因素对制造企业低碳创新绩效的作用机制和作用效果。

第五，分析了企业创新能力因素对制造企业低碳创新绩效的作用机制。企业创新能力是影响企业低碳创新绩效的关键内生因素，在探究低碳背景下制造企业创新能力的内涵、发展要求和结构维度基础上，采用典型相关分析方法对企业创新能力变量组与低碳创新绩效变量组之间的典型相关关系进行实证研究，以此检验和分析企业创新能力对低碳创新绩效的作用机制。

第六，构建了关键影响因素对制造企业低碳创新绩效的联合作用机制模型。将影响制造企业低碳创新绩效的各个关键因素放入一个研究框架内构建作用机制模型，探索各构念之间的作用效果，利用层级回归分析方法、多重中介效应检验方法及结构方程模型修正与检验的方法对研究模型进行实证验证和讨论。

第七，提出提升我国制造企业低碳创新绩效的保障措施。依据识别出的关键影响因素及其对企业低碳创新绩效的作用路径和作用效果，从优化外部关系质量、优化外部环境质量及培育企业创新能力三个方面提出了促进我国制造企业低碳创新绩效提升的对策建议。

本书由哈尔滨理工大学教师吕希琛和徐莹莹共同撰写，其中，吕希琛负责全书的逻辑梳理，以及第二章至第七章的内容撰写工作（约 271 千字）；徐莹莹负责第一章、第八章的撰写工作，以及全书的校对工作（约 50 千字）。本书内容或有不足或欠妥之处，敬请各位读者不吝指正。

最后，感谢黑龙江省自然科学基金（JJ2016QN0645）和黑龙江省哲学社科基金青年项目（16GLC05）的资助，感谢参与此书撰写、修改及提出建议的所有老师，感谢哈尔滨工程大学出版社。

著　者

2018 年 2 月

目 录

第1章 绪 论

1.1 研究背景、目的及意义

1.1.1 研究背景

随着全球气候变化、大范围城市雾霾等问题的日益凸显，各国政府对化石能源过量使用导致的碳污染问题愈加重视。世界经济在经历了农业化、工业化和信息化三次革命浪潮之后，正在步入第四次革命——低碳化。以低碳经济为主导的经济结构将掀起传统产业转型和新产业崛起的新浪潮，低碳、减排、绿色、环保将成就世界新的话语权[1-2]。欧洲众多发达国家对低碳经济的重视和践行都起步较早，2003年，英国出版的能源白皮书《我们能源的未来：创建低碳经济》中便涉及了对发展低碳经济的理解[3]，2006年，英国“气候经济学之父”尼古拉斯·斯特恩呼吁全球向低碳经济发展模式转变，并指出目前全球以每年1%国民生产总值(GDP)的低碳投入就可以减少5%～20%的GDP潜在损失。2009年，美国也一改曾经提出的“温室气体减排会抑制美国经济发展”的态度，宣布积极响应减排提议，在2009年举行的哥本哈根气候大会上，美国政府承诺了中期和长期的减排目标，为国际气候变化新公约的缔结起到了领导和推动作用。在此次气候大会上，中国政府也积极做出低碳宣言，承诺至2020年实现单位GDP二氧化碳排放比2005年下降40%到50%的减排目标[4]，2010年3月，时任国务院总理温家宝在政府工作报告中提出，必须加快经济增长方式的转变，由以消耗换发展模式转变为低碳集约型模式[5]，表明我国政府已经将经济社会低碳化转型提升至全新的战略高度。重视低碳化转型，对我国国际经济地位的提升、社会事业的繁荣和居民生存环境的优化都不可置疑地起到助推作用，符合我国经济社会科学发展、全面发展的基本路线。

我国制造业经历了三十多年的井喷式发展，目前已形成规模庞大，种类齐全，技术和工艺水平较先进的产业体系，且其行业产值也保持多年的高速增长态势。美国经济咨询机构HIS环球透视统计表明，2009年我国制造业以高达1.6万亿美元的产值占全球份额的18.6%，2010年该数值更是超过1.95万亿，占到全球制造业份额的19.8%，首次超过美国，成为世界头号制造大国，“中国制造”正作为一个强有力的标签影响着世界经济格局[6]。尽管近年来以服务业为代表的第三产业正以前所未有的速度飞速发展,但在未来相当长的一段时期内,以制造行业为代表的第二产业仍是国民经济发展的重头戏,其主体地位仍难以撼动。然而长期以来,我国制造业的发展过多地重视产出和增长指标,忽视能耗和碳排等因素,其发展思路以高碳排和高污染为代价,依靠廉价劳动力形成竞争优势,创新能力和核心技术严重不足,导致近年来我国能源急剧消耗,环境加速恶化,城市雾霾横行,制造业发展态势无法摆脱“低端混战,高端失守”的局面。在国际竞争日益深入的背景下,面对低碳经济机遇与挑战的筛选,如何借助我国制造业现有的规模优势,实现制造业的低碳化发展、制造企业的低碳创新,使“中国制造”升级为“中国创造”,让“中国价格”进化为“中国价值”,是众多研究制造业发展的学者所亟待解决的问题。制造企业作为制造业的微观主体,既是大部分物质产品的直接提供者,又是绝大多数污染物的直接生产者,既寻求在“低碳沙漏”的筛选下迎接挑战,实现自身的生存和发展,又承担着积极响应国家低碳号召、担负低碳责任的使命。因此,实现制造企业的低碳创新发展,形成企业特有的低碳竞争力,是低碳经济背景下政府管理部门、企业决策者、科研学者亟须攻克的难题和挑战。出于这种思考,本书以我国制造企业为研究对象,在借鉴和归纳国内外学者对企业创新和低碳创新相关研究的基础上,结合我国制造企业实际,探索影响制造企业低碳创新的关键影响因素及其作用路径,以期为促进我国制造企业的低碳创新提供理论借鉴,进而提升行业和社会整体低碳发展水平,赢得经济社会低碳化革命的全面胜利。

1.1.2 研究目的及意义

1. 研究目的

制造企业作为制造业的基础运行单元,其低碳创新的推进和低碳创新绩效的提升是我国制造业乃至经济社会低碳化转型的前提,探索低碳经济背景下我国制造企业如何推进低碳创新、培育低碳竞争优势、提升低碳创新绩效是本书的研究目的所在。本书通过梳理和借鉴国内外相关研究成果,结合企业创新的社会资本观和能力基础观,采用扎根理论识别出与制造企业创新相关联的组织外部关系质量、外部环境质量以及企业创新能力是提升其低碳创新绩效的关键因素所在,在此基础上深入挖掘各个关键因素的内涵、维度及其对低碳创新绩效的单独作用机制和联合作用机制,通过构建作用机制模型并利用问卷数据进行实证分析的方法得出相关结论,进而提出提升我国制造企业低碳创新绩效的对策建议,为低碳经济背景下我国制造企业打破低碳壁垒,培育竞争优势提供理论和实际依据。

2. 研究意义

在全球经济低碳化进程加速推进的背景下,我国正处于利益结构重组、资源配置优化的经济转型关键期,作为社会经济主体的制造企业在经济低碳化转型中所发挥的作用举足轻重。研究表明，大中型制造企业的能耗和碳排放比例占工业总量的近九成[7]，制造企业势必成为低碳转型的重点关注对象。基于此，对制造企业低碳创新影响因素及作用机制相关问题的研究，无论是在为理论层面开拓新的研究框架还是在实践中为管理部门和企业决策提供借鉴均具有较好意义。

(1)理论意义

近年来，低碳和创新始终是制造企业研究学者探讨的热点议题，将两者相结合探索我国制造企业如何践行低碳发展、提升低碳创新绩效的研究无疑具有较好的理论意义。本书通过将企业传统研究理论中的社会资本观和能力基础观相结合，针对我国制造企业低碳创新发展的现状和问题以及低碳经济下企业创新的特点，采用扎根理论识别出影响制造企业低碳创新绩效的关键因素，在此基础上构建关键因素对制造企业低碳创新绩效的作用机制理论模型，探索各影响因素对低碳创新绩效的作用路径和作用效果，以此完善和拓宽低碳经济背景下我国制造企业创新发展的理论框架。

(2)实践意义

“十二五”以来，我国政府积极倡导制造行业加快转变经济增长模式，走集约型、低碳型的新型工业化道路，低碳经济为制造业发展带来了新的机遇和挑战。然而与发达国家相比，我国制造企业具有一定的特殊性，无论是在创新发展环境、创新发展水平，还是在自身经济技术实力方面都存在一定的差异和差距，其在各个因素影响下的创新发展路径也不可以偏概全，因此对我国制造企业低碳创新绩效提升机制的研究既密切关联我国国情实际，又积极响应低碳时代和节能环保的召唤，具有较好的实践意义。

首先，通过分析和测度我国制造企业低碳创新发展现状，指出制造企业低碳创新的紧迫性和存在的问题。

其次，采用基于扎根理论的质化研究方法探索影响我国制造企业低碳创新绩效的关键因素，系统分析各个关键因素对制造企业低碳创新绩效提升的单独和联合作用机制，并通过实地访谈和问卷调查方法获取实证数据进行实证分析。

最后，分别从优化外部关系质量、优化外部环境质量以及培育创新能力层面提出了提升我国制造企业低碳创新绩效的保障措施，对低碳经济背景下助力我国制造企业低碳创新发展，打破国际低碳壁垒，优化和更新企业核心竞争力具有现实意义，同时也为政府管理部门和企业决策者的政策制定和决策参考提供借鉴作用。

1.2 相关领域国内外研究现状

1.2.1 国外研究现状

1. 低碳经济背景下制造企业相关研究

低碳经济发展理念的催生和进展,促使全球各国根据自身国情对低碳经济具有不同的认识和实践。欧盟各国趋向于通过政策引导的方式促使国民的生活和生产方式向低碳和绿色转型[8-10],美国和日本等技术领先的发达国家则更倾向于诉诸技术进步和技术扩散手段对能源结构和环境变化问题的作用,致力于低碳气候和低碳社会氛围的形成和打造[11-12],以我国和印度为首的经济转型期发展中国家则更多关注通过低碳政策等手段提升区域或关键产业的低碳发展水平,形成低碳发展模式[13]。制造业对于各国来说都是低碳背景下的重点关注产业,对制造企业应对低碳经济、实现低碳发展相关研究的梳理是企业低碳创新研究的前提和基础。

通过对相关文献的总结,国外学者对低碳经济背景下制造企业的相关研究大体从制度约束和内部驱动两个层面探讨企业如何践行低碳发展。在制度约束对制造企业低碳发展的影响方面,Morgenstern 等采用投入产出分析对包含美国制造业 361 种商品的投入产出表进行研究,分析温室气体减排政策对制造业内各行业所产生的负担和影响,指出仅有少数行业承担如短期碳税或类似政策会带来一定的负面影响,且相对于不同行业所具有的影响也不同[14]。Floros 以希腊 1982—1998 年的制造业数据为研究样本,分析了规模以上制造企业该年段的能源需求和碳排放关系,验证了碳税政策对于减少企业二氧化碳排放量具有积极作用[15]。Acquaye对爱尔兰建材制造企业的温室气体排放数据进行输入输出分析,指出针对企业碳排强度的有效约束对最大限度实现经济低碳化总体目标有显著作用[16]。Hammond 等通过对英国 1990—2007 年制造业企业中与能源消耗有关的碳排放量进行测算和研究表明,其碳排放水平大约以每年 2% 的速度下降,研究其原因后指出能源强度的下降是制造企业降碳减排的主要因素[17]。Mattila 通过对芬兰 2002—2005 年制造行业产品的碳足迹分析,从产品角度测度了该时段行业的低碳化水平,通过分解产业链的形式探索影响行业低碳化进程的中间变量[18]。

在制造企业内部因素驱动低碳发展方面,学者普遍认为在低碳竞争环境下企业内部制造、加工工艺的改进有助于降本增效,促进企业发展。Tridech 等认为从技术改进上促进能源和资源的高效利用,并对产品生命周期各环节实行降碳处理,有助于企业形成低碳能力,践行低碳发展[19]。Rai 指出低碳技术进步对提升制造企业应对低碳经济的整体适应能力具有决定性作用,技术进步有利于制造企业在供应链层面有效降低成本,在制造工艺层面实现快速制造[20]。Ball 认为低碳经济所追寻的目标与企业的绿色制造行为(节能、减排、降耗)高度契合,并以碳流的输入与输出关系为研究对象,通过集成原料流、能量流、弃物流等方面建立了研究框架,提出了"零碳制造"的概念,指出这种制造模式对企业实现低碳升级作用显著[21]。

2. 企业创新的相关研究

通过梳理,国外学者对企业创新的相关研究主要集中在企业创新能力、企业创新水平以及创新绩效评价等研究方面,以下对上述几个方面进行梳理和总结。

(1)在企业创新能力研究方面

Leonard Barton 从人才观的角度定义了企业创新能力,认为创新能力是企业内部管理人才、技术人才等所具有的知识、技能、素质、价值观等能力的综合体[22]。Moorman 等认为支持企业创新的关键能力是企业利用现有和可接触到资源,以突破的方式克服企业的经营障碍的能力,是一种创新能力的资源观角度[23]。Richard 等从市场化的角度给出定义,指出企业创新活动是利用内部的新知识、新想法进行市场化的过程,技术创新和营销创新是其主要的组成部分[24]。Dittrich 以企业创新网络为研究对象,指出网络中创新主体应具备对现有资源的整合和消化能力,以及对网络中潜在机会的探索和识别能力[25]。Sui 将企业社会资本、企业吸收能力同企业创新能力集中到一个研究框架中探讨企业创新能力的驱动因素,指出社会资本与创新能力之间存在倒 U 形关系,并且吸收能力在二者之间起到调节作用[26]。Cesar 等从组织创新战略对技术创新能力影响的机制进行研究,得出组织创新战略的引导在促进产品和工艺创新能力提升方面影响显著[27]。

(2)在企业创新水平和创新绩效评价的研究方面

所查阅的文献中 Steele 较早对企业创新进行评价研究,并提出采用财务审计中的核对表法对企业创新水平进行实证评价[28]。Terziovski 研究了集群创新网络中企业创新的评价策略,并从系统的角度构建了基于创新投入、流程设计、创新产出和创新引导等指标的创新评价模型[29]。Capaldo 在前人设计的创新评价体系模型的基础上,运用模糊逻辑的隶属关系算法对企业创新进行定量化评价[30]。Jesus 等基于创新流程设计了包含创新成本、创新成果、产品创新、工艺创新等测评指标的企业技术创新绩效考核量表[31]。Prajogo 等在集群产业创新评价的研究中,构建了基于创新领先因子、创新速度因子、创新科技因子,以及创新数量因子的集群创新水平评价四维指标体系进行创新水平评价[32]。Alegre 等侧重从效率和效果两个层面构建了创新评价模型,指出产品更新及时性、产品线扩张度、产品研发时间等指标体现创新效率层面,创新产品数量、市场份额、研发投入等指标体现创新效果层面[33]。

3. 企业低碳创新的相关研究

国外学者对企业低碳创新的研究大多囊括在环境创新的概念之中。Brunnermeier 等从环境压力驱动企业低碳创新行为的角度进行研究，认为单个企业会重点考虑污染的外部性因素，从而放弃或消极采取针对污染治理和低碳方面的创新行为，政府环境规制或是其低碳创新的初始驱动力，通过对制造企业 146 个研究样本实证表明，企业环境创新专利数与该时段政府的环境规制力度存在正相关关系[34]。Ursula 等指出政府严格的环境管制压力和区域对环境行为的倡导有助于企业采取环境创新行为，并以德国汽车制造行业为研究对象，实证验证了基于这种驱动力的创新行为对企业环境创新绩效的提升作用，有效实现环境效益和经济效益的双赢[35]。部分学者认为企业对环境规制的响应更密切源于市场机制的拉动作用。Morris 研究指出企业的环境创新和低碳创新所带来的效果一方面在于使其形成新的发展思路，拓宽了原有思路中只通过“三废”回收利用取得环境效益的单一途径；另一方面可以形成“技术补偿”效应，推动企业生产过程中实现 x 效益，降低非 x 效率，有助于企业绩效的提升和低碳创新成果的转化[36]。Unruh 通过发表在 *Energy Policy* 的三篇论著递进式地从低碳创新渠道角度向人们解释了碳锁定现象的存在，旨在传达低碳创新是一个“技术—制度”的复合体，除依靠政治、社会、经济等外部渠道以外，企业自身的技术创新是解除此锁定效应的关键性内生驱动力[37-39]。Vergragt 指出企业通过技术突破手段打破碳锁定僵局的有效路径是针对碳封存、碳捕获以及可再生能源方面的创新，同时，企业规模、政府规制、主流消费者的消费偏好、“缝隙”市场等也是影响创新技术选择效果的关键指标[40]。

4. 企业创新绩效影响因素的相关研究

Cohen 等认为科技研发是创新活动的关键过程，并通过长时间的观察数据实证指出研发强度是衡量企业创新能力的重要指标，两者具有极强的正向相关关系[41]。Michael 等通过对企业环境竞争力的研究指出中心企业和消费群体的双重作用有助于业内企业形成整体低碳创新环境，从而提升创新绩效[42]。Landry 实证研究了蒙特利尔地区制造企业内部创新与网络资源的关联性，指出大规模企业外网网络蕴含丰富的商业、信息、关系、科研等多样化资源，是企业绩效提升的保障条件[43]。Assis 等从企业应对外部不确定性角度，指出优质的战略网络连接能大幅度提升各方企业的经营弹性，借助网络渠道平台企业可以补充、分享互补性资源，促进自身产品和服务的完善，同时成功的合作也能巩固网络关系，抑制背叛行为[44]。Burgelman 对影响企业创新绩效的因素进行研究指出，企业资源（科技、人才、知识）的存量、对政策环境及竞争环境的认识、企业战略及企业文化的引导是影响企业创新效果的关键维度[45]。Nabil 等通过收集和研究加拿大制造型企业的环境创新数据，提出由内部源、市场源、科技源和一般源组成的信息源概念集合是企业环境创新新颖程度的关键因素，指出通过自主研发而获得创新技术的企业相较于购买引进方式获得新技术的企业更具创新优势，其原因在于自主方式更有可能全面利用各种信息源形成创新工艺和创新产品[46]。Coombs 研究了企业专利与科技论文在不同阶段对企业技术创新能力的衡量效度，指出相较于科技出版物在企业基础研发阶段对创新能力的衡量具有的效果，科技专利对于成熟型科技企业技术创新水平的测度更为科学[47]。Yousef 等围绕企业供应链的利益相关者进行研究，论证了诸如企业合作伙伴、供应商、企业客户等利益主体的行为策略影响企业的环境创新决策，同时以约旦化工制造企业为例进行实证分析，验证了企业通过环境创新战略带来的设计、生产和经营行为的环境转变能有效抵消环境创新带来的创新成本[48]。Yu 指出社会资本和企业创新绩效存在倒 U 形关系，并认为企业吸收能力具有调节社会资本和企业创新之间关系的作用[49]。

1.2.2 国内研究现状

1. 低碳经济背景下制造企业的相关研究

以制造企业为代表的工业是我国经济社会发展的主体产业，统计数据表明，2012—2013 年我国工业二氧化碳排量占全国的 94.82%，因此国内制造业的低碳发展和低碳创新始终受到管理部门、产业研究部门和科研学者的广泛关注。通过文献梳理，国内学者对低碳经济背景下制造企业的相关研究多将视角锁定于影响我国制造企业低碳发展的驱动因素、发展路径，以及企业低碳发展现状评价等方面。

(1)制造企业低碳发展驱动因素和发展路径的研究

张英华在论著中研究指出制造企业的低碳之路是一种由外至内改变企业内部行为的战略活动，其低碳运营的实施过程具有多种方式，包括被动式低碳运营、节能减排式低碳运营和突破壁垒(谋求环境优势)低碳运营等，并提出政府的强制性法律法规、国际贸易壁垒、区域环境消费理念和企业内部人员环境理念等因素是制造企业低碳之路的重要驱动力量[50]。王崇梅以经济转型为背景研究了能源消耗与制造行业经济增长的脱钩指数关联性，利用 1990—2007 年制造行业面板数据进行实证分析，指出所研究时间内存在的行业经济增长和能源消耗的相对脱钩和绝对脱钩现象[51]。王欢芳等以我国大中型制造企业为研究对象，基于脱钩理论对 2000—2009 年这一阶段的制造企业碳脱钩弹性和节能弹性进行实证分析，指出制造企业低碳发展水平与碳排放脱钩状态间的关联关系，以及现阶段我国制造业碳减排任务的艰巨性[7]。陈晓红通过借鉴和提炼国内外学者的研究成果，总结出影响工业企业低碳化发展意愿的 9 个潜在驱动因子，通过铝业企业数据进行了验证性因子分析，实证验证得出了较为全面的我国铝业行业低碳化发展驱动因素[52]。王智宁从企业低碳成长的策略角度，分别从企业个体、企业集群、经济—社会—环境三个层面的互动机制出发，构建了企业低碳成长路径，并结合所构建框架提出：温和型低碳成长、突变型低碳成长、构建企业低碳惯性和链接企业低碳利益四个层面的对策[53]。姚西龙以 1995—2008 年我国年鉴数据为研究对象，应用非参数

Malmqusit 指数方法测算了工业全要素生产率，在此基础上利用交互效应模型，研究制造业碳排放量与技术进步和结构变动的影响效应，指出相较于结构变动，技术进步对企业低碳发展路径的影响作用极为微弱，究其原因或在于“回弹效应”的影响[54]。

（2）制造企业低碳发展评价方面的研究

解百臣等采用基于投入型的模型，构建了综合碳排因素指标和经济效益指标的评价体系对我国30个省市区的发电企业进行低碳发展评价，给出了较全面的评价结果和建设性的建议[55]。卜华白等创新性地提出企业低碳水平评价的评价模型，并以铅锌制造企业为例进行实证评价，指出该模型对有效避免低碳发展评价过程中信息残缺和信息容错等问题具有显著优势[56]。陈琦等以制造企业的高能耗、高碳排为代表，钢铁企业为评价对象，应用面向生产过程的思想从源头指标、中间管理、末端指标三个层面构建企业低碳化评价体系，并提出与之相适应的组合评价方法[57]。朱利明以宽泛含义下的企业为目标，研究并建立了基于运营优势、环境优势、资源优势和管理优势四个层面企业低碳发展评价体系[58]。唐德才等以制造业为研究对象，构建了基于经济效益、能源环境和碳排测度的行业低碳化发展的三维评价体系，利用5年的样本数据，采用动态因子分析方法计算出制造业各分行业的因子得分，通过排序指出我国制造业低碳化水平总体不理想，且“偏科”现象严重[59]。

2. 企业创新的相关研究

国内学者关于企业创新的相关文献主要将视角集中于企业创新能力的界定、创新能力的维度，以及创新评价等研究方面。在企业创新能力的内涵和维度研究方面，魏江等研究指出创新能力是企业实现创新战略的关键要素，并从工艺创新能力和产品创新能力两方面对企业创新能力进行了概念界定[60]。官建成把企业创新能力的内涵界定为企业在战略目标的指引下通过企业资源利用进行突破性活动的积累性储备[61]。陈力田认为创新活动的实质是企业知识的整合和升华过程，而创新能力就是企业对已有知识的搜集、对新知识的获取，以及发现两者的新组合，转化成新应用的能力，对创新成败的作用显著[62]。杨智勇等对创新能力的维度进行深入讨论，提出评价企业技术创新能力的关系模型，采用 SEM 模型对模型指标间因果关系进行验证和求解，实证结果表明，指标中对企业技术创新能力影响强弱顺序为：研发能力 > 投入能力 > 管理能力 > 营销能力 > 生产能力[63]。李垣等研究认为从长远来看，“以市场换技术”的原始创新技术创新策略可以抵消企业短期的利益损失，通过构建目标导向、技术创新的创新发展策略对企业创新能力和创新水平的提升作用显著[64]。

在企业创新水平和创新绩效评价方面，朱利民构建了基于仿效能力的制造企业创新评价体系，运用由 Lagrange 乘数法确定权重的模型对企业技术创新水平进行了评价[65]。吕一博等以中小制造企业为对象构建了基于“创新过程”的创新能力评价体系，利用因子分析对 235 家目标中小企业进行创新评价实证，并通过引入雷达图可视化地展现了评价结果[66]。黄山松等从劳动要素、资本要素和技术要素的不同密集程度对制造业进行辨识和类别划分，并采用 DEA－Malmquist 方法对各类别企业进行了创新效率评价研究[67]。孙冰等以黑龙江省制造企业的创新发展现状为研究对象，从企业创新总效率值、创新规模效益以及自主创新敏感性三方面构建企业创新评价指标体系，采用改进模型利用年鉴数据进行了实证评价和投入产出分析[68]。张晓明以 A 股上市的 34 家制造企业年报数据为基础，采用基于粗糙集和 AHM 的组合评价方法对所构建的指标进行制造企业创新评价实证，验证了该组合评价方法的可行性[69]。

3. 企业低碳创新的相关研究

绿色创新和低碳创新是国内企业研究学者近些年探讨的热点议题。王建明从绿色技术创新、生产创新和营销创新三个创新要素进行分析，指出相较于绿色营销创新的市场缓冲时延，技术创新和生产创新对企业绩效的影响作用更为直接和有效[70]。华锦阳认为提出技术创新作为企业践行低碳经济的有效手段，其动力机制还有待进一步加强，传统的技术创新五维动力框架不足以完全驱动企业的低碳技术创新，通过对浙江地区工业园区的实证分析考察了企业低碳技术创新动力源的演变趋势，指出市场引导下的“利益驱动”和自发环保下的“意识驱动”动力强劲，政府监管和舆论监督双管齐下才能作用显著[71]。洪江涛以钢铁制造企业为例研究了制造企业低碳供应链创新，指出随着低碳创新在供应链层面的由内向外渗透，低碳所带来的商业价值逐步升高，其渗透过程沿着内部技术创新、行业结构调整、管理战略优化和外部资源联动的路径进行[72]。李先江从绿色创业导向出发，将企业的低碳创新视作中介变量，从渐进式创新和突破式创新两个角度进行划分，同时突破式低碳创新又从技术和市场两个方面进行研究，指出绿色创业导向均正向作用于三种低碳创新形式，且对企业绩效均具有提升作用，唯有在绩效提升的时效方面存在差别[73]。洪江涛等以钢铁行业制造企业为例，通过梳理我国钢铁制造企业低碳供应链的应用和发展现状提出企业低碳供应链创新体系建立的方法和手段，并结合宝钢的实际案例探讨了该创新体系的可行性[74]。岳书敬针对低碳创新的效率进行研究指出，鉴于经济和环境的双重外部性效应，政府的扶持对工业企业的低碳创新是极其必要的；同时，市场竞争、企业规模以及 FDI 也与企业低碳创新效率存在密切相关关系，在此基础上提出优化我国工业企业低碳创新效率的建议[75]。

4. 企业创新绩效影响因素的相关研究

曹鹏等研究企业网络能力、内部学习能力等要素同创新绩效的关系，对长三角制造企业数据进行实证分析，指出网络能力中介作用于学习能力和创新绩效[76]。郑慕强研究企业技术创新绩效的提升机制指出，企业外围网络和内部吸收能力是影响技术创新的关键维度，并从规模、强度和互惠度三个层面对外围网络进行了划分[77]。黄攸立等将现有学者对企业创新绩效影响因素的研究进行了归总，并指出因素所涉及的维度大体包含环境、结构、组织和个体四个层面，并认为这种一般创新理论提出的绩效驱动因素可以推广到解决绿色问题的创新行为[78]。陈劲等从产品创新、工艺创新以及平台创新三个方面对技术创新绩效进行划分，并研究了技术创新绩效的创新投入因素，包含合作/内部研发因素、外围技术和设备采购因素、工程处理和工业设计因素、市场信息和市场推广因素等方面[79]。谭蓉娟对珠江三角洲装备制造企业进行深入研究，指出提升该区域制造企业创新能力和创新水平的关键在于选择相应的自主创新模式，对构建创新因素、自主创新模式和创新绩效的研究框架进行实证研究，发掘出创新模式与创新绩效间的非递归关系[80]。奉小斌从团队间跨界行为角度出发，指出协调行为(团队间沟通协调交互并获取外部反馈的行为)具有优化团队工作流结构，激发团队创新效能的作用，正向作用于团队创新绩效[81]。胡平将企业外部网络要素同企业竞争力(创新绩效)放入一个研究框架中，探讨二者的关联性并指出，企业核心竞争力的形成和提升同外部网络关系的稳固性具有正相关关系，但网络的特定维度又分别影响企业的创新能力和赢利能力[82]。王宗水等研究指出知识存量通过直接或间接的方式影响着组织的创新绩效，而外部知识的获取、提炼、整合又是增加企业自身知识存量的重要途径[83]。

1.2.3 国内外研究现状评述

综上所述，国内外学者在低碳背景制造企业的相关研究，企业创新、低碳创新、绿色创新和环境创新的相关研究，以及企业创新绩效的影响因素相关研究等方面进行较多论述，也取得了较丰硕的成果，这些研究成果为制造企业低碳创新绩效影响因素及作用机制的研究奠定了丰富的理论基础。在全球经济低碳化进程加速推进的今天，制造企业的生存环境面临巨大变革，低碳创新和低碳转型为企业发展提供了全新的应对思路，也为企业研究学者指明了新的研究热点。然而，现有研究对制造企业低碳创新探讨的标准化框架还没有形成，其低碳创新的特性影响因素也有待进一步挖掘，通过梳理和总结，笔者认为现有研究和方法在以下几个方面还存在几点瑕疵，有必要进行进一步探讨。

(1)国内外学者对企业创新的理论研究已经较为丰富和成熟，然而对于低碳层面的创新研究却并不普遍，在文献梳理中，国内外对低碳角度的研究多将研究目标设定为区域、城市或者泛指意义下的企业层面，鲜有针对特定类型企业的低碳创新研究，专门聚焦具有高能耗、高污染和高碳排特性的我国制造企业的针对性研究更是少见，因此现有研究对我国制造企业低碳创新的指导意义不强。

(2)国内外研究在企业创新绩效影响因素的识别方面多采用定性提出或者通过案例总结的方式，这种提出方法难免造成实践说服力不强、理论饱和度不够的弊端,并且将宽泛意义上创新绩效的影响因素直接套用于我国制造企业以及低碳创新研究中显然并不合适,难以契合我国制造企业的本土化特点和以低碳为着眼点的创新绩效衡量特征。

(3)国内外研究在影响因素对企业创新绩效作用机制方面的论述多将视角限定于单一层面的因素及特定的分析层次上,比如环境规制、市场因素等外部层面因素,或者企业能力、企业规模、企业资源等内部层面因素,而鲜有将各层面因素放入一个作用机制框架内的研究。低碳创新作为一种开放式新兴创新模式,其创新绩效的取得是企业在客体关系和客观环境双重刺激下的反应能力与企业内在资本所支配企业综合能力的系统性结合,是各因素联合作用的结果,因此单一方面的研究难免有所偏颇。

综上所述,本书认为有必要聚焦低碳经济的重点关注对象——制造企业,利用深度访谈和扎根理论的研究方法有针对性地挖掘和选择影响制造企业低碳创新绩效的关键因素,在此基础上利用实证研究方法探讨和构建各个影响因素对低碳创新绩效的单独和联合作用机制模型,进一步验证因素间的作用路径和影响程度,探索促进制造企业低碳创新绩效提升的有效途径。

1.3 总体思路和研究内容

1.3.1 总体思路

本书在对国内外相关研究成果进行梳理和吸收的基础上,搭建了基于理论和问题探索—概念模型构建—作用机制和作用效果分析—实证研究和结果讨论—提升对策和建议的研究框架。首先,阐述研究背景、研究对象和研究目的,并在分析低碳经济为制造企业带来的机遇与挑战背景的基础上,通过组合评价方法动态测度我国制造企业整体低碳创新发展态势水平,指出我国制造企业低碳创新的紧迫性并提出其存在的问题。其次,在提出问题的基础上进行问题的系统性分析,采用扎根理论方法识别制造企业低碳创新绩效的关键影响因素及各因素之间的逻辑关系,并分别探究各影响因素对低碳创新绩效的单独和联合作用机制。最后,结合实证结论讨论结果从优化各关键因素角度提出助力和我国制造企业低碳创新绩效提升的措施建议,在系统性分析的基础上解决前文所提出的科学性问题。

1.3.2 研究内容

本书共分为八个部分,主要研究内容如下。

1. 绪论

从第四次工业革命“低碳化”入手,以国内外低碳经济的发展历程、制造业在我国经济发展中的主体地位，以及制造企业低碳创新发展的紧迫性为选题背景、目的及意义进行论述，分别从低碳经济下制造企业发展、制造企业创新，以及企业低碳创新几个方面对国内外的相关文献进行梳理、归纳和评述；并阐述本书的研究思路、研究内容、研究方法以及创新之处，为后文的展开奠定基础。

2. 我国制造企业低碳创新的现状和问题分析

在定性分析制造企业低碳创新的内涵和特征基础上，采用组合评价模型动态测度我国制造企业整体低碳创新发展态势。通过构建基于经济效益、科技投入、能源消耗、碳排测度和环境压力制造企业低碳创新五维评价体系，结合马尔科夫链状态转移矩阵和集对分析的耦合模型，利用年鉴数据得出评价结果和评价结论，指出我国制造企业低碳创新的必要性和紧迫性，并依据原始数据和实证结论提出我国制造企业低碳创新所面临的问题。

3. 制造企业低碳创新绩效的关键影响因素识别

深入根植于制造企业低碳创新情境，采用扎根理论深度访谈方法对影响制造企业低碳创新绩效的关键因素进行辨识。在对制造企业低碳创新绩效的内涵和内容等相关概念进行阐述的基础上，对扎根理论研究方法进行设计和实施，通过开放式编码、主轴式编码和选择式编码等核心步骤的迭代确定制造企业低碳创新绩效关键影响因素的各层次范畴，以及范畴之间的故事线，构建核心范畴和主范畴间的相互作用理论模型，为后文影响因素作用机制的研究展开提供思路。

4. 外部关系质量对制造企业低碳创新绩效的作用机制

分析和探讨影响制造企业低碳创新绩效的外部关系质量因素。首先对制造企业外部关系质量的内涵和维度进行解析；其次，提出外部关系质量各维度对制造企业低碳创新绩效的作用机制假设，并重点引入和探讨知识共享机制的中介作用，构建作用机制理论模型；最后通过设计研究量表获取调研数据等方法，并采用层级回归分析模型对作用机制模型进行检验，得出实证结论。

5. 外部环境质量对制造企业低碳创新绩效的作用机制

分析和探讨影响制造企业低碳创新绩效的外部环境质量因素，在外部环境质量的内涵和维度解析的基础上，将制造企业低碳创新的环境质量主体（政府、制造企业、消费群体）纳入演化博弈框架中，构建三方非对称演化博弈模型，探析环境质量影响下制造企业低碳创新行为的演化稳定趋势及稳定条件。在此基础上构建环境质量各维度对制造企业低碳创新绩效的作用机制模型，采用多元回归方法对模型进行实证检验，并分析相关结果。

6. 企业创新能力对制造企业低碳创新绩效的作用机制

首先，对低碳背景下制造企业创新能力的内涵和要求及结构维度进行解析；其次，通过文献萃取以及调研访谈的方法对制造企业创新能力各结构维度进行测量量表设计，采用二阶验证性因子分析方法对制造企业创新能力五维子能力（创新决策能力、资源获取能力、技术研发能力、柔性生产能力和低碳保障能力)进行结构维度验证;最后,采用典型相关分析方法通过典型相关模型构建、典型相关系数检验、典型结构分析和典型冗余分析等步骤进行创新能力对低碳创新绩效的作用机制实证,得出实证结论。

7. 关键影响因素对制造企业低碳创新绩效的联合作用机制

在四、五、六部分的基础上,将影响制造企业低碳创新绩效的各个关键因素放入一个研究框架内进行讨论,构建关键影响因素对制造企业低碳创新绩效联合作用机制模型,利用层级回归分析方法、多重中介效应检验方法,以及结构方程模型修正与检验的方法对总体研究模型进行实证验证,并对模型实证结果进行讨论。

8. 提升我国制造企业低碳创新绩效的保障措施

在理论研究和实证分析的基础上,依据识别出的关键影响因素及其对企业低碳创新绩效的作用路径和作用效果,从优化外部关系质量、优化外部环境质量以及培育企业创新能力三个方面提出了促进我国制造企业低碳创新绩效提升的对策建议,以期对我国制造企业应对低碳经济提升创新绩效提供帮助。

研究框架如图1.1所示。

1.4 研究方法

1. 组合动态评价方法

在构建低碳创新评价指标体系的基础上,本书构建了基于马尔科夫链状态转移矩阵和集对分析理论相结合的组合动态评价模型,以此对我国制造企业低碳创新发展水平进行动态测度和评价。该研究模型和研究方法的引入实现了企业创新发展研究中确定性和不确定性因素的兼顾以及静态评价和动态预测过程的结合,是对企业低碳创新水平测度的定量化方法的拓展。

2. 三方演化博弈建模方法

在环境质量主体对企业低碳创新行为影响的研究中,将政府、制造企业和消费群体三个利益相关主体纳入博弈分析框架,构建基于三方主体策略选择的制造企业低碳创新行为影响演化博弈模型,并通过博弈主体策略的均衡性和稳定性分析得出演化稳定策略。与以往研究多构建两方博弈模型相比,三维非对称演化博弈模型可以实现作用主体涵盖的全面性和有限理性假设的兼顾。

3. 数值试验和仿真方法

在演化博弈的主体博弈稳定策略确定过程中,利用数值试验和Matlab数值仿真分析方法对稳定策略进行验证,模仿特定数值下各主体策略选择的演化稳定趋势,该方法的选择和应用既能够有效验证演化稳定条件的正确性,又增加了对演化结果研究的直观性。

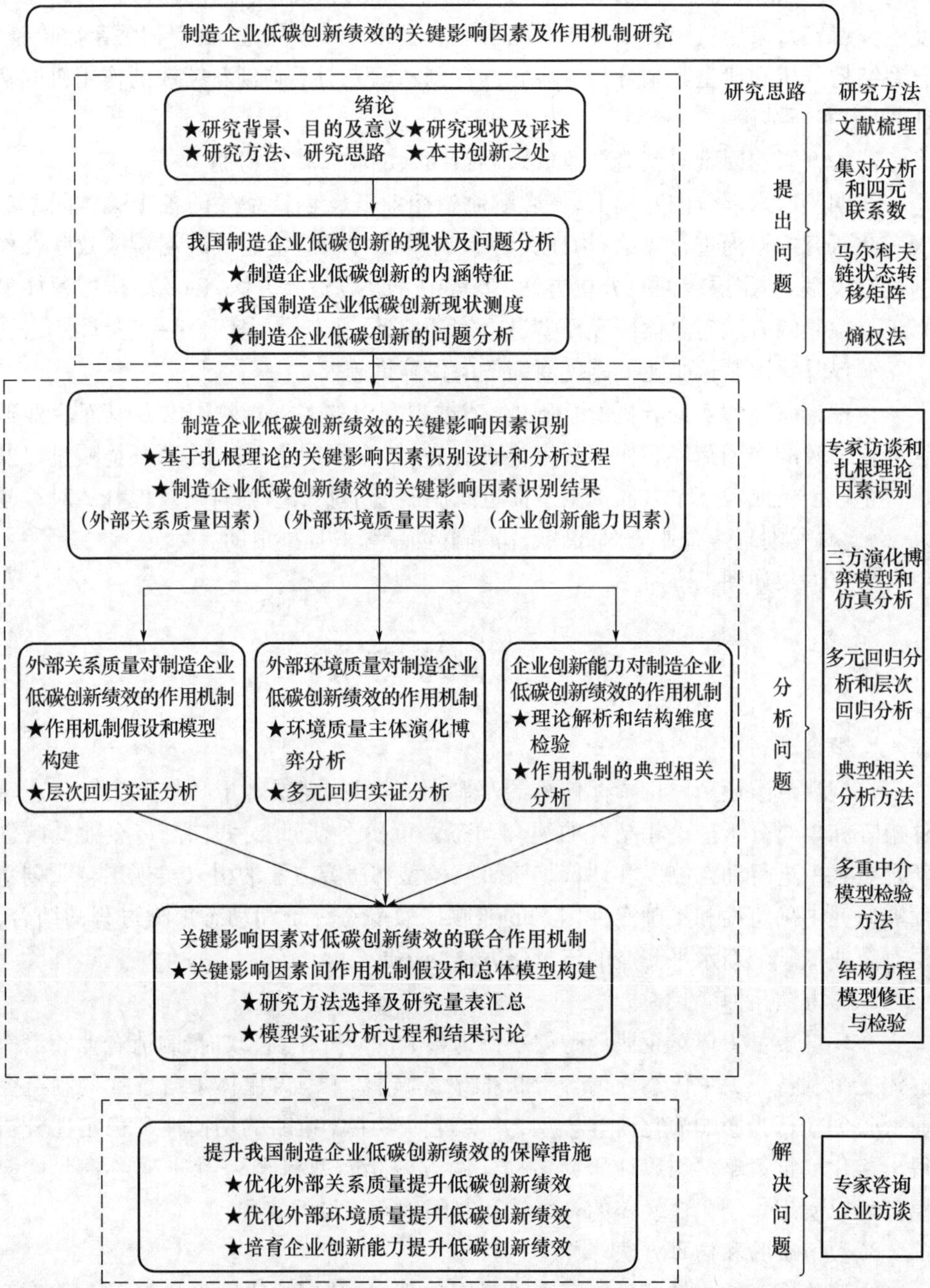
制造企业低碳创新绩效的关键影响因素及作用机制研究
研究思路
研究方法
绪论
★研究背景、目的及意义★研究现状及评述
★研究方法、研究思路 ★本书创新之处
我国制造企业低碳创新的现状及问题分析
★制造企业低碳创新的内涵特征
★我国制造企业低碳创新现状测度
★制造企业低碳创新的问题分析
提出问题
文献梳理
集对分析和四元联系数
马尔科夫链状态转移矩阵
熵权法
制造企业低碳创新绩效的关键影响因素识别
★基于扎根理论的关键影响因素识别设计和分析过程
★制造企业低碳创新绩效的关键影响因素识别结果
(外部关系质量因素) (外部环境质量因素) (企业创新能力因素)
外部关系质量对制造企业低碳创新绩效的作用机制
★作用机制假设和模型构建
★层次回归实证分析
外部环境质量对制造企业低碳创新绩效的作用机制
★环境质量主体演化博弈分析
★多元回归实证分析
企业创新能力对制造企业低碳创新绩效的作用机制
★理论解析和结构维度检验
★作用机制的典型相关分析
关键影响因素对低碳创新绩效的联合作用机制
★关键影响因素间作用机制假设和总体模型构建
★研究方法选择及研究量表汇总
★模型实证分析过程和结果讨论
分析问题
专家访谈和扎根理论因素识别
三方演化博弈模型和仿真分析
多元回归分析和层次回归分析
典型相关分析方法
多重中介模型检验方法
结构方程模型修正与检验
提升我国制造企业低碳创新绩效的保障措施
★优化外部关系质量提升低碳创新绩效
★优化外部环境质量提升低碳创新绩效
★培育企业创新能力提升低碳创新绩效
解决问题
专家咨询企业访谈

图 1.1 研究框架图

4. 实证统计分析方法

在理论分析基础上和量表设计的基础上，分别采用探索式因子分析进行量表优化，采用验证性因子分析进行结构维度检验，采用多元回归分析和层级回归分析、典型相关分析、多重中介检验、结构方程模型修正及检验等实证统计分析方法对作用机制模型进行验证，通过上述实证统计分析方法为提出全书结论给出和对策建议提出提供基础。

第2章 我国制造企业低碳创新的现状和问题分析

低碳创新是由企业传统创新模式在低碳经济背景下衍生出来的以绿色、循环、节能、减排、节约为创新理念和目标的创新模式分支,本书以我国制造企业为研究对象。本章主要从我国制造企业低碳创新的现状及问题分析着手,首先定性分析制造企业低碳创新的相关概念,在此基础上利用年鉴数据对我国制造企业低碳创新的现状进行测度和分析,通过对评价结果的讨论指出我国制造企业低碳创新所面临的问题,揭示出提升我国制造企业低碳创新绩效的紧迫性。

2.1 制造企业低碳创新概述

2.1.1 制造企业的内涵

生产制造活动贯穿于人类历史的各个阶段,是人类历史进步和财富创造的源泉。制造活动是指人类通过主观能动性对自身所掌握的知识和技能的运用和演绎,利用自然界存在的天然工具或人类生产出的客观物质工具、机械工具或机械装备,采用特定的工艺和手法,将原料转化为待迭代制造的初级产品或最终产品的过程。制造企业是人类从事制造活动的载体,是指主业为从事制造活动的企业,是国民经济的支柱。制造企业具有人力资本密集,能源和原材料消耗巨大,价值创造、财富创造和知识创造能力极强等特点。制造企业涉及食品、饮料、烟草加工制造,服装、纺织品、鞋帽、毛皮加工制造,建材、家具制品加工制造,化工、冶金加工制造,电子和电气设备制造,运输机械、高端装备制造等工业的30个行业方面。由于制造企业的上述特点和所涉及行业的广泛,其所应用的原材料和过程产品的加工、处理以及动力能源大多具有高碳的特征,因此,制造企业发展所面临的社会、环境各方面所赋予的节能减排和降碳压力不言而喻,也是本书以制造企业为研究目标的重要原因之一。

2.1.2 制造企业低碳创新的内涵

1912年,熊彼得在《经济发展概论》中对创新一词进行了界定,认为创新必须具备毁灭性或突破性特征，是对旧模式、旧方法、旧创造的破除。将新的生产要素、生产关系、生产环境或它们的新组合引入生产体系即为创新。他认为创新需要包含的情况有新材料和新产品的引进、新方法的使用、新市场的开辟和新供应源的发掘[84]。此后，创新受到各界学者的广泛关注，人们渐渐认识到创新为生产生活带来的巨大变化及其所蕴藏的潜力，创新理论和创新实践以前所未有的速度得到完善并飞速发展。

低碳时代的呼唤赋予企业创新全新的内涵和意义，随着全球雾霾问题的凸显和低碳理念的贯彻，传统意义上的单纯以提高经济效益和生产效率为着眼点的创新理论与创新实践已凸显弊端，不能满足企业对经济、社会、环境全面发展的需要，在这种情形下，以绿色、可持续为发展方向的企业低碳创新理念应运而生。Horbach 指出，低碳环境下的企业创新是系统性的组织和管理层面创新，其实质是企业追求减少污染排放和避免环境损害而对产品和服务进行新工艺、新技术、新系统的引进和改良[85]。成功的低碳创新对于优化企业的环境和社会成本，完成企业承担的生态和社会责任，提高经营绩效具有显著效果。还有学者从技术先导性角度对企业低碳创新进行定义，认为低碳技术创新就是低碳创新的实质，从技术创新特征的角度指出低碳创新是以减少环境依赖、促进环境保护、控制尾端废气排放为目标的新技术研发和实施，也称为绿色技术创新[86]。也有学者从低碳创新作用于产品生命周期的角度入手，指出企业低碳创新是在产品生命周期全过程加入低碳理念，精简和缩短生命周期链条，降低产品周期各环节成本的创新模式[87]。本书认为，低碳创新作为企业传统创新模式在低碳经济背景下衍生出来的以绿色、循环、节能、减排、节约为创新理念和目标的创新模式分支，应该高度囊括技术应用优化、管理流程精简和产品周期精益，是各个创新层面和创新内容的有机整合。将以上思路落实到本书的研究对象上，考虑到制造企业产品生命周期、制造企业运营环节以及制造企业低碳技术等方面的细化，本书认为制造企业低碳创新是以制造企业组织运营、产品制造和技术应用为创新环节，致力于在各个创新环节中融入低碳理念，通过精简组织架构和降低运营成本、推广低碳技术和应用低碳工艺、制造低碳产品和扩大低碳市场，最终实现降低企业整体碳排放量，获得高额低碳收益的新型创新模式。

2.1.3　制造企业低碳创新的特征

企业创新行为具有技术先导、过程复杂以及长期性和动态性等特征，而低碳创新对于企业，尤其是制造企业来说是一场全新的革命，要求企业不能仅仅以利润外化为目标，而是要考虑经济、社会和生态效益的协调发展。不可忽视与传统创新模式相比制造企业低碳创新还具其独有的特征，包括集成式、预见式和多元化。

第一，制造企业低碳创新是一种集成式创新。制造企业的低碳创新作为企业应对低碳经济的创新发展模式，并非是单一层面的创新，而是嵌入系统层面的集成式创新形式。从制造企业的运营发展层面考虑，低碳创新是集低碳技术、低碳产品、低碳管理、低碳营销等为一体的创新集成。其中，技术创新和产品创新保障企业形成和获得创新资本和创新收益，制度创新和管理创新促使企业优化资源配置、提高创新效率，营销创新让企业的低碳创新理念得以有效表达。从企业产品生产制造的层面考虑，低碳创新更是嵌入到产品生命周期的各个环节，追求制造企业产品从规划、研发、制造直到销售、废弃等流程的低能耗、低碳排、高效率，在企业运营和产品生产的各阶段遵循绿色、生态和低碳的创新规律，促使企业形成低碳核心能力。

第二，制造企业低碳创新是一种预见式创新。企业创新决策是创新行为的前提，传统方式的企业创新以追求经济效益最大化为目标，常见的创新方式是回报式创新，即企业创新的投入较小，或者创新产出明显大于创新投入，致使企业可以在相对较短的时间见到收益，比如二次创新或模仿创新，创新企业可以参照已有的创新模式和赢利模式，容易获得创新成果。另一种传统创新类型是应变型创新，即企业的创新决策和创新投入紧贴政策环境和市场环境，在不违背政策要求的前提下，采用创新方式快速满足消费者和市场对产品、方案和服务的需求。这种创新方式在低碳经济初期曾被我国大量生产制造企业广泛使用，是为了应对发达国家的地方保护和绿色产品壁垒而采取的快速绿色创新等方式。而现阶段我国制造企业的低碳创新更多的应该是一种预见式创新，因为传统的二次创新、模仿创新以及快速创新等方式应对复杂多变的低碳市场环境已经越来越乏力。同时，国内制造行业的高强度竞争以及国外市场的排挤使得我国制造企业的生存空间和利益空间被进一步挤压，想要在低碳的机遇下分得蛋糕、进一步获利，就必须以低碳经济和低碳商机为起点，提前发掘市场和产品发展趋势，确定自身低碳发展方向，清晰地描述低碳愿景，通过预见式的低碳创新模式形成低碳竞争力。

第三，制造企业低碳创新是一种多主体创新。企业创新离不开创新主体的能动性和创新精神，在传统对企业创新的研究中，企业创新主体往往在层面上是单一的。如熊彼得的创新理论中就有一项主要观点认为，所谓“企业家”是指以实现“新组合”（企业）为职业的人们，在这些人中将发明和创新成果引入到经济环境中的个人被称为“创新者”。因此，企业的创新主体就是具有打破常规精神、勇于冒险和精明敏锐、有成功欲望的企业家。也有研究指出知识型和学习型员工或者具有创新精神的企业决策者是企业创新主体，企业创新集群研究者还指出创新主体可能是集群中的创新机构或区域的创新协会等。创新活动往往是较为封闭的，集中在企业或者集群内部，具有机密性的活动。然而，制造企业低碳创新却更多地显示出开放和主体多元化特征，是一种系统层面的互动式创新，即是以制造企业为核心，依靠国际组织、政府管理机构、竞争合作企业以及消费群体、科研机构的参与和互动形成的多元行为主体创新系统,更加关注主体间的资源交换、竞合协同、延伸互动、创新扩散等机制的影响。以低碳末端治理技术创新为例,管理部门负责创新的扶持和推动,科研机构和制造企业负责创新的发起和实施,消费群体是创新的倡导和受益者,竞合企业参与创新的采纳和扩散。可见,制造企业的低碳创新是一种多主体互动式的系统创新。

2.2　我国制造企业低碳创新的发展现状评价

在制造企业低碳创新内涵和特征界定的基础上,本节主要对我国制造企业现阶段的低碳创新发展水平进行评价和测度,为探究我国制造企业低碳创新所面临的问题提供基础,也为我国制造企业低碳创新发展路径的优化提供理论依据。首先通过对现有文献的梳理并结合本书对制造企业低碳创新的内涵和特征分析构建制造企业低碳创新发展评价指标体系,在此基础上构建集对分析理论和状态转移矩阵相结合的组合评价模型对我国制造企业低碳创新水平进行评价,并对其发展趋势进行测算。考虑到个别制造企业的指标数据并不能代表全部制造企业的低碳创新水平,而制造行业作为制造企业的集合,是对企业整体状况的衡量,因此,本书使用制造业年鉴数据进行测算,以期对我国制造企业的整体低碳创新发展水平做到全面的考量。

2.2.1　制造企业低碳创新评价指标体系构建

评价指标体系的构建是评价研究的重要内容,目前学术界对制造企业低碳创新发展的评价研究还涉及较少,也并未形成权威的指标体系。谢晶等人经研究发现,我国制造业正处于低碳转型升级的关键期,其先进性程度还有待进一步提升,制造业先进性程度需通过经济、科技和环保等方面的因素来体现和衡量[88]。徐士元等认为,企业低碳创新要求企业在发展效益的前提下兼顾节能减排式,在现有的经济形态下依靠科技进步、环境友好等因素的协同带动作用探索新的创新发展模式[89]。Schipper 指出能源结构的变动和优化是制造业在环境方面创新程度的有效衡量指标[90]。结合上述文献和前文对制造企业低碳创新的内涵和特征分析,本书认为制造企业低碳创新的基本手段是科技进步和科技投入,基本目标是在企业发展过程中节约能源和减少碳排放量,总体目标是实现企业经济效益和环境效益的协调发展。因此,制造企业低碳创新发展评价体系包含科技、能源、碳排、经济和环境五个部分。综上所述,本书按照客观性、科学性和可行性的原则构建基于经济效益、科技投入、能源消耗、碳排测度和环境压力的制造企业低碳创新发展水平五维评价体系。按照分层构造的原理,设定一级指标分别为:经济效益、科技投入、能源消耗、碳排测度和环境压力。其中,经济效益指标主要反映制造企业的总体经济创造能力，侧重对制造企业在现行经济体制下发展状况的考察。能源消耗、碳排测度和环境压力三项指标是制造企业发展过程中与外部环境进行“碳流通”的主要因素，重点考察制造企业创新发展的碳测度指标。另外，科技投入指标作为创新衡量的关键，对提高企业整体能源效率、降低单位二氧化碳排放水平，以及回收和再利用生产过程中的废弃物等方面均具有显而易见的作用[91-92]，因此在体系中引入科技指标，衡量制造企业创新过程中科技投入的数量和质量。

体系中二级指标的设定在现行统计系统可获取和计算的前提下严格按照系统性和可操作性的原则设定，指标设定如下五方面。

(1)经济效益：通过制造企业产值增加值 A_1（与上一年比较）、制造企业人均产值增加值 A_2、制造企业人均利润增加值 A_3 等指标从规模、效益两方面衡量制造企业经济产出水平。

(2)科技投入：参照国际上通用的衡量科技投入能力标准，选用 R&D 活动经费支出 A_4、R&D 活动人员全时当量 A_5、R&D 经费投入强度 A_6 考察制造企业创新投入的数量和质量（R&D 经费投入强度 = R&D 活动经费支出/制造业总产值）。

(3)能源消耗：选择单位产值煤炭消耗 A_7、单位产值煤炭消耗 A_8、单位产值煤炭消耗 A_9 三种主要一次能源的单位产值消耗指标衡量制造企业低碳创新发展过程中的能源利用水平。

(4)碳排测度：通过制造企业整体二氧化碳排放总量 A_{10}、二氧化碳排放强度 A_{11}、单位能源二氧化碳排放比 A_{12} 等指标从排放总量、单位产值排放量、单位能耗排放量三个角度衡量制造企业的碳排放情况（二氧化碳排放总量的计算在下文给出，能耗总量按万吨标准煤折算）。

(5)环境压力：选择工业废水 A_{13}、工业废气 A_{14}、工业固废 A_{15} 的工业三废排放量衡量制造企业低碳创新发展过程中产生的环境成本。除环境类指标统计口径为工业企业外，其余指标均以大中型制造企业为统计口径，评价指标体系如表 2.1 所示。

表 2.1　制造企业低碳创新评价指标体系

	一级指标	二级指标	单位	指标性质
制造企业低碳创新评价指标体系	经济效益	制造企业产值增加值(A_1)	亿元	效益型
		制造企业人均产值增加值(A_2)	亿元/万人	效益型
		制造企业人均利润增加值(A_3)	亿元/万人	效益型
	科技投入	R&D 活动经费支出(A_4)	亿元	效益型
		R&D 活动人员全时当量(A_5)	万人年	效益型
		R&D 经费投入强度(A_6)	‰	效益型

表 2.1(续)

	一级指标	二级指标	单位	指标性质
制造企业低碳创新评价指标体系	碳排测度	单位产值煤炭消耗(A_7)	万吨/亿元	成本型
		单位产值石油消耗(A_8)	万吨/亿元	成本型
		单位产值天然气消耗(A_9)	万立方米/亿元	成本型
	能源消耗	制造企业二氧化碳排放量(A_{10})	万吨	成本型
		制造企业二氧化碳排放强度(A_{11})	万吨/亿元	成本型
		制造企业单位能源二氧化碳排放比(A_{12})	%	成本型
	环境压力	工业废水排放量(A_{13})	万吨	成本型
		工业废气排放量(A_{14})	亿立方米	成本型
		工业固体废物排放量(A_{15})	万吨	成本型

指标体系中制造企业总体二氧化碳排放总量的计算参照 IPCC 组织 2006 年制定的《国家温室气体清单指南》中给出的计算公式：

$$CO_2 = \sum^{3} CO_{2,i} = \sum^{3} E_i \times NCV_i \times CEF_i \times COF_i \times 44/12 \qquad (2-1)$$

由于制造企业总体二氧化碳排放主要来源于化石燃料的燃烧，故式中采用煤炭、石油和天然气三种主要能源燃烧产生的二氧化碳之和计算制造企业总体二氧化碳排放总量，其中 E_i 为《中国能源统计年鉴》中给出的每种能源的年消耗量（需折算成标准煤），NCV_i 为每种能源的平均低位发热量，CEF_i 为每种能源燃烧的碳排放系数，COF_i 为每种能源的碳氧化因子（也称为碳完全燃烧比例），利用公式(2－1)并参照《清单指南》和陈诗一[93]研究中计算出的相关数据，如表 2.2 所示，可计算制造企业总体各年二氧化碳排放总量，计算结果见后文实证部分。

表 2.2　二氧化碳排放计算参数

能源	能源平均低位发热量	碳排放系数	碳氧化因子	能源折算标准煤参考系数
煤炭	20 908(千焦/千克)	26.0(千克/10^6 千焦)	0.99	0.714 3(千克标准煤/千克)
石油	41 816(千焦/千克)	20.0(千克/10^6 千焦)	1.00	1.428 6(千克标准煤/千克)
天然气	38 931(千焦/立方米)	15.3(千克/10^6 千焦)	1.00	1.330 0(千克标准煤/立方米)

2.2.2 制造企业低碳创新评价模型构建

结合上述评价体系，本书采用熵权法对指标体系进行赋权，并构建基于马尔科夫链的四元集对分析模型对我国制造企业低碳创新发展水平进行测度，指标赋权和评价模型构建如下。

1. 熵权法确定权重

指标的赋权是评价研究的重要内容，合适的赋权方法可以有效反映数据本身的动态信息，增加评价指标的说服力。本书采用熵权法对指标体系进行赋权，信息论中指出，熵是系统混乱程度的标度，系统的无序程度正向反映其信息量的大小。若评价指标的信息熵越大，该指标携带的评价信息集在评价中的作用越大，权重也应该越高。用熵权法计算得出指标权重，具有操作简便、应用成熟的特点，可以有效反映客观数据的变化，避免赋权过程中的主观效应。熵权法确定权重的步骤如下：

(1)评价指标值标准化。设评价样本集的评价对象和评价指标数目分别 m 和 n，$x^*(i,j)$ 为第 i 个样本的第 j 个指标值，即 $(i=1,2,\cdots,m;j=1,2,\cdots,n)$，为消除不同性质指标对综合评价的影响，首先对指标值进行标准化处理。

效益型指标：

$$x(i,j) = \frac{x^*(i,j) - x_{\min}(j)}{x_{\max}(j) - x_{\min}(j)} \tag{2-2}$$

成本型指标：

$$x(i,j) = \frac{x_{\max}(j) - x^*(i,j)}{x_{\max}(j) - x_{\min}(j)} \tag{2-3}$$

(2)计算指标熵值。根据熵值计算公式，令 H_i 为第 j 个评价指标的熵值，则有：

$$H_j = -\frac{1}{\ln m}\sum f(i,j)\ln f(i,j) \tag{2-4}$$

式中，$f(i,j)=x(i,j)\Big/\sum^{n}x(i,j)$，当 $f(i,j)=0$ 时，令 $f(i,j)\ln f(i,j)=0$。

(3)计算指标熵权。设 $w(j)$ 为指标 j 的熵权值，即指标 j 的权重，由公式有：

$$w(j) = (1-H_j)\Big/\left(n - \sum^{n} H_j\right) \tag{2-5}$$

式中，$0\leqslant w(j)\leqslant 1$，且满足 $\sum^{n} w(j) = 1$。

2. 集对理论、联系数和集对势

采用集对分析理论对经赋权的指标数据进行计算和动态评价。集对理论是一种蕴含辩证统一思想的系统分析理论，由我国学者赵克勤于 1989 年首次提出，用于刻画和研究广泛存在于复杂系统中的确定性因素和不确定性因素及其影响、制约和转化机制[94]。集对是具有一定联系的两个集合组成的耦合对，用集对分析的方法可以探讨在特定问题背景下集对之间确定性联系和不确定联系的同异反（协同、差异、对立）因素，并通过联系数加以度量刻画。在本书的研究情境中，将所构建的制造企业低碳创新五维评价体系作为集对的一个集合，将企业低碳创新结果作为集对中的另外一集，通过两集合的联系数探讨制造企业低碳创新水平。集对分析中联系数的表达式为：

$$u = \frac{S}{N} + \frac{F}{N}i + \frac{P}{N}j \tag{2-6}$$

式中，N 为所论耦合对的总体特性数目，S 为所论耦合对中协同特性数目，F 为所论耦合对中差异特性数目，P 为所论耦合对中对立特性数目。则$\frac{S}{N}$、$\frac{F}{N}$、$\frac{P}{N}$分别可解释为所论耦合对的同一度、差异度和对立度。取 $i \in [-1,1]$ 为差异度系数，$j=-1$为对立度系数，值可视研究情境灵活取值，当值取边界值时，表明所论耦合对无差异度特性，只有同一度特性和对立度特性。综上，上式可以简写成：

$$u = a + bi + cj \tag{2-7}$$

式中，a 为同一度，b 为差异度，c 为对立度，且满足 a,b,c 为非负实数，$a+b+c=1$。

将代表差异因素的 i 项进行拆分，可将联系数表达式扩展到多元层次。

$$u = a + b_1 i_1 + b_2 i_2 + \cdots + b_n i_n + cj \tag{2-8}$$

式中，$n \geqslant 2, i_1, i_2, \cdots, i_n \in [-1,1], j=-1$。$n=2$ 时的四元联系数是集对分析系统的简单扩展，可以较全面描述系统不确定因素中的偏同和偏负差异，且具有操作简单的特点，故本书采用四元联系数描述制造企业的低碳发展情况。

在四元联系数表达式 $u=a+b_1i_1+b_2i_2+cj$ 中，若有 $c \neq 0$，则用 $E=a/c$ 表示所论集对在该问题情境下的集对势，集对势是集对系统同一特性和对立特性强弱程度的度量，当 $a/c>1$、$a/c=1$ 和 $a/c<1$ 时分别表示集对系统处于同势、均势和反势，是度量系统中何种态势占优以及态势发展趋势的重要指标。在制造企业低碳创新水平评价的描述中，若系统集对势为同势，则认为此时企业低碳创新整体态势中正向促进因素占据主导地位，系统的创新发展水平和趋势良好；若系统集对势为均势，则认为促进因素和抑制因素呈现“势均力敌”的态势，系统创新发展水平中等；相反，若集对势为反势，则认为反向抑制因素占优，系统低碳创新态势堪忧。由于联系数表达式中除和外的其他系数对势级也产生影响，使得同一态势水平联系数还存在多个势级。学者对联系数势级的划分已有一定研究，相关文献[95-96]给出了对三元至五元联系数势级划分的传统方法，并将其应用在特定领域。顾成喜[97]研究指出，传统的势级划分方法仍存在一定不足，如在同势判别中对偏负差异因素和反向因素重视度不足，反势判别中对偏同差异因素和正向因素重视度不足，导致对势级的等级划分不够精确，进而提出一种改进的四元联系数势级划分方法，并通

过仿真方法验证了其比传统划分方法的优越性。鉴于影响制造企业低碳创新的因素繁杂,在系统势级划分中要充分考虑差异因素的细微影响,故本书采用顾成喜给出的势级划分方法,以期提高制造企业低碳创新水平测度的精确性和说服力。

3. 状态转移矩阵和集对分析耦合模型

企业低碳创新发展态势是一个随时间动态变化的复杂过程,因此其评价研究应综合关注系统的动态性和不确定性,不仅要有效测度当前的低碳创新发展水平,还应该预判该产业未来低碳创新发展趋势。马尔科夫链的状态转移矩阵具有利用系统状态之间的转移概率来预测系统动态转移路径的功能[98],将状态转移的思想和集对分析模型相结合对描述和预测企业整体低碳创新水平动态变化规律具有较好效果。构建状态转移矩阵和四元联系数的耦合模型具体步骤如下:

假设所论集对在时刻的 N 个特性满足 $N_t = S_t + F_t^+ + F_t^- + P_t$,其中,$S_t$ 为集对中具有同一性的特性数目;F_t^+ 为集对中具有偏同差异的特性数目;F_t^- 为集对中具有偏负差异的特性数目;P_t 为集对中具有对立度特性的数目。若将此 N 个特性按照 S_t, F_t^+, F_t^-, P_t 的顺序排序并连续编号,排序后特性的熵权权重为 $w_t(k)$ $(k=1,2,\cdots,N)$,则 t 时刻集对联系数可表示为:

$$\begin{aligned} u(t) &= a(t) + b_1(t)i_1 + b_2(t)i_2 + c(t)i \\ &= \sum_{k=1}^{S_t} w_t(k) + \sum_{k=S_t+1}^{S_t+F_t^+} w_t(k)i_1 + \sum_{k=S_t+F_t^++1}^{S_t+F_t^++F_t^-} w_t(k)i_2 + \sum_{k=S_t+F_t^++F_t^-+1}^{N} w_t(k)j \end{aligned} \tag{2-9}$$

其中,$\sum_{k=1}^{S_t} w_t(k) + \sum_{k=S_t+1}^{S_t+F_t^-} w_t(k)i_1 + \sum_{k=S_t+F-+_t+1}^{S_t+F_t^-+F_t^-} w_t(k)i_2 + \sum_{k=S+F+1}^{N} w_t(k)j = 1$。

系统在状态的动态变化过程中,在一步变化周期 ΔT 时间内,原有集对指标中部分特性状态发生变异,部分特性维持原态。假设系统在$[t, t+\Delta T]$时间内,S_t 个特性中 S_{t1} 个保持原有的同一特性,有 S_{t2}^+ 个特性转化为偏同差异特性,有 S_{t2}^- 个特性转化为偏负差异特性,有 S_{t3} 个特性变异为对立特性,由马尔科夫链一步转移概率性质可知,特性 S_t 在周期 ΔT 内的归一化转移概率向量为:

$$\begin{aligned} \overrightarrow{\boldsymbol{p}_1} &= (p_{11}, p_{12}, p_{13}, p_{14}) \\ &= \Big[\sum_{k=1}^{S_{t1}} w_t(k), \sum_{k=S_{t1}+1}^{S_{t1}+S_{t2}^+} w_t(k), \sum_{k=S_{t1}+S_{t2}^++1}^{S_{t1}+S_{t2}^++S_{t2}^-} w(k), \sum_{k=S_{t1}+S_{t2}^++S_{t2}^-+1}^{S_t} w_t(k) \Big] \cdot \frac{1}{\lambda_t} \end{aligned} \tag{2-10}$$

式中,$\lambda_t = \sum_{k=1}^{S_t} w_t(k)$,同理 F_t^+, F_t^-, P_t 的归一化转移概率矩阵分别为$\overrightarrow{\boldsymbol{p}_2}$,$\overrightarrow{\boldsymbol{p}_3}$,$\overrightarrow{\boldsymbol{p}_4}$。

则所论集对的同异反系统在时间内的转移概率矩阵为：

$$\boldsymbol{P}=\begin{pmatrix}\overrightarrow{p_1}\\ \overrightarrow{p_2}\\ \overrightarrow{p_3}\\ \overrightarrow{p_4}\end{pmatrix}=\begin{pmatrix}p_{11} & p_{12} & p_{13} & p_{14}\\ p_{21} & p_{22} & p_{23} & p_{24}\\ p_{31} & p_{32} & p_{33} & p_{34}\\ p_{41} & p_{42} & p_{43} & p_{44}\end{pmatrix} \tag{2-11}$$

得到 $t+\Delta T$ 时刻的集对联系度为：

$$u(t+\Delta T)=(a(t),b_1(t),b_2(t),c(t))\cdot\boldsymbol{P}\cdot(1,i_1,i_2,j)^{\mathrm{T}} \tag{2-12}$$

假设系统每一个变化周期的转移概率矩阵不变，得到 n 个变化周期后的联系数为：

$$u(t+\Delta T)=(a(t),b_1(t),b_2(t),c(t))\cdot\boldsymbol{P}^{n\Delta T}\cdot(1,i_1,i_2,j)^{\mathrm{T}} \tag{2-13}$$

根据有限长齐次马尔科夫链具有遍历性的充要条件可知[99]，系统经过多个周期的状态转化会趋于稳定状态，此时存在正整数 k，使得 k 步转移概率矩阵 $\boldsymbol{P}^k$ 无零元。即当满足公式：

$$\begin{cases}(a(k),b_1(k),b_2(k),c(k))\cdot(\boldsymbol{E}-\boldsymbol{P})=0\\ a(k)+b_1(k)+b_2(k)+c(k)=1\end{cases} \tag{2-14}$$

有唯一解时（$\boldsymbol{E}$ 为单位阵），系统具有遍历性，可得到稳定状态下的联系度表达式：

$$u(k)=a(k)+b_1(k)i_1+b_2(k)i_2+c(k)j,i_1,i_2\in[-1,1],j=-1 \tag{2-15}$$

该模型可以通过基期数据计算转移概率矩阵，进而测算预测期以及稳定情况下的制造企业低碳创新发展水平联系数。

2.2.3　数据收集和处理

本书利用统计年鉴数据，在数据可获取的前提下，以 2007—2013 年时间区间的制造企业数据为研究对象，结合上述模型计算各年份低碳创新发展水平四元联系数，并以该时段为基期计算状态转移矩阵，测算 2014—2016 年以及稳定情况下的行业低碳创新发展水平，通过查找统计年鉴并结合公式（2－2）得到原始数据如表 2.3 所示。其中，指标 A_1～A_{15}所代表含义参照表 2.1 所示。

表 2.3　制造企业低碳创新评价原始数据

指标/年份	2007	2008	2009	2010	2011	2012	2013
A_1（亿元）	40 022.3	54 833.7	56 557.3	16 072.5	98 685.4	117 001.7	52 147.9
A_2（亿元/万人）	9.722	12.453	11.882	3.327	18.308	18.939	19.464

表 2.3(续)

指标/年份	2007	2008	2009	2010	2011	2012	2013
A_3(亿元/万人)	0.814	1.195	0.064	0.484	2.358	1.095	1.291
A_4(亿元)	1 630.2	2 543.3	2 681.3	3 210.2	4 015.4	5 993.8	7 200.6
A_5(万人年)	69.6	85.8	101.4	115.9	137.0	193.9	224.6
A_6(‰)	0.079	0.097	0.084	0.096	0.092	0.109	0.119
A_7(万吨/亿元)	0.477	0.388	0.339	0.334	0.274	0.233	0.207
A_8(万吨/亿元)	0.149	0.124	0.107	0.110	0.096	0.078	0.069
A_9(万/亿元)	12.667	11.771	10.589	9.581	8.244	8.769	8.792
A_{10}(万吨)	290 840	302 083	318 540	334 837	363 081	385 629	404 224
A_{11}(万吨/亿元)	1.400	1.1501	0.998	0.999	0.837	0.700	0.670
A_{12}(%)	1.923	1.831	1.851	1.854	1.917	1.924	1.891
A_{13}(万吨)	2 080 440	2 207 566	2 173 775	2 090 300	2 118 585	2 129 036	2 043 284
A_{14}(亿)	330 990	388 139	403 866	436 063	519 168	674 509	639 232
A_{15}(万吨)	142 053	164 238.7	177 721	190 674	225 093.65	306 133.1	312 130.1

数据来源:2007—2013 年《中国统计年鉴》《中国科技统计年鉴》《中国能源统计年鉴》《中国环境统计年鉴》

集对分析评价的前提是对所构建指标体系的数据进行分类定级,由于我国目前对制造企业低碳创新发展水平测度还没有权威的定级标准,故本研究借助导师课题契机通过邀请黑龙江省高校、发改委和科技厅本领域相关专家对测度制造企业低碳创新的各个指标进行等级划分,共分为四个等级。其中,A 级别表明该项指标完全符合制造企业低碳创新发展要求,可作为确定性正向因素,即制造企业的该指标水平完全符合低碳创新的要求和理念;B 级别表明该项指标基本符合制造企业低碳创新发展要求,可作为不确定性偏同差异因素;C 级别表明该项指标基本不符合制造企业低碳创新发展要求,可作为不确定性偏负差异因素;D 级别表明该指标完全不符合制造企业低碳创新发展,可作为确定性逆向因素,即制造企业的该指标水平完全不符合低碳创新的要求和理念。通过专家评定的效益型和成本型指标的定级标准如表 2.4 和表 2.5 所示。

表 2.4　效益型指标定级标准

效益型指标	A_1（亿元）	A_2（亿元/万人）	A_3（亿元/万人）	A_4（亿元）	A_5（万人年）	A_6（‰）
A	16×10^4	20	2.25	8 000	225	0.20
B	8×10^4	10	1.25	5 000	150	0.10
C	4×10^4	5	0.50	3 000	75	0.05
D	4×10^4	5	0.50	3 000	75	0.05

表 2.5　成本型指标定级标准

成本型指标	A_7（万吨/亿元）	A_8（万吨/亿元）	A_9（万/亿元）	A_{10}（万吨）	A_{11}（万吨/亿元）	A_{12}（%）	A_{13}（万吨）	A_{14}（亿）	A_{15}（万吨）
A	0.35	0.05	9.0	25×10^4	0.50	1.80	200×10^4	40×10^4	10×10^4
B	0.50	0.08	10.0	35×10^4	0.95	1.90	215×10^4	45×10^4	20×10^4
C	1.00	0.11	11.0	45×10^4	1.35	2.00	230×10^4	50×10^4	40×10^4
D	1.00	0.11	11.0	45×10^4	1.35	2.00	230×10^4	50×10^4	40×10^4

2.2.4　实证研究和结果讨论

将原始数据利用熵权法公式(2－3)、公式(2－4)、公式(2－5)、公式(2－6)进行权重计算，得的该指标体系中各指标权重为(0.069 2，0.053 0，0.073 3，0.078 5，0.086 0，0.065 9，0.052 9，0.053 3，0.065 0，0.060 4，0.053 0，0.125 6，0.057 6，0.060 2，0.046 1)。参照表 2.4 和表 2.5 的分级标准对各二级指标原始数据低碳创新发展水平进行定级，结果如表 2.6 所示。

表 2.6　制造企业低碳创新评价体系二级指标定级结果

指标	权重	2007	2008	2009	2010	2011	2012	2013
制造企业总体产值增加值 A_1	0.069 2	C	C	C	D	B	B	C
人均产值增加值 A_2	0.053 0	C	B	B	D	B	B	B
人均利润增加值 A_3	0.073 3	C	C	D	D	A	C	B
R&D 活动经费支出 A_4	0.078 5	D	D	D	C	C	B	B

表 2.6(续)

指标	权重	2007	2008	2009	2010	2011	2012	2013
R&D 活动人员全时当量 A_5	0.086 0	D	C	C	C	C	B	B
R&D 经费投入强度 A_6	0.065 9	C	C	C	C	C	B	B
单位产值煤炭消耗 A_7	0.052 9	B	B	A	A	A	A	A
单位产值石油消耗 A_8	0.053 3	D	D	D	D	C	B	B
单位产值天然气消耗 A_9	0.065 0	D	D	C	B	A	A	A
二氧化碳排放量 A_{10}	0.060 4	B	B	B	B	C	C	C
二氧化碳排放强度 A_{11}	0.053 0	D	C	C	C	B	B	B
能源二氧化碳排放比例 A_{12}	0.125 6	C	B	B	B	C	C	B
工业废水排放量 A_{13}	0.057 6	B	C	C	B	B	B	B
工业废气排放量 A_{14}	0.060 2	A	A	B	B	D	D	D
工业固体废物排放量 A_{15}	0.046 1	B	B	B	B	C	C	C

结合表 2.6 的定级结果,利用所构造模型对我国制造企业低碳创新发展水平进行动态测度,由公式(2-10)计算出 2007—2013 年制造企业低碳创新发展水平四元联系数为:

$$u_{2007}=0.060\,2+0.217\,0i_1+0.387\,0i_2+0.335\,8j$$
$$u_{2008}=0.060\,2+0.338\,0i_1+0.405\,0i_2+0.196\,8j$$
$$u_{2009}=0.052\,9+0.345\,3i_1+0.396\,7i_2+0.205\,1j$$
$$u_{2010}=0.052\,9+0.414\,9i_1+0.283\,4i_2+0.248\,8j$$
$$u_{2011}=0.191\,2+0.232\,8i_1+0.515\,8i_2+0.060\,2j$$
$$u_{2012}=0.117\,9+0.516\,5i_1+0.305\,4i_2+0.060\,2j$$
$$u_{2013}=0.117\,9+0.646\,2i_1+0.175\,7i_2+0.060\,2j$$

本书取各年发展水平权重相同,则该时段我国制造企业整体低碳创新发展水平平均四元联系数为:

$$\bar{u}=0.093\,3+0.387\,2i_1+0.352\,7i_2+0.166\,8j$$

利用公式(2-11)和公式(2-12)计算每一年的转移概率矩阵有:

$$\boldsymbol{P}_{07\to08}=\begin{pmatrix}1 & 0 & 0 & 0\\ 0 & 0.632 & 0.368 & 0\\ 0 & 0.461 & 0.539 & 0\\ 0 & 0 & 0.414 & 0.586\end{pmatrix}$$

$$\boldsymbol{P}_{08\to09}=\begin{pmatrix}0 & 1 & 0 & 0\\ 0.157 & 0.843 & 0 & 0\\ 0 & 0 & 0.819 & 0.181\\ 0 & 0 & 0.33 & 0.67\end{pmatrix}$$

$$\boldsymbol{P}_{09\to10}=\begin{pmatrix}1 & 0 & 0 & 0\\ 0 & 0.847 & 0 & 0.153\\ 0 & 0.309 & 0.517 & 0.174\\ 0 & 0 & 0.383 & 0.617\end{pmatrix}$$

$$\boldsymbol{P}_{10\to11}=\begin{pmatrix}1 & 0 & 0 & 0\\ 0.157 & 0.139 & 0.555 & 0.149\\ 0 & 0.187 & 0.813 & 0\\ 0.295 & 0.491 & 0.214 & 0\end{pmatrix}$$

$$\boldsymbol{P}_{11\to12}=\begin{pmatrix}0.617 & 0 & 0.383 & 0\\ 0 & 1 & 0 & 0\\ 0 & 0.55 & 0.45 & 0\\ 0 & 0 & 0 & 1\end{pmatrix}$$

$$\boldsymbol{P}_{12\to13}=\begin{pmatrix}1 & 0 & 0 & 0\\ 0 & 0.866 & 0.134 & 0\\ 0 & 0.651 & 0.349 & 0\\ 0 & 0 & 0 & 1\end{pmatrix}$$

取每一年转移矩阵权重相同，则 2007—2013 年平均加权转移矩阵为：

$$\overline{\boldsymbol{P}}=\begin{pmatrix}0.7695 & 0.1667 & 0.0638 & 0\\ 0.0523 & 0.7212 & 0.1762 & 0.0503\\ 0 & 0.3597 & 0.5812 & 0.0591\\ 0.0492 & 0.0818 & 0.2235 & 0.6455\end{pmatrix}$$

利用公式(2－13)和公式(2－14)测算 2014—2016 年的制造企业低碳创新发展水平的四元集对联系数为：

$$\begin{aligned}u_{2014}&=(0.0933,0.3872,0.3527,0.1668)\cdot\overline{\boldsymbol{P}}\cdot(1,i_1,i_2,j)^{\mathrm{T}}\\&=0.1003+0.4353i_1+0.3164i_2+0.1480j\\u_{2015}&=0.1072+0.4566i_1+0.3000i_2+0.1362j\\u_{2016}&=0.1208+0.4662i_1+0.2921i_2+0.1209j\end{aligned}$$

利用公式(2-15)计算稳定状态下我国制造企业低碳创新发展水平：

$$\begin{cases}(a(k),b_1(k),b_2(k),c(k))\cdot\begin{pmatrix}0.2305 & -0.1667 & -0.0638 & 0\\ -0.0523 & 0.2788 & -0.1762 & -0.0503\\ 0 & -0.3597 & 0.4188 & -0.0591\\ -0.0492 & -0.0818 & -0.2235 & 0.3545\end{pmatrix}=0\\ a(k)+b_1(k)+b_2(k)+c(k)=0\end{cases}$$

解此方程组得到该转移矩阵下稳定情况时制造产业低碳创新发展水平四元联系数为：

$$u(k)=0.1322+0.4754i_1+0.2800i_2+0.1124j$$

利用各年及稳定情况时联系数表达式计算出集对势值，并参照顾成喜给出的势级划分方法，对2007—2016年以及稳定情况下我国制造企业低碳创新发展水平联系数进行势级划分。各年联系数、集对势值、势级划分条件及势级如表2.7所示，集对势值的动态变化情况如图2.1所示。

表2.7　制造企业低碳创新发展水平联系数及势级划分

联系数	满足条件	集对势	势级
$u_{2007}=0.0602+0.2170i_1+0.3870i_2+0.3358j$	$d\leqslant a+b+c,d>a+b$ $d<c,c>a+b$	0.1793	弱反势40级
$u_{2008}=0.0602+0.3380i_1+0.4050i_2+0.1968j$	$d\leqslant a+b,d>a,$ $d<c,c+d>a+b$	0.3059	微反势33级
$u_{2009}=0.0529+0.3453i_1+0.3967i_2+0.2051j$	$d\leqslant a+b,d>a,$ $d<c,c+d>a+b$	0.2580	微反势33级
$u_{2010}=0.0529+0.4149i_1+0.2834i_2+0.2488j$	$d\leqslant a+b,d>a,$ $d<c,c+d>a+b$	0.2126	微反势33级
$u_{2011}=0.1912+0.2328i_1+0.5158i_2+0.0602j$	$a\leqslant c+d,a>d,$ $a<b,a+b<c+d$	3.1761	微同势20级
$u_{2012}=0.1179+0.5165i_1+0.3054i_2+0.0602j$	$a\leqslant c+d,a>d,$ $a<b,a+b>c+d$	1.9585	微同势18级
$u_{2013}=0.1179+0.6462i_1+0.1757i_2+0.0602j$	$a\leqslant c+d,a>d,$ $a<b,a+b>c+d$	1.9585	微同势18级
$u_{2014}=0.1003+0.4353i_1+0.3164i_2+0.1480j$	$d\leqslant a+b,d>a,$ $d<c,c+d<a+b$	0.6778	微反势31级

表 2.7(续)

联系数	满足条件	集对势	势级
$u_{2015}=0.1072+0.4566i_1+0.3000i_2+0.1362j$	$d\leqslant a+b,d>a,$ $d<c,c+d<a+b$	0.787 1	微反势 31 级
$u_{2016}=0.1208+0.4662i_1+0.2921i_2+0.1209j$	$a\approx d,a<b+c,b>c$	0.999 2	微均势 28 级
$u(k)=0.1322+0.4754i_1+0.2800i_2+0.1124j$	$a\leqslant c+d,a>d,$ $a<b,a+b>c+d$	1.176 2	微同势 18 级

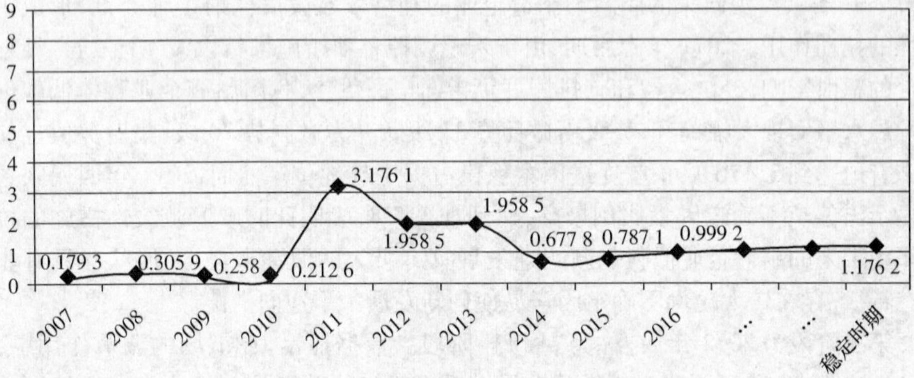

图 2.1　制造企业低碳创新发展水平集对势值变化趋势

表 2.7 和图 2.1 的实证结果表明，总体来看 2007 年以后的近十年来我国制造企业总体低碳创新发展水平呈现逐年优化态势，在势级上基本实现了发展态势从弱反势到微均势的转变，且按照目前的趋势最终可以达到集对势水平为 1.176 2 的微同势发展稳态。然而逐年分析数据显示，我国制造企业低碳创新发展水平的阶段性特性也较为明显，且受外界政策环境因素影响显著。

制造企业低碳创新发展的第一阶段为“十一五”初期，称为我国制造企业低碳创新发展的“起步”阶段。该时间段我国低碳经济的理念初步形成，低碳经济平稳发展，而此时我国工业发展的主要驱动力仍然是增加投资和扩大出口，资源依赖程度高、增长方式粗放等问题依旧突出，低碳科技投入远远不足，导致制造企业整体低碳创新发展水平较低，发展态势处于反势，是典型的低水平平稳发展阶段。2007 年，我国制造企业低碳创新发展水平的四元联系数集对势仅为 0.179 3，在全部 49 个势级中处于弱反势 40 级，反向因素及偏负不确定因素主导地位显著，低碳创新水平较低。2008 年，系统的反向态势因素有所消减，偏同不确定因素略有增加，集对势值升高到 0. 305 9,势级变为微反势 33 级,整体低碳创新水平有所升高。

第二阶段为 2009—2011 年期间,称为我国制造企业低碳创新发展的“剧变”阶段,表现出其发展水平先降后升的剧烈波动。在 2009—2010 年,尽管我国制造企业低碳创新发展水平的势级等级没有明显变化(仍为微反势 33 级),但表 2. 7 数据表明,系统的正向因素明显缩减,反向因素逐年大幅升高,导致集对势值逐年骤减。其原因主要源自全球金融风暴导致大量制造企业的主营收入和销售利润明显减少,对制造企业低碳创新发展水平测度体系中的经济效益一级指标产生显著反向影响,导致制造企业的科技投入强度、碳排强度、单位能耗等逆向指标大幅度减小,削弱了制造企业低碳创新总体水平。2009—2010 年,中国政府应对金融危机采取一系列干预手段,包括针对拉动内需的“10 措施”以及针对加大企业信贷规模的“金融 30 条”,宏观政策的刺激为制造企业的经济效益发展注射了强心剂,形成了较强的拉动作用。2011 年中后期,由于宏观调控各项措施推行以及“十二五”规划出台的辐射影响,经济效益和碳排测度等指标全面优化,我国制造企业整体低碳创新发展水平实现大幅提升,势级由微反势 33 级跃升为微同势 20 级,集对势值也前所未有地达到 3. 176 1,正向促进因素稳稳占据主导地位。然而,2011 年四元联系数显示出偏负不确定因素比例极高,达到 0. 515 8,表明此时政府政策性措施的拉动作用带来的制造企业低碳创新飞速发展具有极大的波动态势,发展状况具有非常态特征,存在较大比例不确定因素易使创新发展水平逆向滑落。

第三阶段为 2012 年后,称为“回归”阶段。数据显示,在市场的调节作用下,2012—2013 年,我国制造企业低碳发展水平已逐步从政策拉动的非常态增长向市场拉动的常态发展回落。尽管 2012 年和 2013 年的联系数势级仍为同势,但此时集对势值已有明显降低,系统联系数的回落趋势明显。通过转移矩阵对 2014 年、2015 年和 2016 年这三年联系数水平的测算表明,自 2014 年后,我国制造企业低碳创新发展水平的同异反各项因素已基本回归到“剧变”之前的比例水平,表明金融危机和宏观调控等强烈不确定因素的影响已基本消除,系统按照原有轨道平稳发展。预计到 2016 年,制造企业低碳创新发展水平达到集对势为0. 999 2的微均势水平,在全部 49 个势级中处于 28 级,且偏同不确定因素大于偏负不确定因素,持续向预测的最终稳态(微同势 18 级,势值 1. 176 2)平稳迈进。

2.3 制造企业低碳创新的问题分析

通过动态评价和测算 2007—2015 年我国制造企业整体创新发展态势表明,我国制造企业低碳创新发展的总体态势平稳,已经基本走出反势困局,正在向同势水平稳步迈进,但外界因素的过多影响导致其创新发展路径仍呈现阶段性的波动,表明脱离制造企业主体仅依靠外界因素的拉动作用并不能真正实现制造企业低碳创新的平稳发展，企业的低碳创新仍亟须依靠发挥自身主体作用，利用和适应外界环境，有效整合内外部资源，以期形成低碳合力推进创新，总结我国制造企业低碳创新所面临的问题主要包含以下几个方面。

2.3.1　制造企业低碳创新的内部保障力量薄弱

制造企业的低碳创新离不开企业内部资金投入和资源配置等保障力量，在创新活动中这种保障力量主要体现在研发活动的投入规模和投入强度等方面，即上文创新评价体系中的科技投入指标，从表 2.3 的原始数据和表 2.6 的定级结果可以看出，近年来我国规模以上制造企业创新科技投入指标大多处于 D 级或 C 级水平，对企业整体低碳创新态势的反势影响占主导地位，表明总体来说我国制造企业的创新科技投入水平还较为薄弱。

从我国制造企业科技研发投入规模角度分析，数据表明 2012 年度中国制造企业 500 强企业的年研发投入资金总规模达到 3 922.4 亿元，相比 2011 年增长了 576.4 亿元，提高了 17.2%，平均每家制造企业的研发投入资金为 8.4 亿元，相比 2011 年增加了 1.28 亿元，提高了 18%。然而从研发投入资金占营业收入比例看，2012 年我国制造业 500 强企业研发投入资金占营业收入的比重为 1.87%，2011 年该数值为 1.75%，在投入规模提高的情况下该比重仍下降0.12%，表明我国龙头制造企业的创新科技投入水平与企业发展并不同步，企业对科技投入的重视力度不足。相比之下，美、日、韩、德、法等发达国家制造企业自 2000 年以来的平均科技研发投入强度始终处于 2% 以上，且在 2007 年美国达到了 2.68%、日本和韩国已经超过了 3% 的比例，科技投入占营业收入比例也始终保持同步，说明我国的制造业龙头企业，与发达国家相比在研发投入水平和重视程度方面仍有较大差距。

从我国制造企业整体 R&D 投入强度角度分析，R&D 投入强度是体现创新潜力和创新能力的重要指标，是制造企业实施低碳等创新活动的重要保障力量之一。2007 年 R&D 活动资金占制造业总产值的 0.079‰，虽然投入强度有逐年上升的趋势，但是趋势变化过于平缓，增长速度稍显缓慢。五年内仅增加了 0.013‰，至 2013 年，R&D 投入强度增至 0.119‰，相比于 2007 年仅提高了 0.04‰，与发达国家相比在科技投入强度方面仍具有较大差距。因此，我国制造企业 R&D 投入强度不够对企业的低碳创新改革产生了一定限制作用。另外，在科研人员力量方面，制造企业总体的 R&D 人员在 2012 年为 193.9 万人，2013 年增至 224.6 万人，按照 2012 年和 2013 年规模以上的制造企业单位数统计数据（分别为 318 772 个和 326 998 个），2012 年平均每个制造企业的 R&D 人员为 6 人，2013 年平均每个制造企业的 R&D 人员也不足 7 人，这样的 R&D 人员投入是按照规模以上的制造企业个数来计算的，规模以下的制造企业尚未纳入企业单位数的统计范围。由此可知，尽管我国制造企业的 R&D 人员投入水平从总体上正在逐年上升，但上升态势过于平缓,相对于我国基础数目庞大的制造企业,分摊到每个企业主体的增加值更是微乎其微,不足以支撑制造企业的创新发展。同时,低碳创新相比于常规创新模式在R&D资金和人员的投入需求方面更加庞大也更加专业,对夯实科研资金投入和科技资源配置等保障力量的要求也更加迫切。

2.3.2 制造企业低碳创新的外部支持力度不强

制造企业的低碳创新具有资金投入巨大,风险极高和见效缓慢的特点,仅仅依靠企业自身的努力和能动性不足以推进和支撑企业低碳创新的进行,有效和有力的外部支持也是企业低碳创新成功的重要方面。然而通过资料分析表明,由于我国低碳发展的起步较晚,低碳理念还不完善,导致制造企业低碳创新的外部支持力度不强,主要体现在低碳规范的制定、公共采购的扶持以及对企业的激励和补贴方面。

为了应对气候变化,控制温室气体排放,规范低碳产品认证活动,引导低碳生产和消费,根据《中华人民共和国认证认可条例》等有关法律法规和国家相关政策规定,我国国务院发展改革部门、国务院认证认可监督管理部门在2013年颁布了《低碳产品认证管理暂行办法》,这是我国政府为低碳发展制定法律法规的初探,在该办法中虽然界定了低碳产品的范围以及低碳产品认证的流程,统一规定了低碳产品认证证书和认证标志,但是该办法中对低碳产品的界定只是"与同类产品或者相同功能的产品相比,碳排放量值符合相关低碳产品评价标准或者技术规范要求的产品"。没有对提到的"低碳产品评价标准"以及"技术规范要求"进行详细规范,即对低碳产品的规定并不十分详尽,低碳产品的认证标准并未得到明确规定,这样可能会导致在企业低碳产品认证过程中由于法律依据不够明确产生混乱的现象。另外,政府采购对低碳产品的认证和示范具有促进的作用,但从现有的政府采购目录来看,各级政府对低碳产品采购工作的指导作用和限制规定作用不强。

此外,制造企业实施低碳创新面临的生产成本增加是困扰其低碳发展的主要问题。由于制造企业在低碳研发、低碳管理和低碳营销等方面活动的展开都需要投入大量的资金,会导致短时间内的生产成本激增,甚至出现资金链断裂的情况,在一定程度上会打击以利润为导向的制造企业实施低碳创新的积极主动性,这也是很多制造企业无法积极展开低碳创新的原因。很多业内专家和学者提出在推广企业低碳发展的初期,政府补贴政策是比较直接而有效的激励方式。但是,目前为止,我国尚未出台明确具有针对性的企业低碳发展方面的补贴政策,这也导致了有些制造企业无法解决低碳创新成本和资金方面的问题,阻碍了其实施低碳创新的步伐。另一方面,在基于市场机制作用的政府激励手段中,无论是碳交易市场制度还是基于价格的碳税税收制度都尚未明确建立,有学者研究表明,作为市场机制不够健全的发展中国家,我国的碳交易市场制度的建立仍然还需要很长时间的适应和学习,开征碳税是促进经济体制下发展低碳经济的明智选择[100]。我国财政部在2009年9月发布了的《中国开征碳税问题研究》报告显示,将从燃油税开始,逐步向资源税改革,最后在五年内实行碳税征收制度,然而,截至目前尚未明确对开征碳税相关法律规定的出台和推行时间。

因此,由于我国低碳经济发展的法律体系不够完善,现有针对低碳发展的相关规定比较笼统,无法为制造企业实行低碳创新生产的低碳产品营造公平公正的市场竞争环境,也无法起到对制造企业的低碳创新良好的导向、保护和促进作用。美国在2009年发布的《美国清洁能源安全法案》中规定,美国有权对包括中国在内的出口至美国的产品征收碳关税,税率定为每吨二氧化碳10至70美元,这对我国制造企业的贸易发展提出了新的挑战,如果我国政府不尽快发布对企业低碳发展的相关规定,长此以往将导致我国制造企业与国际产品标准的脱轨现象,在全球经济体中逐渐丧失竞争优势和地位。

2.3.3 制造企业与外部联盟主体嵌入程度不高

随着经济全球化的发展,企业创新模式已经逐渐由封闭式创新向开放式创新演变,制造企业在低碳创新过程中也应该顺应外部经济环境的发展变化,通过与外部主体的通力合作与技术交流推进创新,通过引进国际或者国内市场中先进的低碳创新成果并加以模仿改进,进而与企业本身的制度、体系和技术相融合,是制造企业实施低碳创新的最佳渠道。见表2.8,我国制造企业中对高新技术较为敏感的高科技制造企业的技术引进经费数据,这些企业大多分布于医药制造业、航空航天器及设备制造业、电子及通信设备制造业、计算机及办公设备制造业和医疗仪器设备及仪器仪表制造业等创新活动较为频繁的行业,数据表明,高技术制造企业在2000年整体的引进技术经费支出为47.05亿元,至2005年达到近十年的最高水平也仅为84.82亿元,增幅不明显,至2013年受整体经济气候影响又降至53.21亿元。从引进技术经费支出占主营业务收入的比例来看,从2000年至2013年,高技术制造企业整体的引进技术经费支出强度不断下滑,具体如图2.2所示。

表2.8 高科技制造企业的技术引进情况

年份	2000	2005	2010	2011	2012	2013
主营业务收入(亿元)	10 050.1	33 916.2	74 482.8	87 527.2	102 284	116 048.9
引进技术经费支出(亿元)	47.05	84.82	68.78	62.18	73.31	53.21

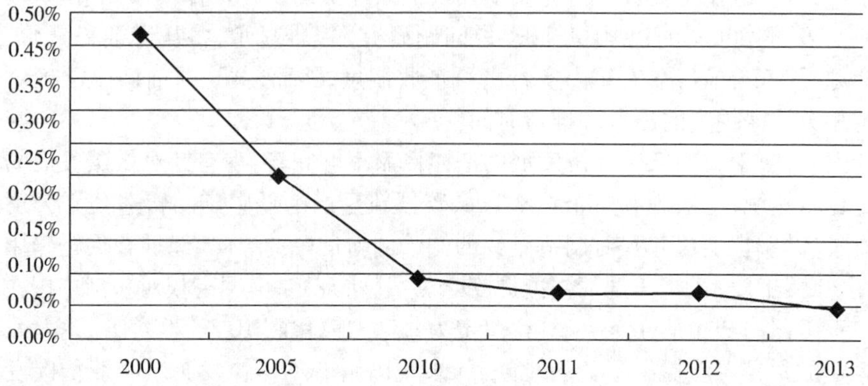

图 2.2　高科技制造企业引进技术费用占主营业务收入比例图

从制造企业引进技术的经费支出趋势来看，我国制造企业对通过外部联盟嵌入引进创新技术的重视程度不高，同时由于自身自主创新能力不够强大，会造成创新过程中技术保障力量持续落后的恶性循环。在低碳经济背景下，制造企业低碳创新是实现低碳经济目标的有效途径，其手段是在传统思维基础上融入绿色价值，将低碳思维和低碳价值纳入技术创新领域。目前，在开放式创新和网络式创新的模式演变下，我国制造企业唯有与外部创新主体联盟建立良好的合作关系，才能通过技术、信息及知识的不断流通和转移，获取前沿成熟的低碳创新信息，在企业原有体制、技术和管理基础上推动低碳创新，实现低碳转型和低碳发展。缺乏与外部创新主体的联盟与合作意识，导致企业对低碳技术的获取和引进渠道受限，加之企业原本的自主创新力量又稍显薄弱，是我国制造企业在低碳创新之路上所面临的又一难题。

2.3.4　制造企业对内外部资源整合的认识不足

资源基础理论认为，企业所具有的竞争优势与其所控制资源的丰富程度成正比，因此，尽可能多地掌控资源是推动制造企业创新成功的有效途径。然而，单个企业所拥有的资源毕竟有限，仅仅依靠自身能力关门发展显然不是长久之道，要求企业能够有效吸取和整合自身以外的优质资源，以最大化满足创新活动所需。同时，在低碳经济背景下，国际市场的竞争模式和格局也在逐渐演变，美国及其他国家将对出口至美国的产品征缴碳关税就充分说明在未来的国际市场中，低碳产品将占据主流地位。随着低碳产品认证办法的出台，我国也将在未来针对企业低碳发展发布一系列相关法制法规，在这样的宏观背景下，为了顺应低碳发展潮流，制造企业必须有效整合资源，在企业技术、营销、管理等环节都注重对碳排放量的跟踪与评价，提高能源利用率，降低二氧化碳排放量。这种变化趋势正在快速覆盖制造企业的生存和发展环境，为了加快制造企业低碳创新的步伐，仅仅依靠企业自身的能力实行创新进行低碳式的转变会给企业带来相当大的资金和人力成本，创新本身具有的不确定性也会给企业带来很大的风险。因此，结合自身的优势力量，吸取外部的创新资源，利用自身的创新能力加以整合，是我国制造企业实现低碳创新的又一关键问题。

根据 2013 年统计数据显示，规模及以上制造企业整体引进技术经费支出为 386.15 亿元，消化吸收经费支出为 140.13 亿元，技术改造经费支出为 3 590.96 亿元。按照规模及以上制造企业单位数来计算，平均每家制造企业在 2013 年全年的引进技术经费支出为 11.97 万元，消化吸收经费支出为 4.34 万元，技术改造经费支出为 111.34 万元，这一数值仅是美、日等国家制造类企业的近八十分之一，我国制造企业技术引进和技术改造等经费支出与发达国家的差距可见一斑。同时，我国制造企业在技术改造的经费支出方面高于技术引进和消化吸收投入，体现出制造企业在资源配置方面对技术创新的重视程度高于对外部技术的引进及与企业自身技术的整合。我国制造企业的低碳创新，不仅要重视对企业原有技术和体制等方面的改造和完善，还需要学习和引进外部先进成熟的低碳创新成果，但平均每年 4 万元的消化吸收经费支出以及不足 12 万元的引进技术经费支出显然不足以支撑制造企业低碳创新过程中对内外部资源的合理整合利用。因此，我国制造企业在对技术、管理和营销等活动的低碳创新改革过程中，以及在引进低碳创新成果和消化吸收等方面需进一步加大对内外部资源的整合力度，优化资金和人才投入等资源配置。

2.4　本章小结

本章从理论视角提出制造企业低碳创新的科学问题，首先，对制造企业低碳创新的内涵和特征进行界定和描述，在此基础上构建了基于经济、科技、能源、碳排和环境的制造企业低碳创新发展水平五维评价指标体系。构建集对分析和马尔科夫链状态转移矩阵的耦合模型，将五维评价指标体系作为集对理论中的一个集合，将制造企业低碳创新水平作为集对中的另外一集。通过年鉴数据对我国制造企业 2007—2015 年低碳创新发展态势进行动态评价和测算，评价结果表明我国制造企业低碳创新发展态势整体偏低，且阶段性波动特性明显，说明一方面我国制造企业低碳创新的内生性动力和能力不足，另一方面，过多依靠外界因素的拉动和影响又难以避免企业的低碳创新水平的回落，即低碳创新必须依靠主体能动性和外界保障力的共同作用。最后，依据评价结果以及相关资料分析了我国制造企业低碳创新所面临的关键问题，包括内部保障力量薄弱、外部支持力度不强、与联盟主体嵌入程度不高和对内外部资源整合认识不足等方面。

第3章　制造企业低碳创新绩效的关键影响因素识别

在上一章对我国制造企业低碳创新的现状和问题分析的基础上，明确了我国制造企业低碳创新目前的发展态势和创新绩效提升的紧迫性。本章主要对影响我国制造企业低碳创新绩效的关键因素进行探讨和识别，鉴于目前学者对制造企业低碳创新绩效影响因素的研究还并不多见，而将宽泛意义上的企业创新绩效影响因素直接套用到本书的研究情境又有失偏颇。因此，本书采用扎根理论进行深度访谈和迭代编码的方法进行影响因素的识别研究，通过设定访谈资料中所采纳因素概念的出现频次来控制因素的数量，以此来突出所识别影响因素的"关键"性。首先，深入解析制造企业低碳创新绩效的内涵和内容，以确保对扎根理论核心范畴的理解和访谈思路的确定。其次，对基于扎根理论的影响因素识别方法进行介绍和设计，确定方法的可行性和实施步骤。再次，按照"开放式编码、主轴式编码、选择式编码和理论饱和度检验"的逻辑脉络确定制造企业低碳创新绩效关键影响因素的各层次范畴，以及主范畴的典型关系结构。最后，依据识别结果构建各主范畴和核心范畴间影响作用的理论模型。

3.1　制造企业低碳创新绩效的内涵和内容解析

3.1.1　制造企业低碳创新绩效的内涵

在企业创新的研究领域，创新绩效一词被学者广泛应用于对创新效果和创新结果的衡量指标。王长峰指出，创新绩效既能表明企业创新活动所取得的成效，又具有有效测度企业创新活动强度的作用[101]。尽管有很多学者援引这一概念，但创新绩效的内涵并未得到公认的明确定义。刘满凤认为创新绩效是以追求企业表现出生产效率提高、经济效益扩大为前提导向的一种资源投入，通过投入和产出两方面指标反映绩效优劣[102]。Freeman 等认为创新绩效是衡量企业将发明和创造引入市场的努力程度的指标，通常可以通过新产品、新流程、新设备和新工艺的引入率进行衡量[103]。Hagedoorn 等从更广义的视角指出创新绩效是指在创新想法产生到创新成果进入市场的整个过程中，企业所获得的囊括发明、产品或技术方面的成绩[104]，创新绩效是对创新活动结果的描述。分析可知，以上文献对创新绩效的定义分别侧重创新活动的导向、创新活动的实施过程以及创新活动的实施效果等方面的描述，基于此，本书拟通过将上述思想进行整合，沿着创新导向、创新实施和创新效果这条主线对制造企业低碳创新绩效进行定义。

直观来看，制造企业低碳创新无疑是制造企业在低碳经济背景下采取一系列应对措施，进而取得创新活动预期所要达到的效果和目标，低碳经济对制造企业的创新导向作用主要体现在以下几个方面。首先，它对于制造企业来说是一种低碳机遇。制造企业通过实施低碳生产，打造低碳品牌，形成低碳习惯，无疑可以促使企业走上低碳之路，取得低碳收益。其次，我们又不得不认识到低碳环境对企业创新具有约束作用，这种约束作用不单单来自于企业竞争和低碳壁垒，更是由企业所面临的经济、社会和环境的多重危机引起，约束作用迫使企业通过创新行为来转变观念、转变模式，甚至转变目标。然后，制造企业创新绩效的衡量和实施对象必须涵盖企业生产运营的各个关键流程，是各个环节创新成果的体现程度。最后，低碳创新绩效的衡量还必须落实到创新过程中低碳理念和低碳目标的考察方面，是对企业创新环节中绿色、循环、节能、减排、节约等低碳目标的有效考量。综上所述，本书认为制造企业的低碳创新绩效是制造企业以低碳机遇和低碳约束为导向，以实现降低企业外部成本为目标，对制造企业在技术研发、产品生产和管理运营等创新环节中绿色、循环、节能、减排、节约等低碳目标实现程度的衡量。

3.1.2　制造企业低碳创新绩效的内容

明确制造企业低碳创新绩效所包含的内容是创新绩效影响因素研究的前提，也是衡量制造企业创新绩效的重要方面。现有文献鲜有涉及制造企业低碳创新绩效的内容方面的研究，部分学者在企业绿色创新绩效和环境创新绩效的衡量维度方面取得一定的研究成果。隋俊等认为制造企业绿色创新绩效应重点从绿色研发、绿色制造和绿色营销三个方面进行衡量[105]。程华等则分别从经济产出绩效、知识产出绩效和环境产出绩效角度对企业环境创新绩效进行维度定义[106]。本书认为，低碳创新绩效的取得是集绿色、环境和节约理念于一体，将这些划分直接套用到制造企业低碳创新绩效的衡量中并不完全合适。制造企业低碳创新绩效的测度要涵盖低碳创新的各个创新环节，考察各个环节的创新效果，应包括以产品和工艺的设计、研发和改进成果为重点的技术创新绩效，以企业内部运营、运作和行为标准优化成果为重点的管理创新环节，以及以满足消费者市场需求、取得低碳产品收益效果为重点营销创新环节。基于此本书从低碳技术创新绩效、低碳管理创新绩效和低碳营销创新绩效三个角度阐述制造企业低碳创新绩效的内容和要求。

1. 低碳技术创新绩效

技术创新是制造企业低碳转型和发展的持久动力和生存支柱，是衡量企业低碳创新成果的最主要内容之一。有别于传统制造企业依靠高投入、高能耗主导的粗放外延式发展道路，制造企业低碳创新主要通过淘汰高能耗、高污染和低质量的落后生产工艺和技术，在传统思维基础上融入绿色价值，将低碳思维和低碳价值纳入技术创新领域，可以说低碳创新革命更直观的表现是一场技术革命。具体来说，制造企业低碳技术创新绩效一般应包含基础创新和应用创新两个部分，其中基础创新是不针对某一特定产品或商业活动的科学创新过程，单纯地面向低碳知识生产和新型低碳科技。例如，碳捕获和碳封存等尾端获取技术、生物能源和可再生能源等清洁能源技术、碳处理和碳中和等节能减排技术等。应用创新是指将基础研究所获得的创新知识产品化的过程，将低碳科技、低碳知识、低碳理念应用于实际生产活动中[107]，在制造企业生产链的各个端点原材料节约和再利用工程、“三废”资源化工程以及污染物净化工程等，通过回收和利用企业排放的有价值“废物”，实现污染物的减排和资源的重新利用。部分学者将制造企业低碳技术创新绩效划分为低碳工艺创新绩效和低碳产品创新绩效[108]，这种划分也是基于应用创新绩效角度进行衡量。生产工艺是流动的碳链，也是低碳技术向低碳制造的渗透，其实质是在产品生产设计的工艺流程上体现低碳价值，通过低碳工艺替代、低碳工艺组合和低碳工艺优化等手段体现低碳技术创新的关键功能[109]；低碳产品创新可以说是低碳工艺创新的扩展，即在产品的生产过程、功能效用、回收利用的各个阶段采用低碳技术并融入低碳价值。可见，低碳技术创新绩效是制造企业低碳创新绩效的首要衡量方面，是制造企业完成绿色责任目标，实现绿色收益，发展绿色竞争力的关键内容。

2. 低碳管理创新绩效

管理和技术是助力企业在经济系统中运行的两个车轮，两者相辅相成、缺一不可。在创新领域，管理创新也被认为是企业创新活动中除技术创新外的另一重要内容要素，其中技术创新是以技术变革的方式优化企业产品和工艺，而管理创新是以组织、制度变革为目标对企业人员、文化和社会关系的优化。王建民指出总体来说企业创新活动就包含技术创新和管理创新两个部分，凡是不与技术相关的创新都可称为管理创新，是管理者应对企业内外部环境变化，以提高经营效率为目的的组织、文化、观念和方式等的改变[110]。张钢等指出创新是一个系统性的概念，技术至上的创新观点对企业创新绩效的提升效果具有偏颇性，技术和组织管理的协同创新优化才是可行之路[111]。不同于传统制造企业的单纯经济管理，制造企业低碳管理绩效的取得要求企业在日常生产运营管理中尽可能融入以节约、绿色、环保为主线的低碳理念，通过两者结合建立具有强大推动力的完善管理机制。全方位实施制造企业低碳管理创新具有如下几方面要求：第一，将低碳创新思维渗透到企业生产运营管理的每一环节，形成具有环境友好特性的综合管理机制，通过低碳战略、低碳组织、低碳文化为企业低碳发展和低碳转型提供保障；第二，在企业各项专业化管理中纳入绿色可持续思想，实施专业化的低碳开发、低碳设计、低碳生产、低碳包装和低碳审计制度，推动企业日常运营的低碳化改革；第三，建立企业管理的低碳监督机制，保障企业内部所建立低碳系统的有效运转，在标准和制度上实现低碳管理和生产运营管理的统一。总之，制造企业低碳管理创新绩效是衡量企业日常管理运营的资源整合模式的更有效运用的指标，是除企业产品和技术的设计研发、工艺制造以及产品投放市场流程之外的创新成效和成果，是制造企业企业管理经营战略、组织架构、企业文化、日常管理方式等方面创新内容的有效衡量。

3. 低碳营销创新绩效

营销活动和市场消费密不可分，营销创新的成果也是企业创新与经济效益挂钩的关键因素。朱玉胜指出，市场先导性是制造企业生产经营的前提特征，即要求企业必须以市场竞争环境和顾客需求为各部门和各层次管理者制定职能和任务的中心目标[112]。低碳经济背景下的制造企业营销创新要求企业秉承绿色文化的价值观念，以环保减排、降低污染和合理利用资源为出发点，在企业营销过程中重视低碳市场信息的搜集和整理，充分满足消费者对低碳产品、低碳工艺的需求，实现低碳利润目标。高南林认为低碳经济对企业最突出的影响是催生绿色消费需求，这种消费需求不仅对产品功能和产品质量提出要求，同时要讲究产品消费环境的优越性，这一点也正是企业低碳营销创新旨在取得的目标[113]。同时，营销创新绩效又是连接制造企业低碳技术创新和低碳管理创新的关键环节，低碳营销创新一方面可以加速催化低碳理念在企业生产技术和运营管理环节的渗透，为制造企业的低碳技术和低碳管理提供保障，另一方面，又可以确保企业创新流程所生产出产品和服务转化为企业利润，是创新活动市场化的关键环节。因此，本书认为低碳营销创新绩效也是制造企业低碳创新绩效的重要组成，是企业以为顾客提供低碳产品和服务为初衷，以实现企业经营战略为目标，以不断更新和优化营销理念、营销体系、营销策略和营销方式为手段，促使企业获得和提高低碳经济效益的重要衡量维度。

3.2　基于扎根理论的关键影响因素识别研究方法及设计

通过对在国内外研究现状的分析可知，众多学者在企业创新绩效的影响因素方面进行了大量研究，然而对制造企业低碳创新绩效影响因素的研究还并不多见，将广义的企业研究以及宽泛意义上的企业创新绩效的影响因素直接套用于我国制造企业以及低碳创新研究中并不合适，难以契合我国制造企业的本土化特点和以低碳为着眼点的创新绩效衡量特征，因此本章采用扎根理论质化研究方法通过深度访谈、资料收集、整理和分析的步骤识别和确定制造企业低碳创新绩效的关键影响因素,为后文的理论分析和作用机制的探讨提供铺垫。

3.2.1 研究方法

首先,对关键影响因素识别的理论基础——扎根理论进行简述。扎根理论是20世纪60年代,美国社会学者Glaser和Strauss提出的一种通过深度访谈的质化研究,确定研究范畴和研究故事线,进而建立基于访谈的理论模型的方法[114]。初期的扎根理论主要被应用于社会学领域的研究,随着学者对扎根理论的不断修改和完善,该理论逐渐开始在管理学、教育学、宗教学等诸多方面得到应用[115-118]。扎根理论是一个对资料收集和分析的连续循环及演绎过程,其最根本的原则是研究者不能有先入为主的理论假设,理论最终的形成应该从资料或社会现象研究中自然而然地涌现。其研究过程是在现象界定的基础上进行资料收集和资料编码,梳理资料中的初始概念和范畴(开放式编码)、挖掘范畴之间的关系进而发现主范畴(主轴式编码),进一步提炼主范畴与核心范畴之间的本质联系(选择式编码),最后检验理论模型的严密性和科学性(理论饱和度检验),扎根理论的研究流程如图3.1所示。

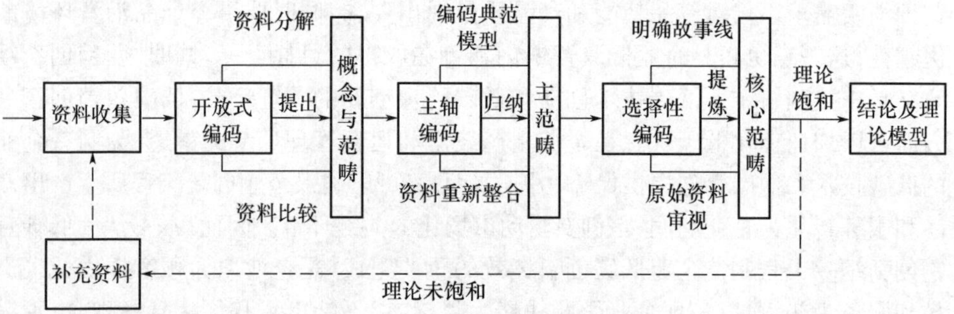

图3.1 扎根理论研究流程

上文提到的质化研究也称为定性研究,是紧密结合当时当地情境收集第一手资料,从当事人的视角理解他们行为的意义和他们对事物的看法,以此作为进行下一步分析基础的方法[119]。王京生等指出,质化研究中要求研究者在没有获得确实的证据之前,严格避免先入为主,主观想象、推测和臆断的做法,而是要深入到被研究的被试群体中了解他们的说法和做法,通过对这些第一手资料加以描述和分析,再据此提出假设或理论的过程[120]。相较于在众多定性研究方法中,扎根理论的出现被称为是定性研究方法的一项突破。因为传统的定性研究缺乏利用方法论的规范化研究过程,而扎根理论通过一定的程序将定性研究进行规范化,以实践经验和数据为基础构建理论,恰好能够克服传统定性研究的问题和不足,对本书的研究情境具有较好的适用性。

3.2.2　研究设计

通过有针对性地选取访谈对象进行深度访谈，获取和收集关于目标问题的原始资料是扎根理论研究的前提。为了紧密契合本书的研究情境，满足对制造企业低碳创新绩效关键影响因素的有效识别，本书对访谈对象的选取范围和选取目标提出如下要求。首先，受访者来源方面的要求，要求受访者来自于具有中型以上规模且有意愿开展和推动低碳方面创新的制造企业；其次，受访者素质方面的要求，要求访谈对象在逻辑分析、理解判断和表达能力方面具有较好表现，由于受教育程度是受访者素质最直观的衡量因素，因此本研究基本选择具有本科及本科以上学历的企业员工作为被试；最后，为了使受访者能在最短时间内了解研究目的和访问内容，给出比较专业且具有价值性的资料信息，要求受访者具备一年以上的技术研发、企业管理以及创新管理的工作经验，熟悉制造企业生产制造、技术研发和运营管理的各个流程和创新目标。Fassinger 等学者的研究指出，扎根理论研究的调查样本数量应选择 20~30 人较为合适，根据样本数量在编码过程中范畴的确定应当选择资料中出现 2~3 次以上的概念词频为宜[121]。

本研究在严格确保理论饱和的原则下，依托导师的研究课题"低碳经济背景下制造业企业行为演化与运营模式研究"，选取与课题组具有密切合作关系的 24 家制造企业作为样本，样本企业均满足大中型制造企业规模要求，行业分布涵盖通用设备制造业、专用设备制造业、交通运输装备制造业、木材加工、纸制品制造业以及计算机、通信和其他电子设备制造业等。从职位方面看，有总经理 3 人、总经理助理 3 人、副总经理 4 人、战略规划部门主管 7 人、技术研发部门主管 5 人、高级研发人员 2 人。其中，6 人具有博士研究生学历，11 人具有硕士研究生学历，7 人具有本科学历。在从事创新管理相关工作经验方面，工作年限在 10 年以上的有 3 人，工作年限在 5 ~10 年的有 7 人，工作年限在 1 ~5 年的有 14 人。本部分的研究目的是对制造企业低碳创新绩效关键影响因素的识别，为体现因素的关键性特征，因此初步拟定选择在编码中出现 4 次以上的词频作为初始概念来界定研究范畴，以防止主轴式编码中主范畴数量的过度蔓延。

3.2.3　研究实施

采用一对一深度访谈方式进行初始资料的探测性研究，深度访谈要求具有直接式、无结构和面对面的特征。在访谈过程中，不仅可以直接交流并记录被访者的话语，还可以根据被访者的动作、语气和神态等掌握访问的氛围和节奏，能够通过观察有效辨别和确认被访者回答的真实性和说服力[122]。本研究对 24 个访谈对象分别实施一对一访谈来调查分析制造企业低碳创新绩效的影响因素，对每个访谈对象的访谈时间均控制在 60 分钟以上，注重访谈中氛围和节奏的调节，以期较准确掌握受访者对低碳创新绩效影响因素的见解和观点。访谈内容以提升企业低碳创新绩效的举措和影响企业低碳创新效果的因素为主,例如“哪些因素对企业从技术角度提升低碳创新绩效有较大影响?”“哪些因素能够促进企业在管理和运营中的低碳和节约?”通过深度访谈共获得 24 份个人访谈记录,将获得的访谈记录进行整合、质证来确保其反映制造企业低碳创新绩效的真实性。随机选择 19 份个人访谈记录作为利用扎根理论识别制造企业低碳创新绩效影响因素研究的编码分析原始材料,其余 5 份访谈记录作为扎根理论识别结果的饱和度检验材料,对识别和归总结果进行再次验证的依据。在方法实施过程中尽量使用现有文献和理论基础中有所提及的高频率的相关学术化词语描绘扎根访谈中出现的概念,进一步搜求核心范畴和主范畴间的逻辑因果关系。对存在争议的概念和范畴,在听取专家意见的基础上,进行修订和删减,以避免编码者主观意见对编码结果造成的影响,提高编码的客观性和说服力。

3.3 关键影响因素识别的扎根理论分析过程

3.3.1 开放式编码

开放式编码是将原始访谈内容全部打散,对访谈内容逐字逐句进行编码、标签和登录,进而发现概念类属,实现访谈内容的概念化和范畴化的过程。编码时,为了避免编码者的主观影响,尽量采用受访者的原话作为标签从中发掘初始概念,经过访谈共整理出 500 余条原始语句资料及相应的初始概念。由于初始概念数量繁多和存在交叉,需要对其进一步分解、剖析和提炼,将相关的概念聚集在一起,实现概念范畴化。经过多次整理分析,剔除出现频次低于 4 次的初始概念,最终从资料中抽象出 11 个概念范畴,分别为关系耦合度、关系交互度、关系持久度、政策制度环境、市场需求环境、社会文化环境、创新决策能力、资源获取能力、技术研发能力、柔性生产能力和低碳保障能力。每个范畴对应的原始资料举例以及相应的初始概念如表 3.2 所示。

表 3.2 开放式编码范畴化结果

范畴	原始资料(初始概念)
关系耦合度	A02 企业与较多研究组织具有技术创新合作关系,尤其是在低碳和节能方面,企业很重视创新合作关系的保持,每年都会拨出一定专用经费维护关系(重视创新合作关系) A07 企业非常重视与合作机构的关系,通过与科研院所和中介机构的紧密合作获得了很多促进企业发展的创新信息,也取得了很多合作成果(从外部组织获得有价值信息)

表 3.2(续 1)

范畴	原始资料(初始概念)
关系耦合度	A11 企业与 SZGC 研究院和 JT 大学一直保持愉快、平等的合作关系,在实行低碳创新的过程中从这些单位获得了很多有价值的知识(平等、和谐的合作关系) A14 企业与现有的合作部门建立了良好的关系,因为企业长期的良好信誉,彼此都愿意互相信任,这给创新工作和活动的展开带来了较大的益处(与合作对象彼此信任) A18 企业与合作组织间的利益分配方面目前没有出现过较大分歧,基本能够做到按照前期约定和信用关系友好分配和解决(合作氛围)
关系交互度	A01 企业通过合作创新项目与高校、科研机构等研究组织进行了频繁的沟通和交流,获取了对企业创新有价值的信息和成果(沟通和交流的频繁度) A03 长期的合作关系使企业与合作对象之间建立了一定的默契和信任,实现了信息良好的沟通和有效的反馈机制(信息反馈) A12 企业在低碳创新研发活动时遇到了技术方面的瓶颈,企业内部的技术人员一直没能攻克这一难题,后来寻求了有良好合作关系的研究所,在一段时间的共同研究后解决了这个问题,改良了企业生产的关键技术(交流的效果) A19 企业不仅在进行创新活动时与高校、研究院、中介机构等进行沟通合作,通过会议等其他方式也有比较频繁的交流(交流对象和平台)
关系持久度	A02 经常参加行业协会等组织举办的会议、展览等交流活动,企业是行业协会的主要成员,通过协会和同行的企业和其他组织建立了稳定的关系(合作关系稳定) A08 企业长期发展以来与多个组织建立了稳固的合作关系,包括高校、科研院所、供应商、分销商、中介等部门,而且与这些组织已经经历了长时间的合作,彼此之间建立了信任和良好的信誉(合作时间长) A13 企业与合作单位之间通过多次良好的合作关系甚至建立了比较稳定的社会关系,企业高层管理者和项目组管理者与有些合作单位的相关人员建立了良好的人际关系和社会关系,这样的关系给企业与他们的合作带来了一定的便利(社会关系稳定)
政策制度环境	A05 现在政府还没有强制性要求企业一定要减少碳排放,企业按照现在传统的生产方式发展收益情况也不错,如果说要投一大笔资金去实行低碳创新比较困难(强制性的规定和制度) A11 政府应该制定合理的低碳标准,如果企业不能达标会受到处罚,执行标准一定要公平(低碳标准) A16 企业实行低碳创新需要在资金、人力和物力等方面投入很多的资源,且存在一定的风险,成本高,政府如果能提供补贴,能为企业的低碳创新发展解决很大的问题(政府补贴) A18 公司的创新成果会通过申请专利等方式获得产权保护,但是我国保护知识产权的法律体系尚不够完善,创新知识和信息在企业贸易往来时的外泄问题可能会引发冲突(低碳创新知识产权保护)

表 3.2(续 2)

范畴	原始资料(初始概念)
市场需求环境	A07 现在消费者越来越关注雾霾的环境污染问题,在购买产品时也会对绿色、低碳加倍重视,所以说低碳产品的市场面会越来越宽阔,这是一个商机(低碳市场需求) A10 企业目前既生产原来的产品,也生产新推出的低碳产品,从近期的销售量变化趋势来看,低碳产品的销售量正在逐渐上升(低碳产品需求) A13 现在传统 BX 产品的利润已经被压得很低,别人(竞争企业)都开始主打一些节能、低碳、耗电量低的产品,寻找新的利润增长点,不抓紧创新转型就会被慢慢淘汰(激烈市场竞争) A17 从企业客户的信息反馈结果看,公司推出的低碳产品在顾客中的满意程度比原来的产品满意度更高(消费者满意程度)
社会文化环境	A04 当整个社会建立起低碳的发展模式的时候,包括企业、消费者在内的所有个体和组织就会自发地选择低碳模式了(社会低碳发展模式) A05 产生能够从根本上代替化石能源的新能源,而且新能源能够支持整个社会的运转(新能源代替化石能源) A09 新闻媒体积极报道宣传低碳理念,提高公众的低碳意识(媒体宣传低碳) A15 消费者的节能减排意识逐渐增强,很多单位和个人购买产品的时候都更倾向于购买低碳产品(消费者低碳意识) A19 我国人均消费水平已经提高了,而且近年来环境问题越来越受到公众的关注,公众的低碳生活意识越来越强(公民低碳生活)
创新决策能力	A02 企业的高层管理人员重视企业的低碳发展,高层管理者描绘了企业低碳发展的三个梦想:太阳能电站梦想、电动汽车梦想和储能电站梦想(低碳发展战略) A06 低碳发展已经势不可挡,企业必须顺应环境的变化做出改变,如果想占据市场的主导地位,一定不能怕风险,况且企业实施低碳创新发展和追求利润并不矛盾,甚至是相辅相成的(低碳发展决策) A11 制造企业的关键竞争力在工艺和产品,所以只有不断创新,不断突破,才能在市场竞争潮流中站稳脚跟(创新必要性) A14 企业生存发展的环境瞬息万变,但是主流发展方向不会变,从现在的大环境看,企业为了生存不能只追求利润,还要对生态环境负责任,改变原有的生产模式实现低碳创新是企业未来生存必须具备的能力(低碳创新决策)
资源获取能力	A01 企业去年从国外引进了业内领先的生产设备,这种设备在提高原材料的利用率方面有很大的作用,并培训了相关的技术人员,目前已经投产使用,而且设备的使用率基本达到其产能的 90% 以上(获取先进设备) A09 企业的创新活动一般以相关项目的形式展开,项目负责人是企业的高层管理人员,主要负责创新的战略和方向性,项目组成员根据创新活动需求从各部门调用,包括研发部门、营销部门、设计部门等(创新资源配置)

表 3.2(续 3)

范畴	原始资料(初始概念)
资源获取能力	A11 去年企业招聘的来自"985"院校和国外名牌大学的高精尖人才有 11 人,学历都在硕士研究生以上,提供了有竞争力的薪资待遇和发展条件(获取创新人才) A18 企业通过金融机构和风险投资机构给企业的减排项目争取了部分的资金,保障创新的物质基础(获取创新资金)
技术研发能力	A03 企业研发部门的工作人员都是本科及以上的学历,且硕士研究生居多,近几年来博士研究生的人数也在增加(创新性人力资本) A07 企业推出的低碳产品在质量和功能方面都有所突破,尤其在节能这一方面在行业内部占据领先地位(产品创新能力) A10 企业现在应用的低碳生产工艺是 XX 研究所的科研成果,企业引进技术后在技术部门和研发部门的共同努力下对其进行改进,使之与原来的工艺融合(改进外部技术知识的能力) A16 低碳节能产品在业内市场的迅速发展已经是大势所趋,目前公司努力在工艺和产品这些方面实行创新(低碳产品和工艺研发) A17 企业每年的研发资金投入都占销售收入的 10% 以上,去年大约达到 12%(技术研发资金投入)
柔性生产能力	A01 在推出低碳环保厨电系列的时候,企业同时也在生产原有传统的厨电产品,这样能同时满足市场上对这两种产品的需求(柔性生产工艺) A08 企业生产线采用串并联的方式,对关键生产环节主要采用并联的方式解决,部分生产环节可以根据需求进行改变(柔性生产环节) A13 企业的年度生产计划主要依据上年度以及营销部门和规划部门对市场的发展趋势预测来制订,根据年度生产计划制订季度、月份等短期生产计划,而且会根据市场动态进行调整(柔性生产计划)
低碳保障能力	A02 目前企业在同行业中基本处于比较领先的地位,有责任和义务为了行业的低碳发展做出表率,公司和通用、海尔、蒙牛、联想等大公司共同发起了"低碳企业责任行动",凝聚力量,推动行业和企业的低碳创新和低碳发展(低碳责任意识) A07 低碳经济发展背景给企业带来了机遇,也带来了挑战,这对大部分企业来说将是一次历史性的改革,能在低碳转型中取得先机的企业就能把握市场的主动权(管理者低碳创新意识) A12 企业的品牌形象是企业吸引消费者的重要竞争力,企业已经加强了低碳公关工作,不仅宣传企业的低碳产品,更要用低碳理念来包装企业的整体形象(企业低碳形象) A13 企业在员工培训中加入了低碳环保的内容,鼓励员工节能减排,对企业的照明系统进行了整体改造,基本实现感应照明全覆盖(员工低碳习惯) A17 企业将节能环保与绩效相结合,通过物质和非物质的方式对节约能源、材料的员工进行奖励(低碳考评制度)

注:A ** 表示第 ** 个受访者的访谈材料,每句末尾括号内容为初始概念。

3.3.2 主轴式编码

主轴式编码(Axial Coding)是对开放式编码中形成的各个独立的范畴建立关联,使范畴更严密,在开放式编码的基础上更好地发展主范畴。通过分析发现,本研究开放式编码得到的11个独立的范畴之间确实具有某种潜在的逻辑关系,通过发展这11个范畴的具体性质以及它们之间的内在联系,对其进行重新归类和归纳,得到外部关系质量、外部环境质量和企业创新能力三个主范畴。其中,外部关系质量由关系耦合度、关系交互度和关系持久度三个范畴构成;外部环境质量由政策制度环境、市场需求环境和社会文化环境三个范畴构成;企业创新能力由创新决策能力、资源获取能力、技术研发能力、柔性生产能力和低碳保障能力五个范畴构成。总结每个主范畴对应的开放式编码范畴及其具体内涵,如表3.3所示。

表3.3 主轴式编码结果

主范畴	对应范畴	范畴的内涵
外部关系质量	关系耦合度	企业与外部创新合作主体间的静态结构依赖、信任程度和文化相融程度
	关系交互度	企业与外部创新合作主体间沟通、交流和反馈信息的频繁程度以及深度
	关系持久度	企业与外部创新合作主体间合作关系的稳固和持久程度,以及对关系保持的预期
外部环境质量	政策制度环境	政府通过行政体系和政策法规手段为企业低碳创新提供支持和保障程度的衡量
	市场需求环境	消费者对企业低碳产品和低碳服务的效用、价格和质量等方面的需求数量和需求程度的衡量
	社会文化环境	社会文化和习惯、公众的生活方式和价值观念对低碳氛围和低碳意识的营造程度的衡量
企业创新能力	创新决策能力	企业依据外部环境变化做出及时且适宜的战略决策调整,并有效推进的能力
	资源获取能力	企业识别、取得、配置以及利用创新资源进而实现创新资源倍增和涌现的能力

表 3.3(续)

主范畴	对应范畴	范畴的内涵
企业创新能力	技术研发能力	企业整合内外部资源实现新产品、新工艺等的创新和实质性改进的能力
	柔性生产能力	企业灵活和灵敏应对用户个性化需求,实现产品的弹性生产和多样化生产的能力
	低碳保障能力	企业文化、企业习惯对支持和辅助低碳创新顺利开展和实施的能力

3.3.3　选择式编码

通过主轴式编码确定主范畴之后,需要进一步搜集核心范畴和主范畴间的逻辑因果关系,挖掘归纳核心范畴与主范畴和其他范畴间的故事线,也称为典型关系结构,最终结合所确定的典型关系结构给出理论框架。通过对原始资料的收集、标签和编码,本书确定了“制造企业低碳创新绩效”这一核心范畴,围绕核心范畴挖掘出其影响因素的三个主范畴:外部关系质量、外部环境质量和企业创新能力。其中,企业创新能力是贯穿于企业生产运营全过程的对企业创新具有关键支撑作用的系统性能力禀赋,是影响制造企业低碳创新绩效的关键性内生因素,其内容囊括创新决策、资源获取、技术研发、柔性生产和低碳保障,对低碳创新绩效的取得具有最直接的影响作用。而外部关系质量和外部环境质量是影响制造企业低碳创新绩效的关键性外生因素,其中,前者是对企业与其他创新联盟主体合作关系优劣程度的衡量,表现为企业对自身在创新合作中的嵌入程度、依存程度,以及资源需求的满足程度的认知评价;后者是企业所处的环境(客观容器)对企业创新保障和约束力度的衡量,两者既对低碳创新绩效具有直接影响作用,又能通过对企业能力禀赋的作用间接影响企业低碳创新绩效。

综上所述,本书构建了主范畴与核心范畴典型关系结构的 5 条故事线,分别是外部关系质量直接影响低碳创新绩效、外部环境质量直接影响低碳创新绩效、企业创新能力直接影响低碳创新绩效、外部关系质量通过企业创新能力间接影响低碳创新绩效、外部环境质量通过企业创新能力间接影响低碳创新绩效。各层次范畴及其典型关系结构如图 3.2 所示,扎根理论选择式编码结果如表 3.4 所示。

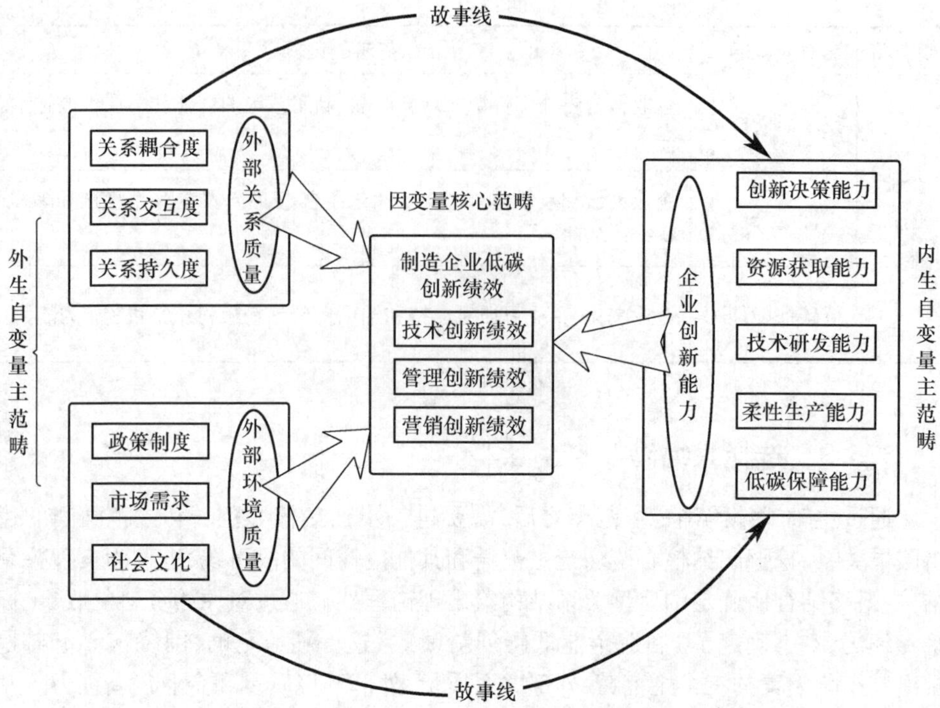

图 3.2　制造企业低碳创新绩效关键因素的扎根理论识别结果

表 3.4　选择式编码结果

典型关系结构	关系结构的内涵
外部关系质量→低碳创新绩效	外部关系质量是对企业与其他创新联盟主体合作关系优劣程度的衡量，其对制造企业低碳创新绩效具有直接影响作用
外部环境质量→低碳创新绩效	外部环境质量是企业所处的环境（客观容器）对企业创新保障和约束力度的衡量，其对制造企业低碳创新绩效具有直接影响作用
企业创新能力→低碳创新绩效	企业创新能力是对企业创新具有关键支撑作用的系统性、多维度能力禀赋，其对制造企业低碳创新绩效具有直接影响作用
外部关系质量→企业创新能力→低碳创新绩效	外部关系质量又可以作为制造企业低碳创新绩效的间接影响因素，它通过对企业创新能力的影响作用对制造企业低碳创新绩效产生间接影响

表 3.4(续)

典型关系结构	关系结构的内涵
外部环境质量→企业创新能力→低碳创新绩效	外部环境质量又可以作为制造企业低碳创新绩效的间接影响因素,它通过对企业创新能力影响作用对制造企业低碳创新绩效产生间接影响

3.3.4　理论模型饱和度检验

理论模型饱和度检验是为了保证理论模型建立的严密性和科学性,利用资料依次经“开放式编码—主轴式编码—选择式编码”的过程来确认是否需要增加或减少上述研究的范畴和主范畴。本书利用原始访谈资料中剩余的 5 家制造企业进行重复编码,验证“制造企业低碳创新绩效关键影响因素”的典型关系结构。

以 MD 企业为例,“十二五”期间,MD 企业提出“低碳、节能、绿色、环保、智能”的发展主题和目标,将产品达到国际节能环保水平列入发展战略规划。在我国政府颁布了《低碳产品认证管理暂行办法》之后,企业的低碳冰箱产品由于其节能减排功能达到了国家的既定标准,成了业内首家通过“温室气体排放”认证的企业,自认证以来,企业该系列冰箱产品的销售量实现了大幅度增长(外部环境质量→低碳创新绩效)。企业通过与 SD 公司和 ZKY 研究所的长期合作,意图将太阳能光伏发电技术应用在空调系统中,集成市售离网型逆变器,研发运行管理装置,将太阳能逆变输出和市电输出分时切换供给空调系统,目前该低碳创新项目已经取得了关键突破性进展,每年将节能 6 145 吨标准煤,减少 CO_2 排放 1.5 万吨(外部关系质量→低碳创新绩效)。企业技术和研发部门通过利用企业原有的工艺基础和关键核心技术,采用 180°正弦波直流变频技术、平行流换热技术、独特风道设计等国际领先技术,建设了大量柔性化生产线,实现家用空调节能减排的产业升级,提高低碳空调产品的产能(企业创新能力→低碳创新绩效)。企业的马龙生产基地工程是国家“金太阳示范工程”之一,该项目获得了国家 50% 的补助,国家补助给该项目提供了充足的资金,项目建成后将达到每年减少约 380 吨标准煤使用量的水平,相当于减排约 1 138 吨二氧化碳(外部环境质量→企业创新能力→低碳创新绩效)。企业与 ZKY 研究院、QH 大学、SHJT 大学等组织常年建立了稳定的合作关系,这些组织为企业培养了很多优秀的创新型人才,企业也从这些组织的研发成果中获取了有价值的知识和信息,实现了很多工艺和产品方面的创新。例如,热回收数码多联中央空调热泵热水机一体化机组节能技术,初始创新灵感是从 ZKY 研究院获得的信息,通过企业研发和改进使之与企业生产中央空调的关键技术相融合,该项目的节能效益达到每年节约 2 800 万度点,相当于减少 2.49 万吨 CO_2 的排放

(外部关系质量→企业创新能力→低碳创新绩效)。

依据以上方法,依次对剩余4家企业进行重复编码和检验,编码结果过程中未发现全新范畴的引入,核心范畴"制造企业低碳创新绩效"也得到了精确说明,使研究达到预期效果,所得出的各个范畴和故事线具有较好的理论饱和度,可以停止进一步采样。

3.4 关键影响因素识别研究结果

基于现有研究对制造企业低碳创新绩效关键影响因素的探讨还没有一个权威性的框架,大多文献从单一视角或者宽泛的企业创新情境下得出结论,少量对制造企业环境创新或绿色创新影响因素的研究也多采用定性提出和分析的方法,其说服力和对本书情境的适用性不强。

制造企业低碳创新绩效的衡量包括以现有产品和工艺的设计研发和低碳改进为侧重点的低碳技术创新绩效,以企业内部运营、运作和行为标准的低碳优化为重点的低碳管理创新绩效,以及通过最大化满足消费者低碳消费需求的同时,谋求企业利益和生态效益相统一为重点的低碳营销创新绩效三个方面的结合,其创新绩效的提升和优化是多种因素共同作用的结果。本章基于扎根理论,采用深度访谈方法,植根于制造企业低碳创新的本土情境,首先,通过开放式编码识别出影响我国制造企业低碳创新绩效的11个关键范畴,并对其分别定义为关系耦合度、关系交互度、关系持久度、政策制度环境、市场需求环境、社会文化环境以及创新决策能力、资源获取能力、技术研发能力、柔性生产能力和低碳保障能力;其次,通过主轴式编码将所有因素归纳为3方面主范畴,分别是外部关系质量、外部环境质量和企业创新能力,并依据访谈结果对主范畴内的对应范畴予以简要描述;再次,通过选择式编码了解和确认各主范畴之间的故事线,指出各关键因素之间的作用关系和理论模型;最后,利用剩余被试资料对理论模型进行饱和度检验,确定研究结果。综上所述,制造企业低碳创新绩效关键影响因素的扎根理论识别结果如图3.2所示。

3.5 本章小结

本章根植于制造企业低碳创新研究情境,采用深度访谈的方式,利用扎根理论对影响我国制造企业低碳创新绩效的关键因素进行探讨和识别,明确指出制造企业低碳创新绩效是对制造企业在低碳技术、低碳管理和低碳营销三方面创新内容的绿色、循环、节能、减排和节约效果的衡量;并在此基础上对扎根理论研究方法进行设计和实施,通过开放式编码、主轴式编码、选择式编码和理论饱和度检验几个步骤识别出影响我国制造企业低碳创新绩效的三方面关键因素主范畴和十一个维度范畴,并构建各个主范畴与核心范畴之间的相互作用关系理论模型,以此为后文研究的展开奠定基础。

第4章　外部关系质量对制造企业低碳创新绩效的作用机制

在上一章利用扎根理论识别影响制造企业低碳创新绩效的关键因素基础上，本章主要探讨外部环境质量因素对制造企业低碳创新绩效的作用机制。首先，对制造企业外部关系质量的内涵和维度进行详细解析；其次，提出外部关系质量对低碳创新绩效的作用关系理论假设和作用机制模型，在此基础上通过构建研究量表、进行走访调研等方法获取实证数据并进行层次回归分析实证，以此厘清外部关系质量因素对制造企业低碳创新绩效的作用路径和作用效果。

4.1　外部关系质量的内涵及维度解析

4.1.1　外部关系质量的内涵

理论界对关系质量的定义目前还没有一致性的界定，学者们针对自身侧重的研究领域和研究对象的差异，给出的关系质量的定义不尽相同。早期的关系质量一词出现在关系营销理论中，是一种人际关系的研究范式，是指在营销活动中基于交易成本和关系接触的基础上满足企业和客户需求程度的关系效果评价[123]。Gummensson认为关系质量是企业和其顾客群体之间行为交互的品质，是顾客感知的重要组成部分[124]。Crosby等提出组织关系质量是双方减少彼此感知不确定性的能力，在销售活动中由顾客对组织服务人员的信任感和满意程度体现[125]。Holmlund将关系质量的定义由营销情境推广到更广义的企业商业网络中，指出企业商业网络的关系质量是商业活动双方的重要参与人员对商业活动进行情况的综合认知和评价，这种评价并不仅仅依据个人爱好，而是会存在一个约定俗成的标准[126]。刘人怀等通过梳理和总结对组织关系质量进行了定义，认为异质组织间关系主体参照某些标准对合作中关系满足自身需求程度的认知评价，其实质是维持和促进组织间合作氛围，加强关系主体间的信任和交流，维系关系和谐、持久的一组无形利益[127]。以上研究大多从商业伙伴间的人际关系对合作中信任和满意的感知角度提出，在本书对制造企业低碳创新的研究中，由于创新所需的信息和知识具有复杂性、多样性和稀缺性，企业想要获取创新活动必需的资源和知识，就必须有选择地与创新网络中目标主体构建更具嵌入性和依存性的合作关系。基于此，本书认为制造企业外部关系质量是以制造企业主体、合作企业、科研院所和中介机构等创新合作机构之间形成的具有信任、交流、和谐、持久特性的动态联盟为基础，联盟成员对自身在联盟中的嵌入程度、依存程度，以及自身创新资源需求的满足程度的组合认知评价。

4.1.2　外部关系质量的维度

在关系质量所包含的内容维度方面，Crosby 等认为关系质量作为一个高次架构至少要包含营销活动中客户对服务人员的信任，以及客户对服务的满意度两个维度[125]。Wary 等基于生产和销售活动多样性的视角，认为关系质量还应包含承诺、沟通、协作和协商解决问题等方面[128]。Roberts 从避免维度划分冗余和重叠影响的角度将关系质量维度重新归纳为信任、承诺、满意、冲突[129]。国内学者的研究中，王辉等参照传统范式将供应链间企业的关系质量用信任、沟通、承诺三个主流维度代表[130]。刘人怀和姚作为认为，关系持久和公正平等因素作为企业网络关系中颇为突出的问题应被引入到关系质量维度划分的研究之中[127]。沈灏在对联盟关系的研究中，重点探讨了联盟关系中的联盟依赖和联盟冲突维度[131]。

从以上对关系质量维度划分的文献可以看出，学者对关系质量的研究多从社会学的角度出发，其研究对象多重点倾向于单一的社会个体，是个体角色在商业活动中的关系范畴。然而在企业创新网络的研究中，企业间关系一方面要比个体层面关系复杂得多，另一方面，仅用简单的信任、满意、冲突等维度划分对企业关系的优劣进行界定也往往稍显偏颇，容易导致界定不清。因此，本书通过扎根理论研究和对现有文献的梳理，重点从静态、动态和时间三个方面对制造企业外部关系质量进行维度界定，分别为关系耦合度、关系交互度，以及关系持久度。将关系耦合度定义为组织间或组织成员关系的结构依赖，使用“耦合”一词形容异质组织关系主体间的静态契合关系，组织成员间地位、技能水平、信任程度及目标意愿等一致性程度越高，表明成员的关系耦合度越好，是组织间信任、满意、共同目标以及关系公平等方面的体现。将关系交互度解释为关系主体间的互动行为，是关系双方通过连接性的认知、语言、行为保持接触的动态活动方式，强调双方交互的行为和过程的紧密程度和质量，是组织间沟通、支持、冲突解决等方面的体现。将关系持久度解释为关系主体间发展与维系长期关系的意愿和惯性，是组织间关系年龄、关系稳定等时间维度的体现。

4.2　理论假设和模型构建

现代环境下的企业创新是一种开放式创新，而开放式创新是一项具有过程复杂性和资源互补性的活动,并有效促进创新主体间的结网合作行为。过程复杂性促使创新主体产生合作需求,意识到合作创新在降低创新风险、提高创新成功率方面的作用;资源互补性保障了创新合作网络的必要性,并维持了网络的有效运行,是主体创新活动所需资源的来源基础。可见,创新网络更多地表现出合作特性而非竞争特性。

提到创新合作就必须考虑到合作关系的影响作用,也是本书研究的重点。学者们对合作关系对企业绩效影响的研究已取得较多成果,Harryson 将企业与外部的关系视为一种资源配置体制[132],其认为关系的优劣可以用主体在特定网络中的"光环效应"来体现,强调关系质量本身对企业所赋予的力量,即无论关系主体自身的能力和所具有资源如何,只要身处这种关系之中,就会得到关系质量赋予其的优势,对合作绩效也会产生影响。Hagedoorn 等将企业合作的外部关系视为企业所拥有的一种能力,这种能力对企业参与网络中活动的状态、过程、行为具有决定性的影响,因此也最终影响企业在合作网络活动中的参与效果(即合作绩效)[133]。另外一种观点可以称为潜在资源观,认为企业与外部主体的关系质量蕴含着企业合作发展的必需资源,尤其是信息、知识以及外部的支持效应,关系质量对合作创新绩效的促进影响也是通过潜在资源的提供实现的[134-135]。综上所述,无论是关系质量的资源配置体制观,还是企业能力观,抑或是潜在资源观,学者们对关系质量与企业合作绩效的关系的观点基本一致,即认为关系质量对合作创新绩效具有一定的促进作用。我国学者贾生华指出,合作联盟间的关系质量对联盟绩效的影响路径是通过关系的各个维度对合作联盟潜在价值实现程度的影响[136]。因此,以下从关系质量的关系耦合度、关系交互度和关系持久度三个维度探讨其与制造企业低碳创新绩效的影响。

4.2.1 关系耦合度与低碳创新绩效

制造企业与其余创新合作主体间的关系耦合度主要是指企业或企业成员与其合作创新机构间的结构依赖和文化相融因素。高度的关系耦合表现为合作组织间具有较强的关系联结,与 Granovetter 提出的强关系和强联结具有相似之处[137]。Hsu 认为具有强联结形式的外部关系是组织间深入沟通和互动的前提,对生产组织提升管理方式和研发组织技术创新能力培养产生影响[138]。Uzzi 等将强联结关系定义为紧密关系,提出紧密关系容易加速如企业经营策略、市场需求情况以及核心技能知识等细腻信息的流动和转移,有利于创新绩效的提升[139]。贾生华提出,强耦合关系使双方在价值观念、思维方式等方面具有一定的相似性,从而更倾向为了共同目标展开合作,对促使合作伙伴形成稳固的信任机制,减少机会主义行为发生作用显著[136]。尽管也有一些学者提倡在合作中弱关系和弱联结的作用,认为弱关系可以有效降低资源的获取成本,但在本书的研究情境中,制造企业低碳创新具有高风险、高投入和回报慢的特征,是企业经济效益和环境外部性的双重体现,需要采用多主体的合作创新模式,通过与合作企业、科研院所以及科研中介在稳固的关系下进行的创新知识的组合利用,而并非以自主研发为主的探索式创新模式[140],因此本书认为强联结(即关系间强耦合度)对低碳创新绩效有促进效果,即关系耦合度正向作用于制造企业低碳创新绩效。

4.2.2　关系交互度与低碳创新绩效

将制造企业与合作创新主体间的关系交互度定义为关系质量的动态维度,是企业创新合作关系联结密度的体现。较高交互度的关系质量一方面表现为制造企业低碳创新网络具有较大的网络合作成员数目,具有充足的信息容量和信息资源。众所周知,制造企业低碳创新是以在企业生产链的各个端点应用原材料的节约和再利用、"三废"资源化以及污染物净化等低碳知识和低碳科技为主要手段,频繁的关系交互为制造企业在产品和服务方面的低碳创新提供多样化的技术思路和技术蓝本,高效促进创新绩效的提升。另一方面,高度的关系交互表现为创新主体间频繁的交流、沟通,能够促使制造企业在合作创新中有效地反馈信息。Kraatz 研究认为维持大容量且具有较高异质性的网络关系有助于保障企业获取更多的互补信息,促进研发创新绩效提升[141]。Mohr 和 Spekman 指出沟通是维持创新合作关系活力的源泉,良好的沟通和有效的反馈对创新绩效的提升作用显著[142]。奉小斌研究了合作团队间的跨界行为,将团队间沟通协调交互并获取外部反馈的行为解释为跨界中的协调行为,协调行为具有优化团队工作流结构,激发创新效能的作用[81],对创新绩效具有正向作用。谢言指出有效的关系交互还可以从关系双方在交流过程中是否涉及较多除核心工作、核心技术以外的信息体现出来,即拓宽交流范围、实现全方位合作也是有效关系交互的表现形式,对创新绩效的提升具有积极作用[143]。可见,外部关系质量的关系交互度正向作用于制造企业低碳创新绩效。

4.2.3　关系持久度与低碳创新绩效

关系持久度作为关系质量的时间维度表现出制造企业与其他低碳创新主体进行合作的稳定性,具有合作长久且结构稳定特性的关系网络既能有效促进合作主体间的结构依赖性和文化相容性,提升关系质量的耦合度维度,又能提高合作网络中人才、资源以及技术交流的频繁程度,优化关系交互度。同时,持久稳定的关系质量能够大幅提高创新主体间的信任程度,从而降低创新合作的风险,保障低碳创新的稳固进行。维系持久的关系质量对制造企业低碳创新活动而言不仅可以有效降低关系治理的成本和难度,又能较好地防止短期合作或频繁变更合作主体而导致的合作创新技术的衔接断裂风险,而通过正式或非正式的承诺方式是合作双方维系关系持久的有效心理契约。Madhok 和 Tallman 指出,促进联盟关系稳固持久的关系性承诺可以有效促进团队间信任,降低联盟治理的潜在压力和成本,提升联盟绩效[144]。Heide 采用合作组织间的合作次数和合作时间、合作预期等量表衡量创新合作组织间关系的时间维度,并指出这些变量是创新绩效提升的正向变量[145],可见,外部关系质量的关系持久度对制造企业低碳创新绩效具有促进作用。

4.2.4 知识共享机制的中介作用

知识作为企业的竞争源泉在知识经济时代被广泛提及,有学者指出,知识经济时代的企业创新实质上是以知识为首的创新资源的获取、整合与创造[146],创新的成功与否既离不开企业自身拥有的内部资源和能力,又需要通过知识共享机制吸收和利用外部稀缺知识资源[147]。这种双管齐下的合作创新模式既可以提高创新成功率、有效控制创新风险,又有助于企业获得更多的外部关键知识,形成和补充核心能力,可见,企业合作创新与知识共享机制密切相关。制造企业合作创新中的知识共享既包含了企业与合作主体在组织层面上的共享机制,又包括合作组织内个体层面的知识交流,是两个层面知识融合和产生新知识的过程[148]。Eriksson 指出创新合作中的知识共享并不能归纳为一个简单的知识转移的动作,而更是一种包含了有效行动力,具有知识获取、学习以及内化、增值含义的知识学习机制,是组织合作绩效提升的有效途径[149]。

企业通过创新合作与外界合作伙伴搭建的关系平台是知识共享机制触发和维护的前提,这种合作关系常表现为组织间高层人员、技术人员、业务人员在合作中的沟通、探讨和借鉴学习行为,通过组织或组织成员间的结构依赖和交流沟通促使核心隐性知识和创新想法的流动,是关系升华的结果。学者们普遍认为合作创新中组织关系质量的优劣在很大程度上决定了知识共享和转移活动中知识资源的核心程度、获取深度和转移效率。李纲指出,组织层面的高度依赖能有效增加创新合作伙伴间经济互动的深度和广度,对关系的长期延续也具有较强的导向作用[150]。根据关系嵌入和相似相吸理论,组织间成员技能水平、地位和文化的相似性无形中增强了成员之间的吸引力和认同感[151],良好的关系耦合和信任程度可以促使合作成员之间形成团队聚合力,创造宽松友好的合作环境,为激励成员间进行有效知识共享、提升共享知识的核心程度提供保障,即关系耦合度具有促进合作组织知识共享的作用。Tsai 的研究表明,组织间紧密的互动行为促使成员形成对相关业务问题的共同理解,通过分享信息和想法,产生新观点并迸发创新灵感[152]。频繁的交流互动能有效增进合作组织间信息的流动,避免消极合作现象,抵制合作关系的恶化。因此,组织间的关系交互度正向作用于组织间的知识共享机制,组织间关系稳固持久的合作可以增进组织间的信任,减少双方产生互相猜忌和为己方核心知识共享留出安全裕度的想法[153]。

除此之外,李纲还指出合作组织以维系长期有效关系为动机,会促使各方采取措施强化合作关系连接并投入专项资本，从而有效促进高度的组织信任和知识共享机制[150]。发展长期合作关系要求组织尽量满足合作伙伴的需求，通过实际行动（积极共享知识，主动提供帮助）表现出长期合作的意愿和承诺，即关系持久度正向促进知识共享。

制造企业低碳创新是一种多主体创新模式，其表现形式是在企业与其他创新合作主体的通力合作下在技术链、管理链和营销链中实现低碳方面的价值增值，推动低碳创新知识的形成和推广。知识共享机制对制造企业与其合作组织创新绩效的影响一方面体现在双方核心技术和知识的互补和配合，可以形成创新知识的创造、升级和应用，对更有效地发挥企业在技术和管理方面的创新能力，促进企业在技术和管理方面的创新和变革成效作用显著；另一方面通过共享知识企业可以有效借鉴和形成具有低碳节约特性的创新营销方案，使企业的产品更有效地占领市场，使企业在营销指标方面形成收益。正如 Gilley 和 Rasheed 指出，异质性组织中的技术知识等关键资源的转移和共享能促进各组织研发、制度和市场绩效的显著提高[154]。

基于上述分析，本书认为制造企业与其他创新主体间关系的紧密耦合、良性互动和持久保持在知识共享机制的中介作用下正向作用于低碳创新绩效。故提出如下假设：

H_1：制造企业外部关系质量（GXZL）对低碳创新绩效（CXJX）有正向促进作用。

H_{1a}：关系耦合度（GXOH）对低碳创新绩效（CXJX）有正向促进作用。

H_{1b}：关系交互度（GXJH）对低碳创新绩效（CXJX）有正向促进作用。

H_{1c}：关系持久度（GXCJ）对低碳创新绩效（CXJX）有正向促进作用。

H_2：制造企业外部关系质量（GXZL）对知识共享（ZSGX）具有正向促进作用。

H_{2a}：关系耦合度（GXOH）对知识共享（ZSGX）有正向促进作用。

H_{2b}：关系交互度（GXJH）对知识共享（ZSGX）有正向促进作用。

H_{2c}：关系持久度（GXCJ）对知识共享（ZSGX）有正向促进作用。

H_3：知识共享（ZSGX）对制造企业低碳创新绩效（CXJX）具有正向促进作用。

H_4：知识共享（ZSGX）在关系质量（GXZL）和低碳创新绩效（CXJX）的关系中发挥中介作用。

H_{4a}：知识共享（ZSGX）在关系耦合度（GXOH）和低碳创新绩效（CXJX）的关系中发挥中介作用。

H_{4b}：知识共享（ZSGX）在关系交互度（GXJH）和低碳创新绩效（CXJX）的关系中发挥中介作用。

H_{4c}：知识共享（ZSGX）在关系持久度（GXCJ）和低碳创新绩效（CXJX）的关系中发挥中介作用。

构建制造企业低碳创新的外部关系质量对创新绩效的作用机制理论模型，如图 4.1 所示。

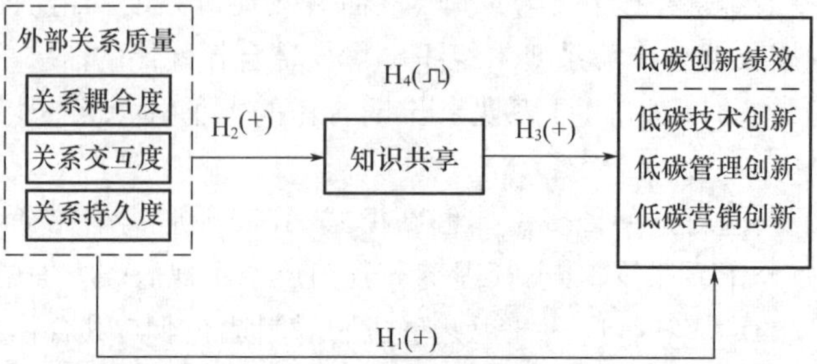

图 4.1　外部关系质量对低碳创新绩效作用机制模型

4.3　实证分析过程和结果

4.3.1　量表设计和数据获取

在对上述研究假设进行实证验证之前，需要对理论模型和假设所涉及的变量进行量表设计以及获取可操作化的实证数据。量表设计的效果直接影响实证结论的有效性和可靠性，因此本研究中使用的量表尽量来自于国内外公开发表的相关文献在使用的成熟量表。在借鉴学术文献的基础上，结合制造企业实地调研、座谈以及导师和相关领域专家的意见，对相关测量问项进行修正和调整，使其既能够尽量满足我国制造企业的实际情况，又能够尽量贴近本书的研究情境。在此基础上通过对本校 MBA、工程硕士以及 EMBA 中制造企业相关单位的基层管理者以上领导学员 65 人发放进行小样本预测试，根据测试结果对量表中的问项进行修正，通过对预测试数据结果进行分析，各变量总量表以及对应分量表的 Cronbach's α 值、KMO 值、巴特利特球形检验显著性程度，各变量对应因子载荷以及公因子累计解释总方差变异等指标均通过检验（各指标的检验标准在 4.3.3 节予以介绍），在此基础上依据预测试被试的反馈信息对量表布局、措辞等进行调整，形成最终的调查问卷。

调查问卷数据是通过采用可观测的问项逐一表示研究中的抽象变量，故采用分数跨度从 1~7 的 Likert7 分度量表法进行变量的测量，其中 1 分表示完全不同意，7 分表示完全同意，语义的确定程度随分数逐步递增。目前，所涉及的研究概念包括外部关系质量、知识共享和企业低碳创新绩效 3 个变量，其中，关系质量包含关系耦合度、关系交互度和关系持久度三个维度，关系耦合度主要参照 Lee[155] 和潘松挺[156] 等的研究量表，结合扎根理论经过整合修正后选取了 5 个问项（GXOH1~GXOH5），考察信任、共同愿景以及地位平等等五个方面；关系交互度借鉴 Barker[157]、李志刚[158]的研究量表，结合扎根理论设计 4 个问项（GXJH1～GXJH4），考察沟通频率、沟通质量以及合作解决问题等四个方面；关系持久度依据 Heide[145]、王晓娟[159]等的研究量表，总结出 5 个问项（GXCJ1～GXCJ5），包含关系的持续、稳固保持，以及关系保持的预期等五个方面。知识共享的量表借鉴杨玉浩[160]、Chiu[161]等的研究成果，包含 5 个问项（ZSGX1～ZSGX5），用来评价企业创新过程中的知识共享行为和知识共享效果。低碳创新绩效的测量综合伍蓓[162]和 Mavondo[163]给出异质组织合作创新绩效量表，结合研究情境依据扎根理论进行调整，从技术创新维度（JSCX1～JSCX4）、管理创新维度（GLCX1～GLCX3）和营销创新维度（YXCX1～YXCX3）提出 10 个问项。量表设计如表 4.1 所示。

表 4.1　外部关系质量对低碳创新绩效作用的量表设计

变量名称	编号	测量问项	参考依据
关系耦合度	GXOH1	企业在合作创新中重视与合作组织的紧密联系	潘松挺[156]；Lee 等[155]；扎根访谈
	GXOH2	企业愿意与合作组织在平等合作中实现共赢	
	GXOH3	企业与合作组织在创新活动中地位平等	
	GXOH4	企业与合作组织具有很好的合作氛围	
	GXOH5	企业（成员）很愿意信任合作创新组织（成员）	
关系交互度	GXJH1	企业与创新合作组织有频繁的沟通交流	李志刚[158]；Barker 等[157]；扎根访谈
	GXJH2	企业与创新合作组织的沟通是有效果和有效率的	
	GXJH3	企业与合作组织在合作过程中共同解决过难题	
	GXJH4	合作组织愿意主动为企业创新提供支持	
关系持久度	GXCJ1	企业与合作伙伴的合作关系稳固	王晓娟[158]；Heide[145]；扎根访谈
	GXCJ2	企业与合作伙伴的合作关系已保持较长时间	
	GXCJ3	企业与合作伙伴的合作关系还会保持较长时间	
	GXCJ4	创新合作伙伴会定期到访为我们提供创新帮助	
	GXCJ5	企业成员与合作组织成员已成为工作外的朋友	
知识共享	ZSGX1	企业与创新合作组织具有频繁的知识共享行为	杨玉浩[160]；Chiu[161]]
	ZSGX2	合作双方愿意投入更多知识参与共享	
	ZSGX3	通过合作获得的知识能够解决企业问题	
	ZSGX4	通过知识共享可以提升企业知识水平	
	ZSGX5	企业的核心知识中有很多来自于合作组织	

表 4.1(续)

变量名称		编号	测量问项	参考依据
低碳创新绩效	技术创新绩效	JSCX1	通过创新活动企业生产出较多的低碳型产品	伍蓓[162]; Mavondo[163]; 扎根访谈
		JSCX2	与竞争企业相比本企业的产品在生产和使用过程中表现出较好的降碳环保优势	
		JSCX3	通过创新企业形成更简洁优质的工艺流程	
		JSCX4	企业在产品生产工艺的各个环节都能够重视节约和节能并基本实现减排目标	
	管理创新绩效	GLCX1	通过创新企业日常工作重视低碳计划和低碳控制	
		GLCX2	企业规章制度和企业文化很多涉及低碳理念	
		GLCX3	企业的组织结构和运营流程足够精简有效	
	营销创新绩效	YXCX1	企业在低碳营销渠道方面优于竞争对手	
		YXCX2	企业在产品包装、运输等方面重视低碳	
		YXCX3	企业低碳产品比竞争企业占据更多市场份额	

除上述概念外,诸多控制变量因素也可能对企业创新绩效的提升产生影响,为更好证明本研究选出的变量对低碳创新绩效的影响效应,需要引入部分控制变量。本研究控制变量的选取综合参照杨燕[164]、奉小斌[81]、史丽萍[165]等研究中聚焦企业合作创新的控制变量选取原则,选取企业规模(GM)、企业成立年限(NX)、企业所有制类别(LB)、被试的受教育程度(JY)和被试年龄(NL)5 个变量作为控制变量,其中企业规模(GM)采用正式员工的自然对数值代表;企业成立年限(NX)采用年限的自然对数值表示;企业所有制类别(LB)用自然数 0 和 1 进行区分,0 表示非国有控股企业、1 表示国有或国有控股企业;采用李克特 5 分量表表示被试受教育程度(JY),1 分代表专科以下学历、2 分代表大专学历、3 分代表大学本科学历、4 分代表硕士研究生学历、5 分代表博士研究生学历;被试年龄(NL)也采用 5 分制,1 分代表 25 周岁及以下、2 分代表(25~35]周岁、3 分代表(35~45]周岁、4 分代表(45~55]周岁、5 分代表 55 周岁以上。选取的控制变量维度如表 4.2 所示。

表 4.2 控制变量维度

变量	维度	参考依据
控制变量	调查企业的规模(GM)	杨燕[164];奉小斌[81];史丽萍等[165]
	调查企业成立年限(NX)	

表4.2(续)

变量	维度	参考依据
控制变量	调查企业所有制类别(LB)	杨燕[164];奉小斌[81];史丽萍等[165]
	被试的受教育程度(JY)	
	被试的年龄(NL)	

鉴于本书的研究情境,量表的发放对象主要选择国内具有一定规模的制造企业,以所调查企业的高层领导以及各个部门的中层管理者作为被试。为了获得尽量充足的调查样本以确保实证结论的效果,本研究采用如下几种方式发放调查问卷:(1)借助导师研究团队的制造企业相关课题契机,以及在师兄师姐的帮助下采用实地深度访谈的方式进行上门调研,现场指导企业被试完成问卷的填写和回收;(2)从企业黄页随机抽选制造企业500强企业(以环渤海地区为主)作为被调查企业,通过电话沟通和邮寄纸质或电子问卷的方式选择被试进行调查;(3)利用网络问卷调查方式,通过问卷网、态度8调查网等网站提供的专业问卷调查服务进行问卷的发放和回收。

通过以上三种方式共匿名发放调查问卷500份,回收427份,剔除无效问卷后得到370份有效问卷,有效回收率74%。研究指出,采用调查问卷进行实证分析的样本数应大于150份为宜,且一般为研究变量个数的5~10倍,因此本书所获得的370份有效问卷满足实证分析所需要的问卷需求。经统计,所收集问卷的相关情况体现在以下几方面:从被调查者所在企业的情况来看,按企业细分行业划分:专用设备制造企业占被调查企业总数的比重为12.16%,通用装备制造企业占被调查企业总数的比重为10.27%,矿产及矿产加工制造企业占被调查企业总数的比重为7.57%,金属制品和家具制造企业占被调查企业总数的比重为15.68%,化学原料及化学制品制造企业占被调查企业总数的比重为11.35%,电器机械及器材制造企业占被调查企业总数的比重为16.21%,交通运输设备制造企业占被调查企业总数的比重为10.00%,通信设备、电子及计算机设备制造企业占被调查企业总数的比重为6.89%,仪器仪表及文化和办公制造企业占被调查企业总数的比重为9.87%。

按照企业所有制类别划分:其中,属于国有或国有控股企业的被调查企业占总调查样本的55.67%,属于非国有控股企业的被调查企业占总调查样本的44.33%。

按被调查企业规模划分:具有正式职工500人以下企业占总调查样本的27.83%,500人到1 000人的企业占总调查样本的33.51%,1 000人到2 000人的企业占总调查样本的18.38%,2 000人以上企业占总调查样本的20.28%。

按被调查企业年限划分：截至被调查日，企业成立年限为 1 ~ 5 年的企业占总调查样本的 6.21%，企业成立年限为 5 ~ 10 年的企业占总调查样本的 21.35%，企业成立年限为 10 ~ 15 年的企业占总调查样本的 32.97%，企业成立年限为 15 年以上的企业占总调查样本的 39.47%。

按照被试者的性别划分：男性被调查者占总调查样本的 63.13%，女性占总调查样本的 36.87%；按照被试的受教育程度划分：专科及以下学历的被调查者占总调查样本的 8.14%，大学本科学历的被调查者占总调查样本的 38.12%，硕士研究生及以上学历的被调查者占总调查样本的 53.74%；按照被试的年龄划分：年龄在 30 周岁以下的被调查者占总调查样本的 12.25%，年龄在 30 到 45 周岁的被调查者占总调查样本的 46.50%，45 周岁以上被调查者占总调查样本的 41.25%。可以看出研究所选企业和被试的各方面指标具有良好的区分度和广泛的代表性，能够符合实证研究的需求，样本数据特征统计如表 4.3 所示。

表 4.3　样本数据特征统计表（$n = 370$）

属性	类　　型	问卷数量（个）	百分比（%）
企业规模	500 人以下	103	27.83
	500 ~ 1 000 人	124	33.51
	1 000 ~ 2 000 人	68	18.38
	2 000 以上	75	20.28
成立年限	5 年以下	23	6.21
	5 ~ 10 年	79	21.35
	10 ~ 15 年	122	32.97
	15 年以上	146	39.47
所有制性质	国有及国有控股企业	206	55.67
	非国有控股企业	164	44.33
所属行业	专用设备制造业	45	12.16
	通用设备制造业	38	10.27
	矿产及矿产加工制造业	28	7.57
	金属制品和家具制造业	58	15.68
	化学原料及化学制品制造业	42	11.35
	电器机械及器材制造业	60	16.21
	交通运输设备制造业	37	10.00
	通信、电子及计算机、仪器仪表制造业	62	16.76

表 4.3　（续）

属性	类　　型	问卷数量(个)	百分比(%)
性别	男	234	63.13
	女	136	36.87
年龄	30 周岁以下	45	12.25
	30~45 周岁	172	46.50
	45 周岁以上	153	41.25
学历	专科及以下	30	8.14
	大学本科	141	38.12
	研究生	199	53.74

在对调查问卷的基本情况进行统计的基础上，实证研究之前还需要对调查变量进行数据的描述性统计，描述性统计主要涉及数据变量的均值和标准差两个方面，使用软件对所提出变量的测量数据进行均值和标准差计算，如表 4.4 所示。

表 4.4　各研究变量测量数据的描述性统计

变量		平均值	标准差	变量		平均值	标准差
关系耦合度（GXOH）	GXOH1	4.91	1.272	低碳创新绩效技术创新维度（JSCX）	JSCX1	4.79	1.242
	GXOH2	4.82	1.255				
	GXOH3	4.85	1.311		JSCX2	4.86	1.340
	GXOH4	4.63	1.252				
	GXOH5	4.84	1.354		JSCX3	4.88	1.291
关系交互度（GXJH）	GXJH1	4.51	1.248				
	GXJH2	4.52	1.341		JSCX4	4.92	1.421
	GXJH3	4.45	1.299				
	GXJH4	4.61	1.248	低碳创新绩效管理创新维度（GLCX）	GLCX1	4.85	1.395
关系持久度（GXCJ）	GXCJ1	4.73	1.281				
	GXCJ2	4.81	1.254		GLCX2	4.64	1.221
	GXCJ3	4.71	1.246				
	GXCJ4	4.65	1.255		GLCX3	4.76	1.377
	GXCJ5	4.85	1.354				

表 4.4(续)

变量		平均值	标准差	变量		平均值	标准差
知识共享(ZSGX)	ZSGX1	4.90	1.259	低碳创新绩效营销创新维度(YXCX)	YXCX1	4.77	1.367
	ZSGX2	4.88	1.316				
	ZSGX3	4.81	1.462		YXCX2	4.58	1.355
知识共享(ZSGX)	ZSGX4	4.49	1.442	低碳创新绩效营销创新维度(YXCX)	YYXCX2	4.58	1.355
	ZSGX5	4.57	1.461		YXCX3	4.71	1.383

从描述性统计表中可以看出,研究变量的测量数据均值浮动在 4.49 到 4.92 之间,标准差浮动在 1.221 到 1.462 之间,表明调研获取的样本数据具有良好的区分度和离散性,可以进行下一步检验分析。

4.3.2 问卷数据信度效度检验

量表数据的信度和效度分析也是检验调研数据质量高低的重要内容,良好的信度效度是验证理论模型和研究假设的前提。其中,量表的信度是描述调研结果(数据)的一致性或稳定性的指标。通过一致性指标验证问项题目间的相互关系,考察题目是否衡量同一概念维度的内容;通过稳定性指标考察相同问卷对相同或相似受试者的重复测量所得到测量结果的可靠性。因本研究未进行相似被试的重复测量,因此参照大多数学者的研究,采用系数检验的方法进行量表的内部一致性分析,Cronbach's α 系数越高则表示量表的信度越高。Smith[166] 在研究中给出建议,通过计算量表问项的总相关系数值(Corrected Item - Total Correlation, CITC)、Cronbach's α 值,以及在量表中删除该问项后的值,可以更有效测量量表问项的信度,达到净化量表的效果。在实际操作中,问项的 CITC 值要求至少大于 0.35,若大于 0.5 则表示更为适合,问项设置合理;Cronbach's α 系数值需达到 0.7 以上表明测量量表的信度较高;删除该问项后的 Cronbach's α 系数值需小于原 Cronbach's α 值,才可以使该问项得以保留,否则表示该问项是冗余的,并降低了量表的整体信度。

效度分析也称为正确性分析,考察测量量表对所研究变量能够准确衡量的程度。在实际研究中,学者们大多从内容效度和建构角度两方面进行量表效度分析。在内容效度方面,本书研究概念的量表多借鉴于现有文献中使用的具有较高内容效度的成熟量表,或经成熟量表整合而来。如衡量关系质量各维度的量表中,关系耦合度量表来自于考察联盟关系的静态维度量表整合,关系交互度来自于考察联盟关系的动态维度量表整合,关系持久度来自于考察联盟关系的时间维度量表整合等,因此认为本研究所用量表具有较高的内容效度。建构效度包含收敛效度和区分效度两方面，其中收敛效度可以通过探索性因子分析计算量表的 KMO 值(Kaise－Meyer－Olkin)、巴特利特球形检验显著性程度、因子载荷以及变量公因子累计解释方差百分比，研究表明，有效的收敛效度要求 KMO 值大于 0.6、巴特利特球形检验显著，且因子载荷不小于 0.5，累计解释方差达到 30%以上。量表的区分效度可以通过问项间的相关系数进行检验，有效的区分效度要求各问项间具有显著的相关性，且相关系数置信区间不能包含 1。基于以上分析，构建研究量表的信度效度检验表如表 4.5 所示。

表 4.5　样本的信度与效度检验

研究变量		变量问项	CITC 值	α 值	删除后 α	KMO	因子载荷	解释方差/%	相关系数
GXZL	GXOH	GXOH1	0.621	0.881	0.814	0.762	0.870	77.412	0.386～0.614
		GXOH2	0.671		0.856		0.863		
		GXOH3	0.633		0.842		0.877		
		GXOH4	0.759		0.813		0.853		
		GXOH5	0.718		0.852		0.872		
	GXJH	GXJH1	0.613	0.861	0.778	0.760	0.844	76.134	0.482～0.709
		GXJH2	0.659		0.791		0.815		
		GXJH3	0.611		0.816		0.783		
		GXJH4	0.721		0.798		0.844		
	GXCJ	GXCJ1	0.815	0.882	0.792	0.806	0.831	74.123	0.521～0.716
		GXCJ2	0.768		0.815		0.861		
		GXCJ3	0.745		0.861		0.835		
		GXCJ4	0.763		0.825		0.813		
		GXCJ5	0.816		0.834		0.835		
ZSGX		ZSGX1	0.691	0.888	0.762	0.772	0.831	71.321	0.520～0.681
		ZSGX2	0.718		0.805		0.841		
		ZSGX3	0.803		0.841		0.835		
		ZSGX4	0.723		0.815		0.813		
		ZSGX5	0.624		0.824		0.835		
CXJX	JSCX	JSCX1	0.761	0.856	0.821	0.746	0.781	74.501	0.423～0.699
		JSCX2	0.746		0.815		0.824		
		JSCX3	0.722		0.711		0.831		

表 4.5(续)

<table>
<tr><th colspan="2">研究变量</th><th>变量问项</th><th>CITC 值</th><th>α 值</th><th>删除后 α</th><th>KMO</th><th>因子载荷</th><th>解释方差/%</th><th>相关系数</th></tr>
<tr><td rowspan="3">CXJX</td><td rowspan="3">JSCX</td><td>JSCX4</td><td>0.718</td><td rowspan="3">0.856</td><td>0.698</td><td rowspan="3">0.746</td><td>0.762</td><td rowspan="3">74.501</td><td rowspan="3">0.423 ~ 0.699</td></tr>
<tr><td>JSCX5</td><td>0.825</td><td>0.827</td><td>0.791</td></tr>
<tr><td>JSCX6</td><td>0.696</td><td>0.818</td><td>0.843</td></tr>
<tr><td rowspan="6">CXJX</td><td rowspan="3">GLCX</td><td>GLCX1</td><td>0.681</td><td rowspan="3">0.852</td><td>0.718</td><td rowspan="3">0.720</td><td>0.832</td><td rowspan="3">70.134</td><td rowspan="3">0.481 ~ 0.687</td></tr>
<tr><td>GLCX2</td><td>0.637</td><td>0.791</td><td>0.836</td></tr>
<tr><td>GLCX3</td><td>0.721</td><td>0.806</td><td>0.831</td></tr>
<tr><td rowspan="3">YXCX</td><td>YXCX1</td><td>0.667</td><td rowspan="3">0.871</td><td>0.792</td><td rowspan="3">0.713</td><td>0.812</td><td rowspan="3">67.663</td><td rowspan="3">0.511 ~ 0.671</td></tr>
<tr><td>YXCX2</td><td>0.581</td><td>0.812</td><td>0.806</td></tr>
<tr><td>YXCX3</td><td>0.732</td><td>0.820</td><td>0.756</td></tr>
</table>

在上表中,各变量的总相关系数 CITC 均超过 0.581,满足大于 0.5 的要求;Cronbach's α 系数的最小值为 0.852,符合大于 0.7 的信度检测要求,且删除问项后的 Cronbach's α 系数值均小于未删除前的值,表明问项设置合理,量表总体具有较高的信度。量表探索性因子分析结果表明,各变量在小于 0.001 条件下的巴特利特球形检验下具有显著性,且 KMO 值均大于 0.713;量表问项测量指标的因子载荷值均超过 0.756,满足大于 0.5 的最低要求,累计解释方差变异比均大于 67.663%,满足大于 30% 的最低要求,同时,量表问项间的相关系数表明其在相应概率下($p<0.01$或 $p<0.05$)均达到显著,且其置信区间不包含常数 1,综上可知,所使用量表问项的收敛效度和区分效度可以通过验证,量表数据总体具有较好的信度和效度。

4.3.3 假设检验和实证结论

图 4.1 的理论模型中包含各个概念间的直接效应和中介效应,现有研究对这两种关系的检验一般采用偏相关分析、方差分析以及回归分析等方法,本书拟采用层级回归分析(Hierarical Regression Analysis)的方法对前文提出的假设进行检验。HRA 方法是一种通过逐步将解释变量引入到回归方程中,逐步完善研究模型的强迫进入回归方法,对于后面的模型来说,前一模型的解释变量作为后一模型的控制变量,通过比较两模型的值大小,用来验证在其他解释变量对因变量方差的影响作用被控制的前提下新解释变量对因变量方差的贡献。

采用 SPSS 16.0 软件对前文提出的研究假设和研究模型进行统计分析,根据回归分析的检验步骤，首先，计算外部关系质量与低碳创新绩效各个变量的 Pearson 相关系数，各变量间的相关系数及在对应概率上的显著性水平如表 4.6 所示，可见假设中所提及的具有直接效应和中介效应的变量间均具有较为显著的简单相关关系，为下一步进行回归分析提供基础。

表 4.6　均值、标准差及变量间相关系数

	GXOH	GXJH	GXCJ	ZSGX	CXJX
GXOH	1	0.154*	0.243**	0.464***	0.312**
GXJH	0.154*	1	0.187*	0.132*	0.389**
GXCJ	0.243**	0.187*	1	0.379**	0.401**
ZSGX	0.464**	0.132*	0.379**	1	0.361***
CXJX	0.312**	0.389**	0.401**	0.361***	1

注：* 表示 $p < 0.05$ 水平上显著，** 表示 $p < 0.01$ 水平上显著，*** 表示 $p < 0.001$ 水平上显著

在进行假设验证的层级回归分析中，如表 4.7 所示，模型 1 将控制变量企业规模（GM）、企业成立年限（NX）、企业所有制类别（LB）、被试的受教育程度（JY）和被试年龄（NL）5 个变量引入回归模型，与因变量低碳创新绩效（CXJX）构成，验证控制变量对因变量的作用效果；模型 2 至模型 4 是在模型 1 基础上加入关系质量的各个维度，探讨关系质量各维度对低碳创新绩效的作用效果；模型 5 是将模型 1 至模型 4 进行汇总，检验关系质量作为一个高阶变量对低碳创新绩效的作用；模型 6 是在模型 1 的基础上探讨知识共享与低碳创新绩效的关系。

表 4.7　外部关系质量、知识共享与低碳创新绩效的关系检验

变量		因变量					
		低碳创新绩效（CXJX）					
		模型 1	模型 2	模型 3	模型 4	模型 5	模型 6
控制变量	企业规模（GM）	0.047	0.034	0.042	0.024	0.034	0.029
	成立年限（NX）	0.045	0.041	0.061	0.058	0.031	0.020
	企业类别（LB）	0.081	0.060	0.084	0.072	0.069	0.054
	受教育程度（JY）	0.101*	0.094	0.067	0.079	0.076	0.063
	被试年龄（NL）	0.074	0.043	0.056	0.031	0.065	0.051

表 4.7(续)

变量		因变量					
		低碳创新绩效(CXJX)					
		模型 1	模型 2	模型 3	模型 4	模型 5	模型 6
自变量	关系耦合(GXOH)			0.374**			0.279**
	关系交互(GXJH)				0.401***		0.255**
	关系持久(GXCJ)					0.316**	0.243**
中介变量	知识共享(ZSGX)						0.542***
回归结果	R^2	0.027	0.241	0.247	0.245	0.241	0.499
	AdjR^2	0.000	0.154	0.162	0.167	0.184	0.172
	F	2.701*	6.845*	7.265**	7.641**	8.141**	7.975*
	VIF	均<10					
	DW	DW 值均在 2 附近					

注:* 表示 $p<0.05$ 水平上显著,** 表示 $p<0.01$ 水平上显著,*** 表示 $p<0.001$ 水平上显著

在回归分析中,所构建各模型的 $F(sig)=0.000<0.05$,表明模型总体有效;从表中回归数据可知,各 VIF 模型值均小于 10,且 DW 值均在 2 附近,表明各模型不具有严重多重共线性,且各模型没有序列自相关误差项的存在。模型 2 到模型 4 表明关系耦合度、关系交互度和关系持久度与低碳创新绩效的标准回归系数分别为 0.374,0.401 和 0.316,且具有显著的概率显著性水平,表明三者与低碳创新绩效间存在显著正相关关系,假设 H_{1a},H_{1b},H_{1c} 得到验证,模型 5 将三者与低碳创新绩效同时放入回归模型,也得到了显著性结论,可见假设 H_1 得到验证。在模型 6 中,知识共享与低碳创新绩效的标准回归系数为 0.542,且在 $P<0.001$ 水平上显著,验证了知识共享对低碳创新绩效的正向作用,假设 H_3 得到验证。

为验证假设 H_4 提出的知识共享的中介作用,需先检验关系质量与知识共享的作用关系,故构建如表 4.8 所示的回归模型 7 到模型 10,将关系质量及其各维度作为自变量,将知识共享作为因变量,所构建各模型的 $F(sig)=0.000<0.05$,表明模型总体有效;从表中回归数据可知,各模型 VIF 值均小于 10,且 DW 值均在 2 附近,表明各模型不具有严重多重共线性,且各模型没有序列自相关误差项的存在。模型 7 到模型 9 中,关系耦合度、关系交互度和关系持久度对知识共享作用的标准回归系数分别为 0.294,0.387 和 0.342,且都达到显著,假设 H_{2a},H_{2b},H_{2c} 得到验证,模型 10 将三者与知识共享同时放入回归模型,也得到了显著性结论,证明假设 H_2

通过检验。

表 4.8　外部关系质量与知识共享的关系检验

变量		因变量			
		知识共享(ZSGX)			
		模型 7	模型 8	模型 9	模型 10
控制变量	企业规模(GM)	0.047	0.048	0.061	0.003
	成立年限(NX)	0.062	0.064	0.046	0.037
	企业类别(LB)	0.063	0.051	0.061	0.041
	受教育程度(JY)	0.086	0.079	0.081	0.061
	被试年龄(NL)	0.081	0.089	0.034	0.053
自变量	关系耦合(GXOH)	0.294**			0.317**
	关系交互(GXJH)		0.387**		0.422***
	关系持久(GXCJ)			0.342**	0.271**
回归结果	R^2	0.235	0.264	0.241	0.441
	AdjR^2	0.113	0.142	0.134	0.172
	F	8.154**	9.614**	9.352**	12.746**
	VIF	均<10			
	DW	DW 值均在 2 附近			

注：* 表示 $p<0.05$ 水平上显著，** 表示 $p<0.01$ 水平上显著，*** 表示 $p<0.001$ 水平上显著

表 4.9 中通过构建模型 11 至模型 14 分别验证自变量和中介变量共同作用下对因变量的作用关系，即知识共享在关系耦合度、关系交互度、关系持久度与低碳创新绩效间的中介作用。Baron 和 Kenny 在研究中提出中介效应检验方法需满足如下几点[167]。

(1)自变量与因变量之间存在显著相关关系，并且中介变量与因变量也存在显著相关关系。

(2)将中介变量作为因变量与自变量进行回归，两者存在显著相关关系。

(3)当在自变量和因变量的作用模型中加入中介变量时，自变量对因变量的作用效果产生变化。若两者作用效果有所减弱但依然显著，则产生部分中介作用，若两者因此变得不再显著，则为完全中介效应。

表 4.9 知识共享的中介作用检验

变量		因变量			
		低碳创新绩效(CXJX)			
		模型 11	模型 12	模型 13	模型 14
控制变量	企业规模(GM)	0.027	0.039	0.031	0.074
	成立年限(NX)	0.039	0.060	0.072	0.062
	企业类别(LB)	0.066	0.078	0.079	0.039
	受教育程度(JY)	0.075	0.088	0.045	0.054
	被试年龄(NL)	0.041	0.045	0.039	0.051
自变量	关系耦合(GXOH)	0.216**			0.213**
	关系交互(GXJH)		0.211*		0.202**
	关系持久(GXCJ)			0.157*	0.193**
中介变量	知识共享(ZSGX)	0.472**	0.377***	0.309**	0.477***
回归结果	R^2	0.375	0.353	0.286	0.456
	AdjR^2	0.145	0.141	0.149	0.166
	F	11.353**	12.612**	11.152**	15.746**
	VIF	均<10			
	DW	DW 值均在 2 附近			

注：* 表示 $p<0.05$ 水平上显著，** 表示 $p<0.01$ 水平上显著，*** 表示 $p<0.001$ 水平上显著

以上条件(1)在本书表 4.7 中模型 2 到模型 6 通过验证，条件(2)在表 4.8 的模型 7 到模型 10 已通过验证。表 4.9 中的回归分析结果显示，在直接效应模型中加入中介变量后，各个模型的 R^2 值明显增大，表明各模型对因变量的解释力度得到有效优化，同时，通过比较模型 2 和模型 11 可知，引入知识共享作为中介变量之后，关系耦合度对低碳创新绩效标准回归系数由 0.374 下降到 0.216，但正向相关作用效果依然显著，可见，知识共享机制在关系耦合度和低碳创新绩效之间产生了部分中介作用，假设 H_{4a} 得到了证实。同理，引入知识共享作为中介变量之后，关系交互度对低碳创新绩效的标准回归系数由原来的 0.401 下降为 0.211，但正向相关作用效果依然显著，表明知识共享机制在关系交互度和低碳创新绩效之间产生部分中介作用；关系持久度对低碳创新绩效的标准回归系数由原来的 0.316 下降到 0.157，表明知识共享机制在关系持久度和低碳创新绩效之间产生部分中介作用，由此假设 H_{4b}，H_{4c} 和 H_4 得到了检验。

结合以上实证分析，本书得出以下几点启示。

(1)关系质量作为影响制造企业低碳创新绩效的关键外部因素对企业低碳创新绩效具有正向促进作用。其各维度的作用机制效果(标准回归系数)分别为:关系交互度(0. 401) > 关系耦合度(0. 374) > 关系持久度(0. 316),表明合作组织间频繁的关系互动和交流更有益于形成创新氛围,激发创新效能,在合作关系管理中需重点关注;另外,高度的静态关系耦合带来的亲切感和认同感,对创新共赢理念的形成以及低碳创新绩效的提升作用也不容忽视;相比之下,尽管持久的合作也有助于避免投机主义等不利于低碳创新的行为发生,也是创新绩效的关键影响因素,但其对低碳创新绩效的提升效果相对较弱。

(2)知识共享在外部关系质量和低碳创新绩效的作用机制路径上发挥中介作用。尽管知识共享并未在前文的关键影响因素访谈中被明确识别,其原因可能在于企业管理者未能有效将这种虚拟资源的转移和转化过程表达出来,而是将其隐含在了关系质量的概念之中,但企业合作创新的实质是在关系的支撑下对知识等关键创新资源的获取、整合与创造过程,因此本书在模型中将其引入并重点探讨。其中介作用表明一方面知识的共享和交换以关系质量为渠道和平台,是创新合作关系的进一步表达;另一方面,知识共享机制又能有效加速催化低碳创新绩效的形成和显现,为低碳创新绩效的提升提供灵感、注入活力。

(3)通过回归分析结果显示,知识共享在关系质量和低碳创新绩效间的中介作用是一种部分中介,说明合作联盟的关系质量对低碳创新绩效的提升作用中一部分效果通过联盟间的知识共享机制传导实现,也从侧面印证影响制造企业低碳创新绩效的影响因素是多方面的,为企业创新能力等关键因素在作用模型中的引入奠定基础。

4.4　本章小结

本章探讨制造企业外部关系质量因素对低碳创新绩效的作用机制,在解析外部关系质量的内涵和维度的基础上,构建外部关系质量对制造企业低碳创新绩效的作用机制模型,采用层次回归分析方法利用问卷数据进行实证分析,实证结果表明:关系质量作为影响制造企业低碳创新绩效的关键外部因素对企业低碳创新绩效具有正向促进作用,其中关系交互度的作用效果最为明显;知识共享在外部关系质量和低碳创新绩效的作用机制路径上发挥中介传导作用;当引入知识共享机制之后,关系质量对低碳创新绩效的直接作用效果被弱化,验证了该中介变量的部分中介作用。

第5章 外部环境质量对制造企业低碳创新绩效的作用机制

本章探讨外部环境质量因素对制造企业低碳创新绩效的作用机制。作为制造企业创新活动的客观性外部约束,外部环境质量的影响作用涉及从企业创新行为的决策到企业创新绩效的提升的多个方面。本章首先从理论层面对外部环境质量的内涵和所包含的各个维度进行解析;其次,构建外部环境质量主体对制造企业低碳创新行为影响的演化博弈模型,从主体博弈的角度研究环境质量主体间行为选择对企业低碳创新决策及其演化路径的影响;最后,采用构建理论假设和实证分析的方法研究外部环境质量各维度对制造企业低碳创新绩效的作用机制。

5.1 外部环境质量的内涵和维度解析

5.1.1 外部环境质量的内涵

企业创新作为一项高风险和高度不确定的企业活动,不仅依赖于其内部资源存量、创新水平和创新能力等内生性因素,更离不开外部环境等因素的保障作用。探索和识别制造企业低碳创新活动的环境要素,有助于将环境质量要素转化为主体实现创新功能的有效拉动力,形成各创新要素的有机结合和有力支撑。Jaworski指出外界环境所具有的动荡性特征对企业在开放创新环境中做出创新决策、寻求广泛的创新合作和外部资源具有促进作用[168]。王永贵认为,环境不确定性使企业的市场竞争更加剧烈,刺激企业加快动作对创新做出有效反映[169]。狭义的环境质量概念更侧重于对自然环境的衡量,用来描述企业日常发展与所处的自然环境间的作用关系,如通过环境索取、环境治理和环境投资等方面指标解释企业环境质量或环境绩效等概念[170]。而广义上的企业环境质量大多包含直接环境和间接环境,其中直接环境涵盖企业劳动力来源、生产资料等内生资源,而间接环境则更多是指对企业活动具有约束作用的政策、法制、社会和技术等因素。本书所指的外部环境质量概念基本与间接环境相似,结合研究情境,本书将制造企业外部环境质量定义为具有约束、保障和支撑作用的社会性客观因素对制造企业低碳创新活动适宜程度的衡量,优质的外部环境质量能够起到适宜企业创新发展的作用,反之,劣质环境质量将在一定程度上阻碍创新进行，影响创新效果。

5.1.2　外部环境质量的维度

在外部环境质量的维度研究方面，学者们的观点基本能够达成共识，一般包含政府层面影响、产业层面影响、市场层面影响和企业层面影响几个方面。如袁菁等将企业技术跨越的外部环境因素划分为制度环境、技术环境、市场环境和人文环境[171]。余亮等从企业研发活动的角度出发，将外生环境从宏观环境因素、产业环境因素和企业环境因素三个层面进行划分[172]。任荣则从企业合作创新管理的任务环境角度指出政府支持、产业环境支持、顾客支持以及供应商支持是外部环境质量的有效维度[173]。依据本书的研究情境及扎根理论方法识别出的范畴因素，本书认为制造企业低碳创新的外部环境质量应包含政策制度环境质量、市场需求环境质量和社会文化环境质量三个方面，以下分别从这三方面进行界定。

低碳背景下制造企业的政策制度环境质量是对政府通过行政体系和政策法规对制造企业低碳创新和转型给予的资金支持、规划协调和专利保护方面的支持力度的衡量。政府通过提高碳排监管力度和推行碳税、碳法等政策和措施能有效弥补市场导向对企业创新作用的不足，进一步影响创新活动的决策、方向以及速度规模，强化政策面的支持和导向作用。在我国目前的社会主义市场经济体制下，市场竞争和需求体系还不完善，体制惯性常常导致市场效用范围的狭窄和资源配置速度的滞后，这种情况下，宏观的政策制度因素对企业低碳这种新型创新模式的影响作用极其明显。

低碳经济下的市场需求环境质量是区域内消费者对企业低碳产品和低碳服务的效用、价格和质量等方面的需求数量和需求程度的衡量。研究表明，绿色需求和低碳需求已经成为国内外制造产品市场的热点需求，近九成的美国消费者在购买时会考虑到产品对环境的影响，他们更倾向于购买具有绿色标志的消费品，欧洲消费者中也有70%以上的人关心其购买的产品对环境的影响作用。除了市场的低碳需求以外，市场需求环境带来的市场竞争也是企业创新的动力源泉，创新的目的是促使企业在竞争过程中获得先机，低碳市场竞争的压力不断迫使企业开拓和寻找新的创新思路，从而帮助获得持续的创新收益。

低碳背景下的社会文化环境质量是消费者低碳消费意识的有效承载，高质量的社会文化环境使消费者具有更高低碳消费预期，更加重视企业产品和服务的低碳化。通过低碳文化的普及、政府的倡导、大众媒体的宣传以及大量非正式组织的呼吁形成强大的低碳创新影响力和渗透力，帮助民众形成更强烈的环保意识和绿色消费观念，直接影响企业低碳创新决策的制定以及低碳创新成果的转化，促进社会整体低碳创新体系在绿色、健康的社会文化中得以发展和成熟。

5.2 环境质量主体对制造企业低碳创新行为影响的演化博弈研究

通过前文对外部环境质量的维度进行确认和解析,本节主要从主体博弈的角度研究环境质量主体间行为选择对企业低碳创新决策及其演化路径的影响,通过将制造企业低碳创新的环境质量主体纳入一个演化博弈框架中,采用均衡性分析和稳定性分析等步骤,探讨促进制造企业演化到全面采取低碳创新行为的环境质量参数和条件。研究指出,对企业创新行为的研究一方面可以发掘企业低碳创新的动力因素(motives)和激励因素(incentives)[174],为相关政策的制定和推行提供理论基础,另一方面有助于从各主体间互动的角度突破限制企业低碳创新机制形成的瓶颈和障碍[175],是企业创新绩效提升机制探讨的前提。

在本书的研究情境中,外部环境质量影响下的制造企业低碳创新需要由政府、制造企业和消费群体三方利益主体共同参与,其中政策制度环境主要通过政府对制造企业创新主体的监管和不监管策略体现,市场需求环境是由制造企业对自身产品的创新和不创新策略以及消费群体对制造企业产品的购买和不购买策略体现,社会文化环境是由消费群体对政府低碳监管的满意程度以及对购买低碳产品的心理效用等因素体现。因此采用三方博弈的方法探讨外部环境主体对制造企业低碳创新行为的影响是可行之策,普通的博弈模型是基于主体部分理性假设的,即不允许博弈主体在博弈过程中改变策略,而演化博弈模型可以克服这方面缺陷,允许各主体在多次博弈过程中根据其他方策略改变自身策略。鉴于此,本书基于主体有限理性假设,采用演化博弈的理论和 Matlab 仿真分析的方法,构建政府、制造企业和消费群体三方非对称的 $2 \times 2 \times 2$ 动态演化博弈模型,探析环境质量影响下制造企业低碳创新行为的演化稳定趋势及稳定条件[176],为外部环境质量对制造企业低碳创新绩效作用机制的研究提供基础。

5.2.1 演化博弈理论基础和前提假设

演化博弈是以博弈论为理论基础,以有限理性和主体学习为基本假设,通过复制动态分析和演化稳定性分析研究主体在反复博弈活动中的策略演化的系统研究方法。在每轮博弈过程中,有限理性经济主体无法确定自身策略是否为本轮博弈的最优策略,而是通过模仿学习同类其他主体策略优化自身策略,最终使各方主体策略达到均衡状态。研究各主体在博弈过程中不同决策行为的损益情况,参照杜建国[177]、魏芳芳[178]等研究中的博弈假设,并根据研究情境给予适当改进。

假设在一个"自然"环境中,将政府、生产某类型产品的制造业群体、一定数量的消费者群体视为一个系统,三方主体均具有限理性特性且具有学习模仿能力,可以通过比较同类主体策略收益调整自身策略。博弈过程中根据企业产品的生产销售周期划分为多个时间段,设每个时间段为一个博弈“单期”,各主体在一个博弈“单期”内仅进行一次策略选择,并允许在下次博弈“单期”调整策略。研究情境下,制造企业综合考虑政府对创新的监管扶持力度和产品的市场占有率,可选择的策略包括低碳创新和传统生产(当采取低碳创新策略时,默认企业可生产出低碳产品);政府出于维护社会稳定和推动低碳经济发展,可选策略包括进行低碳创新监管和不进行监管(对产品是否低碳进行监管);消费者出于自身利益考虑可选择购买企业产品和不购买企业产品两种策略。

政府的相关损益为:当采取监管决策时,政府部门需付出一定的监管成本 C_1,同时获得违规企业付给的罚金 G,消费者认可政府的监管决策而使政府收益增加 U_1,同时政府承担因企业行为造成的环境污染治理费用 D_1。若政府采取不监管策略,其收益根据企业策略的不同可能分别为 0 或 $-D_1$。

制造企业群体的相关损益为:若企业采取低碳创新模式,需付出低碳创新的额外成本 C_2,在有望获得低碳产品的市场收益 P_1Q_1 的同时还会获得低碳创新的潜在收益,包括政府给予的财税政策支持、银行贷款方面的政策倾斜等优惠,根据成本收益理论,潜在收益一般与潜在损失相关,模型中设定机会收益为 $(Q_2-Q_1)B$,与两种生产方式的产品消费数量差有关。若企业不采取低碳创新,则传统产品售出的市场收益为 P_2Q_2,且可能需要支付数量为 G 的罚金。

消费群体的相关损益为:政府的低碳监管可为消费者的生活环境带来 U_2 的长远收益,而企业的消极创新行为会为消费者带来 D_2 的消极影响,若消费者选择购买,低碳产品需付出 P_1Q_1 的成本,传统高碳产品需付出为 P_2Q_2。魏中龙[179]指出产品除具有实用价值外,还具有体现为心理效应的感受价值,这一价值与社会低碳消费意识(低碳文化环境)有关。故本书假设消费者购买到低碳生产的产品会额外获得 $(P_1-P_2)R$ 的心理效应收益。表 5.1 给出各主体的相关参数设定及含义。

表 5.1　相关参数及含义

参数	含　　义
C_1	政府对企业生产行为进行低碳监管的成本
C_2	企业进行低碳生产模式转型需投入的额外成本(设备、技术、人力等投入)
B	企业采用低碳生产方式而产生的潜在收益系数(包括财税、土地等政策支持,银行贷款的政策倾斜,社会对企业形象的积极评价以及合作伙伴的增加等)
G	政府监管决策下企业采用传统生产方式需缴纳的罚金
U_1	公民(消费群体)对政府积极的低碳监管行为予以肯定,从而使政府公信力得到提升的量化指标(可视为常量)
U_2	政府积极的低碳监管行为为公民的生活环境带来有益影响的量化指标(可视为常量)

表 5.1(续)

参数	含　　义
D_1	企业传统生产方式造成污染,为政府环保带来消极影响的量化指标(可视为常量)
D_2	企业传统生产方式造成污染,为公民生活带来消极影响的量化指标(可视为常量)
P_1	企业采用低碳方式生产出的产品单价
P_2	企业采用传统方式生产出的产品单价
Q_1	企业采用低碳方式生产该产品的消费购买量
Q_2	企业采用传统方式生产该产品的消费购买量
R	除获得使用价值外,消费者购买到低碳产品而额外获得“心理效应”系数

基于以上假设可得到三方主体的八种策略组合收益矩阵,如表 5.2 所示。

表 5.2　三方演化博弈的收益组合

策略组合	政府收益	制造企业收益	消费群体收益
监管 低碳创新 购买	$-C_1+U_1$	$-C_2+(Q_2-Q_1)B+P_1Q_1$	$-P_1Q_1+(P_1-P_2)R+U_2$
监管 低碳创新 不购买	$-C_1+U_1$	$-C_2+(Q_2-Q_1)B$	U_2
监管 不创新 购买	$-C_1+G-D_1+U_1$	P_2Q_2-G	$-P_2Q_2-D_2+U_2$
监管 不创新 不购买	$-C_1+G-D_1+U_1$	$-G$	$-D_2+U_2$
不监管 低碳创新 购买	0	$-C_2+(Q_2-Q_1)B+P_1Q_1$	$-P_1Q_1+(P_1-P_2)R$
不监管 低碳创新 不购买	0	$-C_2+(Q_2-Q_1)B$	0
不监管 不创新 购买	$-D_1$	P_2Q_2	$-P_2Q_2-D_2$
不监管 不创新 不购买	$-D_1$	0	$-D_2$

5.2.2　主体博弈收益的均衡性分析

假设在博弈初始阶段,政府创新监管决策中采取监管策略的比例为 x,采取不监管策略的比例为 $1-x$;制造企业群体在决策过程中采取低碳创新的策略比例为 y,采取不创新策略的比例为 $1-y$;消费者群体中有比例采用购买该企业产品策略,选择不购买企业产品的比例占总群体的 $1-z$。

政府群体“监管”和“不监管”决策的期望收益 V_{x1}、V_{x2} 及群体平均收益 $\overline{V}_x$ 为

$$V_{x1}=yz(-C_1+U_1)+y(1-z)(-C_1+U_1)+(1-y)z(-C_1+G-D_1+U_1)+(1-y)(1-z)(-C_1+G-D_1+U_1)$$

$$V_{x2}=(1-y)z(-D_1)+(1-y)(1-z)(-D_1)$$

$$\overline{V}_x = xy(-C_1+U_1)+x(1-y)(-C_1+G-D_1+U_1)+$$
$$(1-x)(1-y)z(-D_1)+(1-x)(1-y)(1-z)(-D_1)$$

制造企业群体“低碳创新”和“不创新”决策的期望收益 V_{y1}、V_{y2} 及群体平均收益 $\overline{V}_y$ 为:

$$V_{y1} = xz[-C_2+(Q_2-Q_1)B+P_1Q_1]+x(1-z)[-C_2+(Q_2-Q_1)B]+$$
$$(1-x)z[-C_2+(Q_2-Q_1)B+P_1Q_1]+$$
$$(1-x)(1-z)[-C_2+(Q_2-Q_1)B]$$

$$V_{y2} = xz(P_2Q_2-G)+x(1-z)(-G)+(1-x)zP_2Q_2$$

$$\overline{V}_y = y[-C_2+(Q_2-Q_1)B+zP_1Q_1]+x(1-y)z(P_2Q_2-G)+$$
$$x(1-y)(1-z)(-G)+(1-x)(1-y)zP_2Q_2$$

消费群体“购买”和“不购买”决策的期望收益 V_{z1}、V_{z2} 及群体平均收益 $\overline{V}_z$ 为:

$$V_{z1} = xy[-P_1Q_1+(P_1-P_2)R+U_2]+x(1-y)(-P_2Q_2-D_2+U_2)+$$
$$(1-x)y[-P_1Q_1+(P_1-P_2)R]+(1-x)(1-y)(-P_2Q_2-D_2)$$

$$V_{z2} = xyU_2+x(1-y)(-D_2+U_2)+(1-x)(1-y)(-D_2)$$

$$\overline{V}_z = xzU_2+yz[-P_1Q_1+(P_1-P_2)R]+(1-y)z(-P_2Q_2-D_2)+$$
$$x(1-z)U_2+(1-y)(1-z)(-D_2)$$

1. 政府决策复制动态分析

复制动态分析是研究演化博弈问题中某一策略在种群内适应性程度的动态微分分析法。若博弈过程中某一策略的收益高于群体中其他策略的平均收益，则认为这种策略适合在群体中发展演化，即该策略具有抵抗变异策略侵入的稳定性。

政府策略的复制动态方程为:

$$F(x) = \frac{dx}{dt} = x(V_{x1}-\overline{V}_x) = x(x-1)[Gy-(G-C_1+U_1)] \quad (5-1)$$

由复制动态方程稳定性定理知，作为稳定策略的 x 应满足 $F(x)=0$ 且 $F'(x)<0$。

①若 $y=(G-C_1+U_1)/G$，则 $F(x)=0$，可知此时政府群体中任何比例的“监管策略”群体均是稳定策略，即策略比例不会随着时间推移而变化。

②若 $y\neq(G-C_1+U_1)/G$，令 $F(x)=0$，得到 $x=0$，$x=1$ 两个准演化稳定点。对 F(x)求导得到: $F'(x)=(2x-1)[Gy-(G-C_1+U_1)]$。

通常情况下，有 $G>C_1$，即政府部门对违规企业的罚金一般高于监管成本，故 $(G-C_1+U_1)/G>0$，分情况进行讨论: 当 $y>(G-C_1+U_1)/G$ 时，有 $F'(x)|_{x=0}$，$F'(x)|_{x=1}>0$，$x=0$ 是稳定策略；而当 $y<(G-C_1+U_1)/G$ 时，有 $F'(x)|_{x=0}$，$F'(x)|_{x=1}<1$，$x=1$ 是稳定策略。说明政府部门的低碳监管决策与采用低碳创新策略的制造企业比例密切相关，当采用低碳创新策略的制造企业比例高于$(G-C_1$

$+U_1)/G$ 时，政府出于开源节流和提升公信力的综合考虑，会选择不监管策略，而当这一比例低于 $(G-C_1+U_1)/G$ 时，政府在下一阶段博弈中会倾向于选择低碳监管策略。

政府决策动态演化示意图如图 5.1 所示。

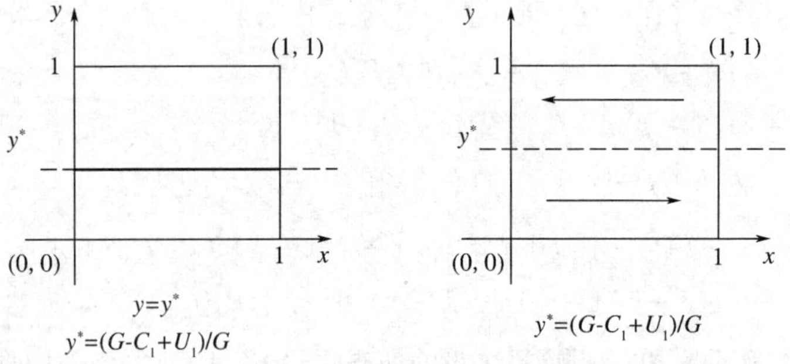

图 5.1　政府决策动态演化示意图

2. 制造企业群体决策复制动态分析

制造企业群体决策的复制动态方程为：

$$F(y)=\frac{\mathrm{d}y}{\mathrm{d}t}=y(V_{y1}-\overline{V}_y)$$
$$=y(1-y)\{z(P_1Q_1-P_2Q_2)-[C_2-xG-(Q_2-Q_1)B]\} \quad (5-2)$$

①若 $z=[C_2-xG-(Q_2-Q_1)B]/(P_1Q_1-P_2Q_2)$，则 $F(y)\equiv 0$，可知此时制造企业采取任何策略体均是演化稳定策略，策略比例不会随时间推移而演变。

②若 $z\neq[C_2-xG-(Q_2-Q_1)B]/(P_1Q_1-P_2Q_2)$，令 $F(y)=0$，得到 $y=0$，$y=1$ 两个准演化稳定点。

③对 $F(y)$ 求导得到：$F'(y)=(1-2y)\{z(P_1Q_1-P_2Q_2)-[C_2-xG-(Q_2-Q_1)B]\}$。

通常情况下，有 $P_1Q_1>P_2Q_2$，即认为企业投入创新成本进行低碳创新，可以实现市场销售额的升高，同时可知 $C_2-(Q_2-Q_1)B$ 为企业低碳创新的实际成本投入，故分为如下情况：

①当 $xG>C_2-(Q_2-Q_1)B$ 或者 $z(P_1Q_1-P_2Q_2)>C_2-(Q_2-Q_1)B$ 时，有 $F'(y)|_{y=1}<0$，$F'(y)|_{y=0}>0$，$y=1$ 是稳定策略。说明政府对生产高碳产品企业的罚金高于企业进行低碳创新的实际成本投入，或者企业进行低碳创新后产品市场销售额的提升高于企业进行低碳创新的实际成本投入的情况下，企业群体将倾向于选择低碳创新策略。

②当不满足上述条件时，即政府的罚金或消费者带给企业的额外销售额不足以中和企业低碳创新的成本投入时，分为以下两种情况进行讨论：当有 $z>[C_2-$

$xG-(Q_2-Q_1)B]/(P_1Q_1-P_2Q_2)$，可判断$F'(y)\big|_{y=0}>0, F'(y)\big|_{y=1}<0, y=1$ 是稳定策略，制造企业群体将选择低碳创新策略；若 $z<[C_2-xG-(Q_2-Q_1)B]/(P_1Q_1-P_2Q_2)$，可知，$F'(y)\big|_{y=0}<0, F'(y)\big|_{y=1}>0, y=0$ 是稳定策略，制造企业群体将选择不创新策略。该情况说明制造企业群体低碳创新决策的进化稳定状态与政府群体和消费者群体两者的决策密切相关，企业低碳策略的选择是环境质量影响下三方博弈的结果。

制造企业决策动态演化示意图如图 5.2 所示（阴影面为演化稳定策略）。

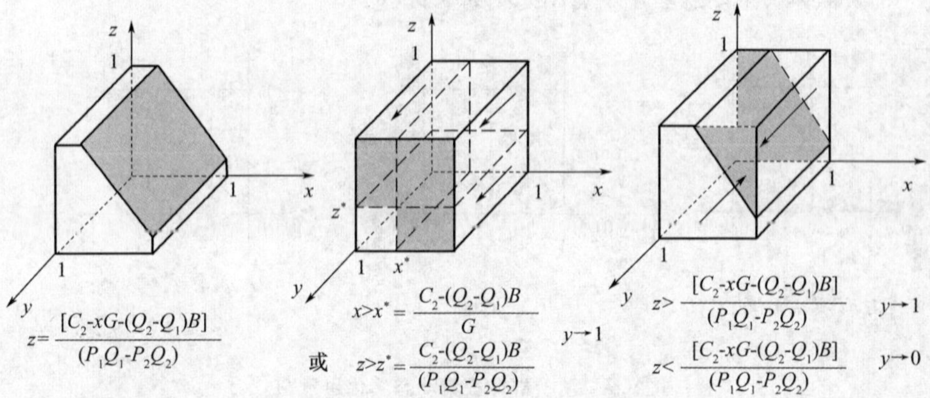

图 5.2　制造企业决策动态演化示意图

3. 消费群体决策复制动态分析

消费群体策略的复制动态方程为：

$$
\begin{aligned}
F(z) &= \frac{\mathrm{d}z}{\mathrm{d}t} = y(V_{z1}-\overline{V}_z) \\
&= z(1-z)\{y[(P_1-P_2)R+P_2Q_2-P_1Q_1]-P_2Q_2\} \qquad (5-3)
\end{aligned}
$$

①若 $y=P_2Q_2/[(P_1-P_2)R+P_2Q_2-P_1Q_1]$，则 $F(z)=0$，可知此时消费群体选择任何购买决策均是演化稳定策略，策略比例不会随时间推移而演变。

②若 $y\neq P_2Q_2/[(P_1-P_2)R+P_2Q_2-P_1Q_1]$，令 $F(z)=0$，得到 $z=0, z=1$ 两个准演化稳定点。对 $F(z)$ 求导得到：

$$
F'(z) = (1-2z)\{y[(P_1-P_2)R+P_2Q_2-P_1Q_1]-P_2Q_2\}
$$

可知 P_2Q_2 大于零，对$(P_1-P_2)R+P_2Q_2-P_1Q_2$ 进行分情况讨论：

①当$(P_1-P_2)R+P_2Q_2-P_1Q_1<0$，可知恒有 $y[(P_1-P_2)R+P_{Q2}-P_1Q_1]-P_2Q_2<0$，即$F'(z)\big|_{z=0}<0, F'(z)\big|_{z=1}>0, z=0$ 是唯一稳定策略，说明若消费群体购买该企业的低碳产品获得的心理效应量小于因购买低碳产品所额外付出的货币量时，消费群体将倾向于选择不购买策略。

②当$(P_1-P_2)R+P_2Q_2-P_1Q_1>0$ 且 $y>P_2Q_2/(P_1-P_2)R+P_3Q_2-P_1Q_1$ 时，

有$F'(z)|_{z=0}>0, F'(z)|_{z=1}<0, z=1$是唯一稳定策略，消费群体最终将演化为全部购买该企业群生产的产品；当$(P_1-P_2)R+P_2Q_2-P_1Q_1>0$且$y<P_2Q_2/(P_1-P_2)R+P_2Q_2-P_1Q_1$时，可知$F'(z)|_{z=0}<0, F'(z)|_{z=1}>0, z=0$是唯一稳定策略，消费群体将演化为不购买该企业生产的产品，转向于购买其他企业生产的类似替代产品。说明在消费者获得的低碳产品心理效应足够大的情况下，消费者群体低碳行为决策的演化方向取决于是否有足够多（比例为：$P_2Q_2/(P_1-P_2)R+P_2Q_2-P_1Q_1$）的企业采用低碳创新生产。

消费群体决策动态演化示意图如图5.3所示。

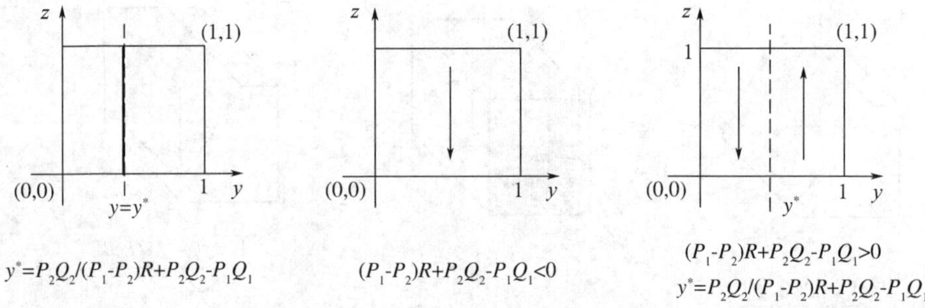

图5.3 消费群体决策动态演化示意图

5.2.3 主体策略演化的稳定性分析

由各主体复制动态分析可知，模型中政府主体决策变化只与制造企业主体决策变化相关（公式(4-1)中只含有变量x和y)，消费群体主体决策变化也只与制造企业主体决策变化相关（公式(4-3)中只含有变量y和z)，而企业主体决策的比例变化则依赖其他两者决策比例的变化，因此采用分步分析的方法，先视消费群体的决策比例z为常量，分析政府群体和企业群体决策的演化稳定策略，然后分析企业群体和消费群体决策的演化稳定策略，并将x视为常量，通过分步分析找出影响制造企业低碳创新行为的外部环境因素。

由公式(4-1)和公式(4-2)可知政府与制造企业动态博弈含有5个均衡点(0，0)，(0，1)，(1，0)，(1，1)，$\left(\frac{C_2-(Q_2-Q_1)B-(P_1Q_1-P_2Q_2)z}{G},\frac{(G-C_1+U_1)}{G}\right)$，当且仅当$0\leqslant\frac{C_2-(Q_2-Q_1)B-(P_1Q_1-P_2Q_2)z}{G}\leqslant 1, 0\leqslant\frac{(G-C_1+U_1)}{G}\leqslant 1$时成立，可采用*Jacobi*矩阵的局部稳定性分析法判定常微分方程均衡点稳定性[180]，故给出政府与制造企业动态博弈的*Jacobi*矩阵：

$$\boldsymbol{J}_1=\begin{bmatrix}(2x-1)[Gy-(G-C_1+U_1)] & Gx(x-1)\\ Gy(1-y) & (1-2y)\{z(P_1Q_1-P_2Q_2)-[C_2-xG-(Q_2-Q_1)B]\}\end{bmatrix}$$

$\boldsymbol{J}_1$ 的行列式

$$\mathrm{Det}\boldsymbol{J}_1=(2x-1)[Gy-(G-C_1+U_1)](1-2y)\{z(P_1Q_1-P_2Q_2)-[C_2-xG-(Q_2-Q_1)]B\}-Gy(1-y)Gx(x-1)$$

$\boldsymbol{J}_1$ 的迹：

$$\mathrm{tr}\boldsymbol{J}_1=(2x-1)[Gy-(G-C_1+U_1]+(1-2y)\{z(P_1Q_1-P_2Q_2)-[C_2-xG-(Q_2-Q_1)B]\}$$

根据 Jacobi 矩阵的局部稳定性分析法对上述 5 个均衡点进行分析，结论见表 5.3。

其中 $x^*=\dfrac{C_2-(Q_2-Q_1)B-(P_1Q_1-P_2Q_2)z}{G}$，$y^*=\dfrac{(G-C_1+U_1)}{G}$。

表 5.3　政府、制造企业演化博弈稳定性结果分析

均衡点	J_1 行列式符号	J_1 迹的符号	结果	稳定条件
$x=0,y=0$	+	+	不稳定点	任何条件都不稳定
$x=0,y=1$	+	−	ESS	$U_1<C_1,z(P_1Q_1-P_2Q_2)>C_2-(Q_2-Q_1)B$
$x=1,y=0$	+	−	ESS	$z(P_1Q_1-P_2Q_2)<C_2-G-(Q_2-Q_1)B$.
$x=1,y=0$	+	−	ESS	$U_1>C_1,z(P_1Q_1-P_2Q_2)>C_2-G-(Q_2-Q_1)B$
$x=x^*,y=y^*$		0	鞍点	任何条件下都是鞍点

由图 5.1、图 5.2 及表 5.3 可得到政府与制造企业双方策略变化的动态演化稳定趋势，如图 5.4 所示。分析知 $z(P_1Q_1-P_2Q_2)$ 应为企业低碳创新后产品销售额的实际提升总量。如图 5.4(1)所示，说明当政府低碳监管的成本高于其因低碳监管获得的公信力提升，并且企业低碳创新后产品销售额的实际提升量高于其低碳创新的成本投入时，政府和企业的两方博弈最终将收敛为稳定均衡状态 $x=0$，$y=1$，即政府不监管，企业低碳创新。如图 5.4(2)和图 5.4(3)所示，说明无论政府监管成本如何，只要满足企业低碳创新后产品销售额的实际提升量少于低碳创新的成本投入与政府罚金的差时，两方博弈将会收敛为均衡状态 $x=1,y=0$，即政府低碳监管，企业不进行创新。如图 5.4(4)所示，说明当同时满足政府低碳监管成本小于其公信力提升，以及企业低碳创新后产品销售额的实际提升量高于低碳创新的成本投入与政府罚金的差这两个条件时，该两方博弈终将收敛为稳定状态 $x=1,y=1$，即政府低碳监管，企业低碳创新。

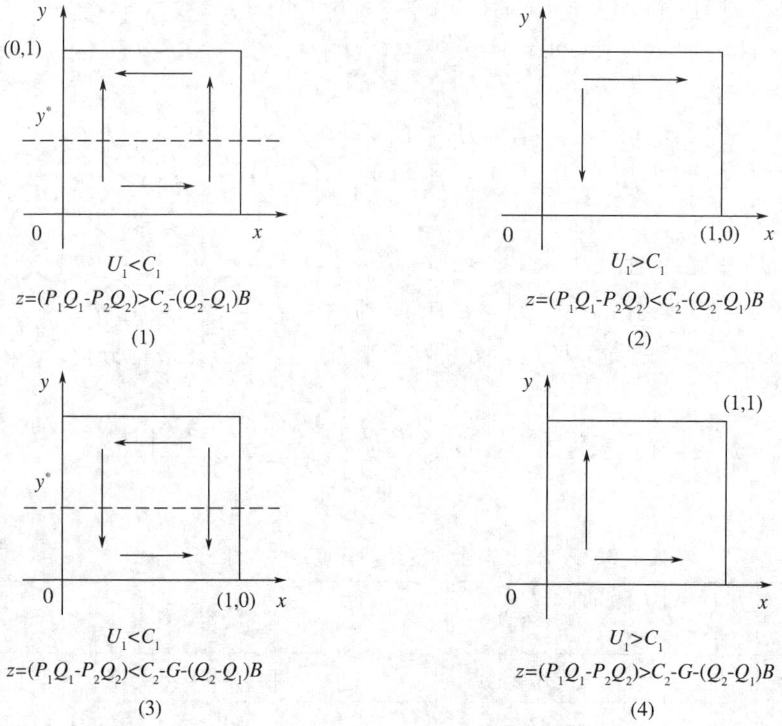

图 5.4 政府和制造企业策略演化图

由公式(5－2)和公式(5－3)可知,制造企业和消费群体动态博弈含有 5 个均衡点(0,0),(0,1),(1,0),(1,1),$\left(\dfrac{P_2Q_2}{(P_1-P_2)R+P_2Q_2-P_1Q_1},\dfrac{C_2-xG-(Q_2-Q_1)B}{(P_1Q_1-P_2Q_2)}\right)$,当且仅当 $0\leqslant\dfrac{P_2Q_2}{(P_1-P_2)R+P_2Q_2-P_1Q_1}\leqslant1$,$0\leqslant\dfrac{C_2-xG-(Q_2-Q_1)B}{(P_1Q_1-P_2Q_2)}\leqslant1$ 时成立,用 Jacobi 矩阵的局部稳定性分析法[180],得到制造企业和消费群体动态博弈 Jacobi 矩阵为:

$$\boldsymbol{J}_2=\begin{bmatrix}(1-2y)\{z(P_1Q_1-P_2Q_2)-[C_2-xG-(Q_2-Q_1)B]\} & y(1-y)(P_1Q_1-P_2Q_2)\\ z(1-z)[(P_1-P_2)R+P_2Q_2-P_1Q_1] & (1-2z)\{y[(P_1-P_2)R+P_2Q_2-P_1Q_1]-P_2Q_2\}\end{bmatrix}$$

$\boldsymbol{J}_2$ 的行列式

$$\begin{aligned}\mathrm{Det}\boldsymbol{J}_2=&(1-2y)\{z(P_1Q_1-P_2Q_2)-[C_2-xG-(Q_2-Q_1)B]\}\\&(1-2z)\{y[(P_1-P_2)R+P_2Q_2-P_1Q_1]-P_2Q_2\}-\\&y(1-y)(P_1Q_1-P_2Q_2)z(1-z)[(P_1-P_2)R+P_2Q_2-P_1Q_1]\end{aligned}$$

$\boldsymbol{J}_2$ 的迹:

$$\mathrm{tr}\boldsymbol{J}_2=(1-2y)\{z(P_1Q_1-P_2Q_2)-[C_2-xG-(Q_2-Q_1)B]\}+$$

$$(1-2z)\{[(P_1-P_2)R+P_2Q_2-P_1Q_1]-P_2Q_2\}$$

根据 Jacobi 矩阵的局部稳定性分析法对上述 5 个均衡点进行分析,结论如表 5.4 所示,其中 $y_0=\dfrac{P_2Q_2}{(P_1-P_2)R+P_2Q_2-P_1Q_1}$,$z_0=\dfrac{C_2-xG-(Q_2-Q_1)B}{(P_1Q_1-P_2Q_2)}$。

表 5.4　制造企业、消费群体演化博弈稳定性结果分析

均衡点	J_1 行列式符号	J_2 迹的符号	结果	稳定条件
$y=0,z=0$	+	−	ESS	$xG<C_2-(Q_2-Q_1)B$
$y=0,z=1$	+	+	不稳定点	任何情况都是不稳定点
$y=1,z=0$	+	−	ESS	$xG>C_2-(Q_2-Q_1)B,(P_1-P_2)R<P_1Q_1$
$y=1,z=1$	+	−	ESS	$xG>C_2-(Q_2-Q_1)B-(P_1Q_1-P_2Q_2)$, $(P_1-P_2)R>P_1Q_1$
$y=y_0,z=z_0$		0	鞍点	任何条件下都是鞍点

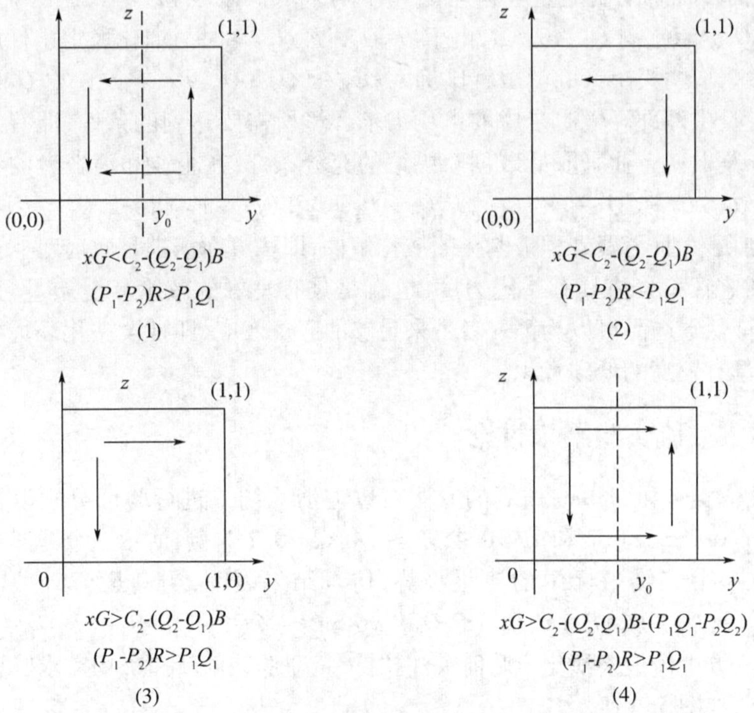

图 5.5　制造企业与消费群体策略演化图

由图5.2、图5.3及表5.4可得到制造企业与消费群体双方策略变化的动态演化稳定趋势如图5.5所示。分析知xG应为不采取创新策略企业需要支付罚金的期望值。图5.5(1)和图5.5(2)说明只要满足不创新企业需支付罚金的期望值始终低于企业进行低碳创新的实际成本投入时，无论消费者购买低碳产品的投入与获得的心理效应大小如何，两方博弈最终将收敛为稳定均衡状态$y=0,z=0$，即企业不采取创新策略，消费者不购买企业产品；图5.5(3)说明企业不创新并生产高碳产品需支付罚金的期望值高于低碳创新的实际成本投入，且消费者购买低碳产品的投入大于额外获得的心理效应情况下，两者博弈终将收敛为$y=1,z=0$，即企业低碳创新，消费者不选择购买；图5.5(4)表明若同时满足企业传统生产需支付罚金的期望值高于企业低碳创新的实际成本投入与创新后提升的销售额的差值且消费者购买低碳产品获得的心理效应高于购买产品的费用投入两个条件时，两方博弈将收敛为稳定策略$y=1,z=1$，实现企业低碳创新，消费者购买低碳产品的稳定状态，也是动态博弈所期望达到的稳定状态。

可见政府和企业决策的演化均衡状态随演化过程中消费群体的购买决策比例变化，企业和消费群体决策的演化均衡状态随政府群体的监管决策比例而变化，分析表5.3和表5.4的演化稳定条件可知，在政府和制造企业的博弈中，抛开政府监管成本等因素，欲促使制造企业策略演化至均采取低碳创新行为，需满足条件$z(P_1Q_1-P_2Q_2)>C_2-(Q_2-Q_1)B$，由于$(P_1Q_1-P_2Q_2)>0$，故演化稳定条件应满足首轮博弈中采取购买决策的消费者比例$z>C_2-(Q_2-Q_1)B/(P_1Q_1-P_2Q_2)$，该比例也就是模型中外部环境质量中的市场需求环境所需要达到的条件，即有足够低碳消费需求是促使企业采取低碳创新决策的充分条件；在企业和消费者的动态博弈中，条件$xG>C_2-(Q_2-Q_1)B-(P_1Q_1-P_2Q_2)$和$(P_1-P_2)R>P_1Q_1$是引导企业进行低碳创新，并且消费者积极购买的演化条件，即一方面需满足政府对制造企业低碳创新的监管和关注具有一定力度，也就是具有良好的政策环境质量，另一方面，需要保证低碳产品可以为消费者带来足够的心理效应，即社会文化环境质量较优、全社会具有较高的低碳意识。

5.2.4 数值实验结果讨论

采用数值实验和Matlab仿真的方法对以上演化结果进行验证分别以初始值$x_0=0.3,y_0=0.7,z_0=0.7$和$x_0=0.4,y_0=0.4,x_0=0.2$为例，演示三个博弈主体的策略选择在一个三维坐标中的演化趋势，仿真结果表明，当满足$(P_1-P_2)R>P_1Q_1$、$z>C_2-(Q_2-Q_1)B/(P_1Q_1-P_2Q_2)$、$xG>C_2-(Q_2-Q_1)B-(P_1Q_1-P_2Q_2)$时，可以使三方主体最终演化至政府关注扶持、企业低碳创新和市场需求旺盛的理想稳定状态，如图5.6所示。

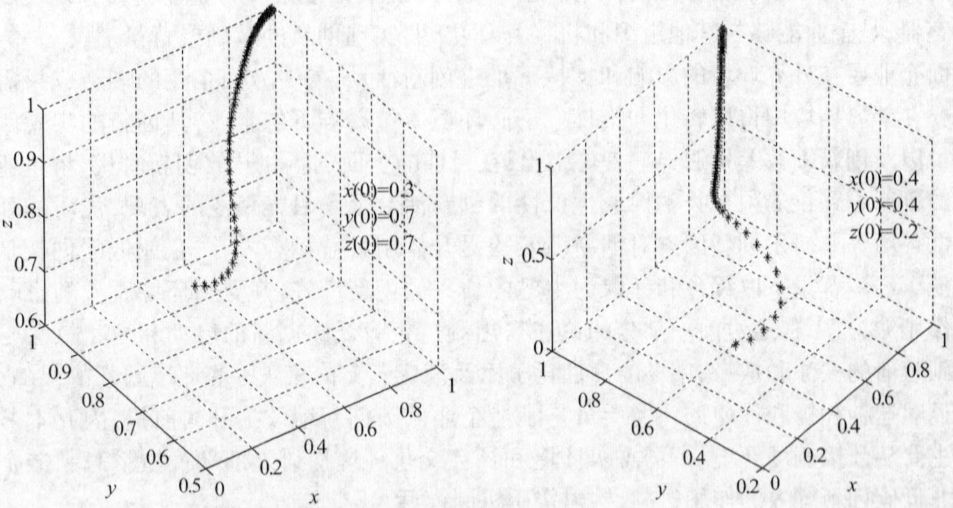

图5.6 三方博弈系统演化路径图

本节通过三方演化博弈模型对外部环境质量主体对制造企业低碳创新行为的影响进行分析，结果表明：政府的低碳监管比例 x 和消费群体的购买决策比例 z 的演化只与企业群体的低碳生产决策比例 y 相关，而 x 和 z 之间无相互影响；企业的低碳创新决策比例的变化与其他两个利益相关者的决策比例均相关。表明政府不会根据消费者对企业产品的购买意愿来决定是否对企业采取低碳监管决策，消费者也不会根据政府是否对企业进行低碳监管来决定是否购买企业产品，而制造企业则需要综合考虑政府的监管决策和消费者的购买决策来决定自身的创新策略，即制造企业低碳创新决策和低碳创新成效的取得是三方主体共同作用的结果。通过演化稳定分析，得出促进企业低碳创新行为的演化稳定条件为 $xG > C_2 - (Q_2 - Q_1)B - (P_1Q_1 - P_2Q_2)$，$z > C_2 - (Q_2 - Q_1)B/(P_1Q_1 - P_2Q_2)$ 和 $(P_1 - P_2)R > P_1Q_1$，同时满足政府对制造企业低碳创新的监管和关注具有一定力度，也就是政策制度环境质量；消费者对低碳产品具有足够的需求量，即市场需求环境质量，和保证低碳产品可以为消费者带来足够的心理效应，即较好的社会文化环境质量，为下文分析政策制度环境质量、市场需求环境质量和社会文化环境质量对制造企业低碳创新绩效的影响提供依据。

5.3 环境质量维度对低碳创新绩效作用机制的实证分析

开放环境下的企业创新，既是企业内部资源能力的有效发挥过程，又必须重视企业创新过程中创新环境的作用。创新环境理论将环境解释为企业创新和发展的容器,是企业能够与其他组织和机构互相协调、实现创新的基础或背景[181]。一方面企业要在外界环境的影响和支持下推进创新活动,另一方面企业的创新成果需要在外界环境中得以转化和推广。不同环境质量影响下的企业,其创新的实现路径以及创新绩效差别迥异。刘仿指出,在目前的全面创新和开放创新时代,将企业的创新思路仅局限在技术性或生产性的创新活动上是目光短浅的表现,优质的外部环境等非研发创新因素对创新绩效的提升作用日益显著[182]。企业低碳创新是低碳经济背景下以绿色和环保为主题的新兴的创新模式,其受到环境质量的影响作用尤为显著,通过前一部分的论述得出制造企业低碳创新的启动和演化急需受到政府的关注和扶持,市场的良性竞争以及消费者支持和认可等环境因素的保障,显然这种积极和优质的环境质量是制造企业低碳创新绩效提升的前提,因此本节主要从政策制度环境、市场需求环境和社会文化环境探讨外部环境质量对制造企业低碳创新绩效的作用机制,构建作用机制模型。

5.3.1 理论假设和模型构建

1. 政策制度环境与低碳创新绩效

低碳经济不仅是崭新的经济发展模式,更是一种全新的制度安排。政府部门的政策制度效应促使社会生产和生活向低碳化的方向引导和靠拢,这种形式下的企业创新当然离不开政策制度环境的有效保障。陆小成认为,企业低碳创新的制度保障是通过构建和创造适合的低碳制度框架,形成更优化的利益分配格局和创新激励措施,从而促使企业低碳创新的利益递增效益良性循环[183]。事实上,优质的政策制度环境包括政府对企业加大环境规制力度,对企业低碳创新行为的监管和关注,对企业创新产生低碳技术的资助和保护,对企业低碳型组织模式以及低碳管理方式的鼓励和倡导,以及对企业低碳产品营销的扶持和补贴,这种关注、扶持以及倡导作用既体现在政府对企业创新的精神支持方面,又体现在财税、土地政策以及奖金等物质支持方面,具体来说,政策制度环境对企业低碳创新绩效的作用主要体现在以下三个阶段:首先在企业创新初期,积极的政策制度环境对企业低碳创新具有有效的“启动”作用,制度规制的强制性迫使企业采取针对产品减排的创新措施,不少学者研究指出,外部环境规制是推动企业绿色创新行为的有效力量。Nadkarni 以此为切入点对化工制造企业进行实证调研,也得出企业应对严厉的环境规制的最重要动机是采取治污创新战略的结论[184];其次,在上一节的主体演化博弈分析中得出,优质的政策制度环境有助于区域内形成低碳创新的良好氛围,使企业通过模仿和博弈逐步转变创新策略,使区域内制造企业的策略选择向采取创新战略的理想状态演化;第三,企业进行低碳创新存在创新周期长、投入高、见效慢等问题,政府的补贴、财税、土地等政策扶持可以有效抵制低碳创新所具有的先天性“市场缺陷”风险[185]，对创新绩效的提升具有激励效应。基于以上分析，本书认为，优质的政策制度环境对制造企业低碳创新绩效的提升具有正向促进作用。

2. 市场需求环境与低碳创新绩效

市场环境为企业提供了生产发展上的需求，同时随着市场环境的发展变动促使低碳需求形成规模并深入影响制造企业的生产和销售等核心环节，为企业带来新的创新思路和创新机会[186]，在新的创新导向下对企业创新形成巨大拉动作用。本书所指的优质市场环境一方面指区域内消费者对低碳产品具有足够的关注度和需求度，在产品满足自身使用需求的同时，更愿意重视产品的生产、使用和回收过程对环境的影响。这种顾客需求导向既为企业低碳创新提供了思路、指明了方向，同时又促进企业低碳创新由成果向价值的转化[187]；市场需求环境的另一方面作用表现在区域内企业都具有积极且良性的竞争观念，企业是市场中的微小竞争单元，良性的市场竞争机制带来的市场环境变化促使企业积极转变观念，实行创新战略。企业在需求和竞争的双重刺激下通过低碳创新取得创新收益，并吸引其他企业参与其中，模仿创新思路采取类似创新活动，更迅速地挖掘此轮创新的潜在和未来市场需求，导致争夺需求的竞争压力逐步变大，促使企业去挖掘全新的市场机会，有效促进低碳创新绩效的提升。正如 Rennings 等学者在研究中指出的，推动企业绿色产品和工艺创新的最显著因素莫过于消费需求和市场竞争[188]。因此，本书认为市场需求环境质量与企业低碳创新绩效正相关。

3. 社会文化环境与低碳创新绩效

制造企业低碳创新的社会文化环境更多体现在全社会对企业实行低碳创新活动的关注和认可，良好的社会文化环境有效促使全民低碳意识的形成，从而组成社会组织对企业低碳行为进行自发监督和倡导，有助于企业更好地发挥社会责任。同时也更直接地激发企业管理者对低碳创新的重视，Eiadat 通过实证研究指出，企业管理者的环境意识和社会意识是企业采取环境创新行为的启动器，也是保障创新过程有序进行、提高创新绩效的关键因素[189]。其次，消费者低碳意识的提高保障了市场对低碳产品的需求量，为企业带来稳定的低碳创新回报，在有效降低企业低碳创新风险的同时促进企业加大创新投入力度，体现出社会文化环境对市场需求环境的优化。另外，众所周知，人才资源是企业内部最重要的创新资源，全社会对低碳问题的关注更能促进人才的知识结构向低碳创新方向转变，越来越多的人才投身于创新型低碳技术的研究，为企业培养和获得丰富的创新人才提供保障，助力企业低碳创新的成功。可见，社会文化环境正向影响企业低碳创新绩效。

综上，本书认为优质的政策制度、市场需求以及社会文化环境对制造企业低碳创新绩效具有正向促进作用。故提出如下假设：

H_5:外部环境质量(HJZL)对低碳创新绩效(CXJX)有正向促进作用。

H_{5a}:政策制度环境(ZCZD)对低碳创新绩效(CXJX)有正向促进作用。

H_{5b}:市场需求环境(SCXQ)对低碳创新绩效(CXJX)有正向促进作用。

H_{5c}:社会文化环境(SHWH)对低碳创新绩效(CXJX)有正向促进作用。

构建制造企业外部环境质量对低碳创新绩效的作用机制模型,如图 5.7 所示。

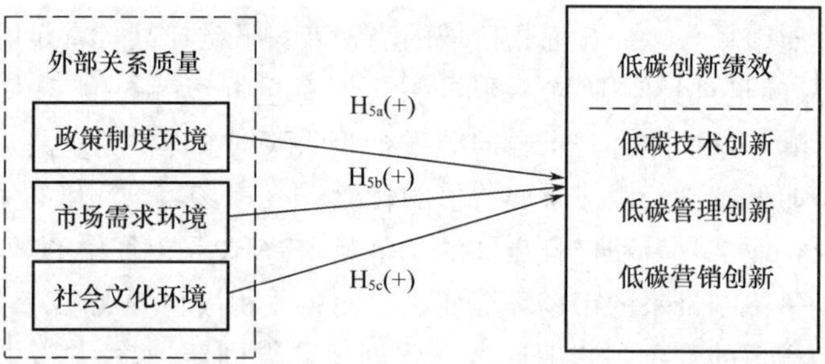

图 5.7 外部环境质量对低碳创新绩效的作用机制模型

5.3.2 量表设计和数据获取

本研究中量表设计在借鉴学术文献的基础上,结合制造企业实地调研、座谈以及导师和相关领域专家的意见,对相关测量问项进行修正和调整,并进行小样本预测试,根据测试结果对量表中的问项进行修正,最终形成有效问卷并进行大规模发放和收集,问卷的发放对象与 4. 3. 1 节相同,问卷数据均通过一次调研获得,不存在数据的差异化问题。

通过可观测的问项逐一表示研究中的抽象变量,采用分数跨度从 1~7 的 Likert7 分度量表法进行变量的测量,其中 1 分表示完全不同意,7 分表示完全同意,语义的确定程度随分数逐步递增。本部分理论模型中所涉及的变量包括外部环境质量和低碳创新绩效,其中低碳创新绩效的研究量表已在前文给出,故本章给出环境质量各维度的量表设计过程。其中,环境质量包括政策制度环境质量(ZCZD1~ZCZD4)、市场需求环境质量(SCXQ1~SCXQ5)和社会文化环境质量(SHWH1~SHWH4),分别参照李巧华[187]和 Pouder[190]等企业创新环境的政策导向问项,伍蓓[162]和 Anderson[191]等构建的企业创新的市场导向量表,水常青[192]等构建的创新环节的社会导向量表进行改编,结合本书的研究情境和扎根访谈侧重从环境和低碳角度选取和修正问项,量表设计如表 5.5 所示。

表5.5 外部环境质量量表设计

变量名称	编号	测量问项	参考依据
政策制度环境	ZCZD1	政府出台了鼓励企业低碳创新的优惠政策	李巧华[187]；Pouder等[190]；扎根访谈
	ZCZD2	企业低碳活动获得过政府的财税、土地等补贴	
	ZCZD3	企业的创新技术可以得到有效的制度保护	
	ZCZD4	企业对政策变化能够做出及时应对措施	
市场需求环境	SCXQ1	市场对低碳产品具有较高的需求度和需求量	伍蓓[162]；Anderson[191]；扎根访谈
	SCXQ2	相对于同类竞争企业高碳产品,消费者更倾向于购买本企业的低碳产品	
	SCXQ3	客户对我们企业的低碳产品感觉满意	
	SCXQ4	企业的竞争对手实力很强劲	
	SCXQ5	企业能够了解自身和竞争对手的优势所在	
社会文化环境	SHWH1	区域内公民乐于关注低碳和环保	水常青[192]等；扎根访谈
	SHWH2	公民对企业的碳排放污染等行为反应强烈	
	SHWH3	媒体对企业低碳行为的关注度较高	
	SHWH4	企业自身的节能减排和创新行为能提高企业声誉	

控制变量依旧选取企业规模(GM)、企业成立年限(NX)、企业所有制类别(LB)、被试的受教育程度(JY)和被试年龄(NL),其中企业规模(GM)采用正式员工的自然对数值代表;企业成立年限(NX)采用年限的自然对数值表示;企业所有制类别(LB)用自然数0和1进行区分,0表示非国有控股企业、1表示国有或国有控股企业;采用李克特5分量表表示被试受教育程度(JY),1分代表专科以下学历、2分代表大专学历、3分代表大学本科学历、4分代表硕士研究生学历、5分代表博士研究生学历;被试年龄(NL)也采用5分制,1分代表25周岁及以下、2分代表(25~35]周岁、3分代表(35~45]周岁、4分代表(45~55]周岁、5分代表55周岁以上。

仍采取实地访谈、电话和邮件调研,以及网站发放的方式对调查问卷进行发放和回收,得到370份有效问卷,使用SPSS 16.0软件对所提出变量的测量数据进行均值和标准差计算,如表5.6所示。

表 5.6　各研究变量测量数据的描述性统计

变　量		平均值	标准差
政策制度环境（ZCZD）	ZCZD1	4.74	1.308
	ZCZD2	4.65	1.244
	ZCZD3	4.69	1.261
	ZCZD4	4.61	1.541
市场需求环境（SCXQ）	SCXQ1	4.38	1.259
	SCXQ2	4.47	1.316
	SCXQ3	4.57	1.357
	SCXQ4	4.71	1.369
	SCXQ5	4.81	1.381
社会文化环境（SHWH）	SHWH1	4.64	1.406
	SHWH2	4.68	1.374
	SHWH3	4.72	1.391
	SHWH4	4.51	1.231

研究变量的测量数据平均值浮动在 4.38 ~ 4.81 之间，标准差浮动在 1.231 ~ 1.541 之间，表明调研获取的样本数据具有良好的区分度和离散性，可以进行下一步检验分析。

5.3.3　问卷数据信度效度检验

依然采用 Cronbach's α 系数、CITC 值以及删除该问项后的 Cronbach's α 系数等参数的检验进行样本数据的信度检验。采用探索性因子分析计算量表的 KMO 值（Kaiser - Meyer - Olkin）、巴特利特球形检验显著性程度、因子载荷以及变量公因子累计解释方差百分比进行收敛效度检验，研究表明，有效的收敛效度要求 KMO 值大于 0.6、巴特利特球形检验显著，且因子载荷不小于 0.5，累计解释方差达到 30% 以上。量表的区分效度可以通过问项间的相关系数进行检验，有效的区分效度要求各问项间具有显著的相关性，且相关系数置信区间不能包含 1。基于以上分析，构建研究量表的信度效度检验表，如表 5.7 所示。

表 5.7　样本信度与效度检验

研究变量		变量问项	CITC值	α 值	删除后 α	KMO	因子载荷	解释方差%	相关系数
HJZL	ZCZD	ZCZD1	0.621	0.866	0.821	0.776	0.830	75.621	0.416 ~ 0.694
		ZCZD2	0.671		0.813		0.842		
		ZCZD3	0.633		0.844		0.867		
		ZCZD4	0.759		0.813		0.843		
	SCXQ	SCXQ1	0.681	0.861	0.778	0.760	0.832	70.134	0.501 ~ 0.667
		SCXQ2	0.637		0.791		0.836		
		SCXQ3	0.721		0.816		0.831		
		SCXQ4	0.718		0.798		0.814		
		SCXQ5	0.809		0.822		0.846		
	SHWH	GXCJ1	0.767	0.842	0.772	0.715	0.822	62.663	0.522 ~ 0.701
		GXCJ2	0.782		0.824		0.866		
		GXCJ3	0.805		0.821		0.796		
		GXCJ4	0.766		0.834		0.818		

在上表中，各变量的总相关系数 CITC 均超过 0.621，满足大于 0.5 的要求；Cronbach's α 系数的最小值为 0.842，符合大于 0.7 的信度检测要求，且删除问项后的 Cronbach's α 系数均小于未删除前的 Cronbach's α 系数，表明问项设置合理，量表总体具有较高的信度。量表探索性因子分析结果表明，各变量在小于 0.001 条件下的巴特利球形检验下具有显著性，且 KMO 值均大于 0.6；量表问项测量指标的因子载荷值均满足大于 0.5 的最低要求，累计解释方差变异比均满足大于 30% 的最低要求，同时，量表问项间的相关系数表明其在相应概率下（$p<0.01$ 或 $p<0.05$）均达到显著，且其置信区间不包含常数 1，综上可知，本研究量表问项的收敛效度和区分效度通过验证，量表数据总体具有较好的信度和效度。

5.3.4　假设检验和实证结论

通过样本数据的信效度分析后，本书首先分别对控制变量和各个自变量进行多重共线性诊断，结果表明，控制变量和各自变量的 VIF 值均远小于临界值 10，且 DW 值均在 2 附近，可以排除控制变量和自变量的多重共线性假设。在此基础上，依据前文的假设和作用机制模型，本书采用多元回归方法对假设进行检验。根据回归分析的检验步骤，首先计算外部环境质量与创新绩效各个变量的 Pearson 相关系数，各变量间的相关系数及在对应概率上的显著性水平，如表5.8所示。表明模型中具有作用关系的变量间均具有一定的简单相关性，为下一步检验提供基础。

表5.8　均值、标准差及变量间相关系数

	ZCZD	SCXQ	SHWH	ZSGX	CXJX
ZCZD	1	0.223*	0.346**	0.134	0.472**
SCXQ	0.223*	1	0.482**	0.221*	0.421**
SHWH	0.346**	0.322**	1	0.337**	0.451**
ZSGX	0.134	0.221*	0.337**	1	0.361***
CXJX	0.472**	0.421**	0.451**	0.361***	1

注：* 表示 $p<0.05$ 水平上显著，** 表示 $p<0.01$ 水平上显著，*** 表示 $p<0.001$ 水平上显著

分别构建回归模型1至模型5检验控制变量及外部环境质量各维度与低碳创新绩效间的关系。模型1检验控制变量与因变量间的关系，模型2至模型4检验外部环境质量各维度分别与因变量间的关系，模型5将环境质量各个维度均作为自变量考察其与因变量间的关系，多元回归过程，如表5.9所示。

表5.9　外部环境质量与低碳创新绩效的关系检验

<table>
<tr><td colspan="2" rowspan="3">变　量</td><td colspan="5">因变量</td></tr>
<tr><td colspan="5">低碳创新绩效(CXJX)</td></tr>
<tr><td>模型1</td><td>模型2</td><td>模型3</td><td>模型4</td><td>模型5</td></tr>
<tr><td rowspan="5">控制变量</td><td>企业规模(GM)</td><td>0.047</td><td>0.031</td><td>0.039</td><td>0.029</td><td>0.035</td></tr>
<tr><td>成立年限(NX)</td><td>0.045</td><td>0.032</td><td>0.021</td><td>0.071</td><td>0.036</td></tr>
<tr><td>企业类别(LB)</td><td>0.081</td><td>0.066</td><td>0.055</td><td>0.070</td><td>0.061</td></tr>
<tr><td>受教育程度(JY)</td><td>0.101*</td><td>0.073</td><td>0.063</td><td>0.051</td><td>0.055</td></tr>
<tr><td>被试年龄(NL)</td><td>0.074</td><td>0.065</td><td>0.052</td><td>0.037</td><td>0.054</td></tr>
<tr><td rowspan="3">自变量</td><td>政策制度(ZCZD)</td><td></td><td>0.411***</td><td></td><td></td><td>0.406**</td></tr>
<tr><td>市场需求(SCXQ)</td><td></td><td></td><td>0.361**</td><td></td><td>0.372**</td></tr>
<tr><td>社会文化(SHWH)</td><td></td><td></td><td></td><td>0.227*</td><td>0.142</td></tr>
<tr><td rowspan="3">回归结果</td><td>R^2</td><td></td><td>0.291</td><td>0.285</td><td>0.264</td><td>0.411</td></tr>
<tr><td>AdjR^2</td><td>0.027</td><td>0.145</td><td>0.135</td><td>0.141</td><td>0.188</td></tr>
<tr><td>F</td><td>0.000</td><td>8.043**</td><td>7.154**</td><td>8.355**</td><td>10.261**</td></tr>
</table>

表 5.9(续)

变　量		因变量				
		低碳创新绩效(CXJX)				
		模型 1	模型 2	模型 3	模型 4	模型 5
回归结果	VIF	均 < 10				
	DW	DW 值均在 2 附近				

注:* 表示 $p < 0.05$ 水平上显著,** 表示 $p < 0.01$ 水平上显著,*** 表示 $p < 0.001$ 水平上显著

统计结果表明,各控制变量与因变量之间不存在显著相关性,从而可以排除控制变量的影响作用。在外部环境质量各个维度对低碳创新绩效作用的回归分析中,所构建各模型的 $F(sig) = 0.000 < 0.05$,表明模型总体有效。模型 2 到 4 表明政策制度环境质量、市场需求环境质量和社会文化环境质量对低碳创新绩效的标准回归系数分别为 0.411,0.361 和 0.227,分别在 0.05,0.01 和 0.001 水平上显著,表明三者与低碳创新绩效间存在显著正相关关系,且作用效果为政策制度环境质量(0.411) > 市场需求环境质量(0.361) > 社会文化环境质量(0.227),即在我国现行体制和所调研样本数据的范围内,政府这只有形的手所营造的政策制度环境质量对企业低碳创新绩效的提升效果最为明显,紧紧跟随和抓住政策导向、借助政策扶持是促使制造企业取得低碳创新成果的最有效捷径。同时,市场需求环境质量的作用也不容忽视,是制造企业提升低碳创新绩效需考虑的二号因素,相比之下,通过宣传和提高全民低碳意识和低碳文化,优化社会文化环境提升企业低碳创新绩效的做法尽管也具有显著效果,但成效较为缓慢。综上所述,外部环境质量对制造企业低碳创新绩效具有显著的正向促进效果,理论假设和作用机制模型得到验证。

5.4 本章小结

本章从理论层面对外部环境质量的内涵和维度进行解析,在此基础上构建了基于政府、制造企业和消费群体三维演化博弈模型,从主体博弈的角度研究环境质量主体间行为选择对企业低碳创新决策及其演化路径的影响,最后采用多元回归分析方法利用问卷数据实证验证了环境质量维度对低碳创新绩效的作用机制。研究结果表明:制造企业低碳创新决策的选择和低碳创新成效的取得是政府、企业和消费者三方主体共同作用的结果,政策制度环境质量(政府低碳扶持)、市场需求环境质量(低碳产品需求)和社会文化环境质量(低碳消费意识)对制造企业低碳创新行为的演化和低碳创新绩效的提升均具有显著正向作用,其中,政策制度环境质量的作用效果最为显著,突显出本土情境下政府的宏观调控对制造企业低碳创新的关键影响作用。

第6章 企业创新能力对制造企业低碳创新绩效的作用机制

创新的能力基础观认为,企业所具有或长期形成的、能够直接支配和使用的资源和能力是创新成功与否的决定性因素。本章在前文研究的基础上,基于能力基础观探讨创新能力对制造企业低碳创新绩效的作用和影响。首先,以低碳经济为背景对制造企业创新能力的内涵进行定性解析;其次,分别探讨制造企业创新能力的各个子维度能力(包括创新决策能力、资源获取能力、技术研发能力、柔性生产能力以及创新保障能力)对低碳创新的功能作用,在此基础上通过文献萃取以及调研访谈的方法设计各结构维度的测量量表,构建二阶验证性因子分析模型,验证以上维度对制造企业创新能力的解释力度和解释效果;最后采用典型相关分析方法利用问卷数据实证检验和分析创新能力对制造企业低碳创新绩效的作用机制。

6.1 低碳经济下制造企业创新能力的内涵解析

6.1.1 低碳经济下制造企业创新能力

自20世纪熊彼特提出创新理论以来,众多学者开始基于其理论成果从企业层面对企业创新问题进行过大量探讨,基于企业创新能力提升企业创新绩效水平的研究也逐步成为热点话题,然而一直以来学者们对创新能力的界定因人而异也因时而异。Moorman等认为企业创新能力是企业利用现有和可接触到的资源,以突破的方式克服企业的经营障碍的能力,是一种创新能力的资源观[193]。Richard等从市场化的角度指出企业创新活动是利用内部的新知识、新想法进行市场化的过程,技术创新和营销创新是其主要的组成部分[194]。Dittrich以企业创新网络为研究对象,指出网络中创新主体应具备对现有资源的整合和消化能力以及对网络中潜在机会的探索和识别能力[195]。国内学者王立新等认为企业创新能力是一种贯穿于企业生产运营全过程的具有系统性的战略能力[196]。陈力田认为创新活动的实质是企业知识的整合和升华过程,而创新能力就是企业对已有知识的搜集、对新知识的获取,以及发现两者的新组合,转化成新应用的能力[197]。

在低碳经济的宏观背景下,作为社会经济的重要主体,同时也是碳排放的主要经济组织，制造企业会逐渐面临来自公众、政府和市场各种环境低碳标准的压力，因此，制造企业在培养传统意义的企业创新能力的同时，必须把创新能力与低碳发展原则紧密结合，形成低碳发展需求下的制造企业创新能力。总结其内涵应从如下几方面着重考虑：第一，制造企业创新能力是推动制造企业实现低碳可持续发展，适应低碳经济带来的外部竞争环境而形成的积累性动态能力；第二，制造企业创新能力是企业对外部创新知识的获取和吸收以及企业对内部知识的重组和应用的集合；第三，制造企业创新能力对企业进行高能效、低耗能和低排放的低碳发展模式转型具有重要的推动作用。基于此，本书将低碳经济背景下的制造企业创新能力界定为在低碳可持续观念引导下，制造企业通过搜寻、甄别和获取外部创新知识，以及对已有知识和技术的重组和应用，实现突破低碳价值壁垒，驱动企业向低耗能、低排放的低碳发展模式转变的多维度综合能力。

6.1.2 低碳经济对制造企业创新能力的发展要求

低碳经济的席卷对全球各国、各地以及各个行业都提出新的要求，在低碳经济全球化的趋势下，无论是西方发达国家营造的低碳障碍和壁垒，还是我国国内低碳市场日益激烈的白热化竞争，都对制造企业及其低碳创新能力提出全新的艰巨挑战。面对国际市场和国内市场对我国制造企业的双重压力，企业必须有针对性优化资源配置，加大投入力度培育低碳相关的创新能力，将低碳理念融入设计研发、原料准备、生产制造、销售营销等产品环节以及组织架构、管理运营、文化设计等制度环节，以保障企业生产运营中的低能耗、低排放和绿色管理，以减少企业运营各个流程碳排放量为目的，提高低碳竞争能力，全面推进低碳发展和低碳创新，以应对低碳经济的挑战，总结低碳经济对制造企业创新能力发展的要求有以下三方面。

第一，以密切关注“三化”要求为企业创新能力培育的前提。要求培养加倍关注各个环节中的输入和输出的能力，重视生产废弃物的回收和再利用，确保其经营理念与环境更加密切，生产方式更加清洁环保，销售渠道也更加方便便捷，以实现资源投入最小化、能源利用最大化、污染和排放最优化为前提。

第二，以全面融入低碳理念为企业创新能力发展的思路。将低碳理念融入企业实施内部技术、管理、营销活动的全过程之中，在创新决策、知识和资源的获取、技术研发、生产制造、产品营销各个方面以减少浪费、降低碳排为落脚点，培育企业的低碳核心竞争力，积极应对低碳经济的制造企业的要求和挑战。

第三，以实现经济效益和绿色效益双赢为企业创新能力提升的目标。低碳经济下的企业创新不能仅以短期的经济收益为目标，制造企业的低碳创新具有投入高、见效慢的特点，要求企业用长远的眼光，审时度势地衡量经济效益和环境效益的协调发展关系，不盲目追求高碳利润，不走竭泽而渔式的发展之路，在“经济人”理念的基础上主动践行“社会人”和“生态人”责任，以实现双赢收益为提升创新能力的最终目标。

6.2 制造企业创新能力的结构维度分析

创新活动是企业形成和保持核心竞争力的重要手段,企业试图通过创新活动构筑核心竞争优势就必须要求企业具备合理运用内外部资源、推动和保障创新活动有效进行的能力禀赋,即创新能力。如何有效培育和构建企业创新能力,提升企业的创新水平和企业绩效,是长久以来企业管理者、研究学者和政府部门亟待解决的热点问题。然而现有的关于企业创新能力的研究往往过多重视创新的技术因素而忽略企业创新的社会性因素,某些通过定量化方法对企业创新能力的研究,也往往侧重关注绩效阈限而忽视柔性阈限和保障阈限[198],导致对创新能力研究维度的划分和功能分析不够全面。本书以低碳经济为背景,通过扎根访谈辨识出与制造企业低碳创新密切相关的五维度企业创新能力,分别包括创新决策能力、资源获取能力、技术研发能力、柔性生产能力以及低碳保障能力,这五种子能力既紧密契合制造企业低碳创新的决策、研发、生产等关键流程,又能够有效涵盖企业创新的资源、文化等客观要素,以下采用定性分析方法对制造企业低碳创新中创新能力的各个结构维度进行分析。

6.2.1 基于创新决策的企业创新能力

开放模式下的企业创新实质是在复杂多变的外部环境中发现、识别和捕获创新机会,并在此基础上做出相应的创新决策,调动和协调内部核心能力模块以求应变并获利的系列组织活动。可以说创新决策能力是企业所必须具备的战略层次协调柔性能力,是企业将环境动态性与内部核心能力模块进行关联和结合的纽带,通过有效的创新决策企业可以精准并迅速地制定创新战略、调整创新战略,以便达到合理配置资源推进战略转型的目的。金融危机之后,经济全球化导致企业赖以生存的外部环境发生剧烈变化,许多企业发现其原本引以为傲的核心竞争优势正在迅速贬值,企业原本的发展战略已经逐步不适应当下的环境要求,此时,战略柔性和创新决策能力的作用便突显出来,进行有效的创新决策推动战略转型,走过转型阵痛期企业便能够得以生存,甚至形成突破式发展,否则便会命运堪忧。曾经的胶片巨头柯达公司的破产就是一个典型的例子,面对数码时代的席卷,企业没有表现出有效的创新决策能力和战略柔性,不愿意抛弃胶片这一曾为企业带来丰厚利润的核心能力,惧怕创新转型阵痛期对企业绩效的严重影响,导致企业在数码创新时代没有一个正确的创新决策和创新方向,最终落败于激烈的创新竞争之中,走上崩塌之路,由此可见,创新决策能力在企业创新过程中具有重要作用。

国内外学者对企业创新决策能力的研究由来已久。Sucheta 等研究指出企业在创新活动中能够快速实现从组织战略到外部环境再到内部资源的协调运转的前提便是具有柔性的决策能力[199]。Ferrier将创新决策能力界定为企业以适应外部情境为导向的竞争行为惯例,并指出这种惯例是以战略制定和变革过程为涉及范围的[200]。Andrews在其著作中指出能否对外界环境变化做出有效的战略调整是企业发展过程中形成的重要技能,这种能力也是保障企业持续长久发展下去的有效前提[201]。张军等通过扎根访谈的方法对企业创新的研究指出,组织发展初期的创新和创意决策多来自于企业管理者以及高管人员的直觉和对市场的把握,但随着企业的成熟以及创新活动的往复,创新决策活动会越来越趋于上升为组织化层面的能力[198]。石学刚指出创新的决策过程中最重要的是对创新机会的识别,并将这种识别能力划分为创新环境扫描、价值信号筛选以及决策信息形成三个维度[106]。

诚然,创新是一项高风险性的企业活动。研究表明,我国企业进行战略层面的大规模创新的成功率仅有五成左右,然而风险和收益往往是相伴而生的,这既展现出创新决策的高风险性,同时也从侧面突显出企业具备创新决策能力的重要性。面对大规模环境问题的突显以及低碳经济的席卷而来,推进绿色和环境方面的战略转型,实现企业低碳创新的合理决策是当下制造企业决策者所必须面对的难题和所必须具备的能力,也是企业有效应对低碳规制、打破发达国家在产品进出口方面低碳壁垒的关键手段。一方面,创新决策能力能帮助企业有效辨识和发掘外界环境中的潜在变革和低碳机遇,从战略调整的角度为企业指明创新方向,为企业提高绩效营造全新的利润增长点;另一方面,基于战略柔性的创新决策有助于制造企业规避诸如低碳环境给企业带来的颠覆性风险,有利于企业优化和调整核心能力培养方向,逐步转变劳动力优势和高碳制造优势导向,防止重蹈柯达公司的覆辙。因此,基于战略柔性的创新决策能力是制造企业低碳创新的必要创新能力维度。

6.2.2　基于资源获取的企业创新能力

创新活动所需的价值性资源是企业创新成功与否和培育核心竞争优势的决定性影响因素。随着经济的全球化发展和企业间竞争的逐步加剧,创新能力和创新资源的比拼成为企业争夺市场份额、培育核心竞争优势的关键所在,Grant指出突破竞争对手对创新资源的限制是开放模式下企业创新活动所面对的主要障碍之一[202]。同时,创新的资源基础理论认为,企业的本质是各种资源束组成的合集,企业所拥有异质性资源的质量决定了其竞争优势的强弱。创新资源是企业创新活动中独特的,难以模仿和转移的稀缺性价值要素,是企业创新活动的物质基础。正因为创新资源的稀缺性和价值性,获取并吸收高质量的创新资源要求企业具备某种创新能力,这种能力有助于企业快速识别和吸引企业外部和内部的价值性资源,并对这些零散性价值资源进行合理配置和整合,在此基础上实现创新资源高效吸收和有效利用,可见,这种基于创新资源的吸引识别、配置整合和吸收利用的创新资源获取能力是支撑企业创新活动的关键方面。

开放环境下的企业创新是企业在创新网络中的非线性互动过程,通过与创新网络中其他主体在物质、资金、信息以及人才等方面的资源流动实现创新网络“资源云”的价值最大化。这种跨组织互动是创新资源的重要来源,而创新资源获取能力就成为企业与跨组织互动资源库之间的联结纽带。Chesbrough 在其论著中指出开放的创新环境使企业组织的创新边界进一步模糊,创新资源的流动性和非独占特性也进一步突显,如何有效获取互补性商业化资源是企业进行创新合作关键议题[203]。Teece 构建了基于非合作创新模式的资源获取机制框架,指出技术资源的占有机制和商业化资源的获取机制是资源获取的关键维度[204]。Mahoney 等对如何评定企业获取和整合创新资源的能力强弱进行研究,指出通过企业所取得资源的潜在价值和配置方式的独特性可以实现对该能力的衡量[205]。马鸿佳在对新创企业资源配置和绩效关系的研究中,从四方面维度划分企业的资源获取的能力与过程,包含资源的识别、取得、配置以及利用,指出四个维度的协调作用是企业有效配置资源能力的外在表现[206]。牛东旗等将企业实现创新资源倍增和涌现的能力定义为资源集成能力,并将其划分为积累内部资源、同化外部资源、协同内外资源、资源优化配置、资源拓展涌现五个方面[207]。通过以上文献分析可知,无论是在企业内部的非合作创新还是在跨组织的合作创新中资源获取能力都是资源流动和组织创新间的关键桥梁,同时,企业创新资源获取并非是一个简单的资源取得和累加的过程,而是跨越创新资源激活、配置、整合以及利用的动态阶段,对于企业实现创新资源要素的倍增和涌现意义显著。

制造业作为我国国民经济发展的支柱产业,具有产业关联性极高的特点。在经济全球化加速推进的背景下,我国制造企业要想在激烈的竞争中获得优势,仅依靠自身的资源基础和创新基础远远不够。我国制造企业具有创新基础薄弱的劣势,无论是从资金、技术还是创新人才角度都相对匮乏,缺乏了互补性创新资源的注入和扶持,低碳创新便无从谈起,因此培养和具备高效的创新资源获取能力对制造企业低碳创新的支撑性作用不言而喻。

本书认为创新资源获取能力在制造企业低碳创新中的作用主要表现在以下几方面。首先,创新人才资源的获取,人才是实施创新活动的核心资源,企业的低碳创新活动依赖于创新人才资源的有效保障,制造企业通过优质的创新环境、优越的激励和薪酬机制可以有效吸引和培养低碳型创新人才,从而保证企业低碳创新的潜力和爆发力;其次,创新信息资源的获取,创新信息资源既包含政策导向和资金支持等信息,又包含帮助创新过程解决问题的价值信息,两者都是企业低碳创新的稀缺性资源,对以上创新信息的及时识别、有效整合和高效利用能够为创新活动带来事半功倍的效果；最后，创新知识资源获取，知识具有黏性特质，高度的资源获取能力能实现对复杂创新知识的吸收和同化，为创新提供技术和创意来源，保障创新的成功。总之，创新资源获取能力对于有效促进企业内外部资源的良性结合和有效延伸，最大化获取对创新活动有利的关键要素，实现企业资源的优化配置和保证创新顺利进行作用显著，基于创新资源的识别、整合和利用的资源获取能力是能够诠释制造企业低碳创新能力的必要维度。

6.2.3　基于技术研发的企业创新能力

以技术变革为核心的技术创新是创新理论的经典组成部分，技术创新活动强调对知识、资源和模式的重新组合，是企业形成全新的核心价值和利润增长点的源泉，也是企业进行科技研发工作的关键目的所在。企业可以通过技术研发工作发明和使用新技术、形成新产品，提供新服务，可以说没有科技研发工作，就不可能有新产品和新工艺的诞生，创新也就更是无从谈起。企业技术研发能力的强弱直接影响其创新活动的效率和效果，综观那些在竞争市场上极具核心优势的成功企业，其最有分量的核心价值无一不是来自于科技研发，可见技术研发能力是企业具有的核心价值性能力。

国内外学者对企业技术能力的界定、维度以及影响因素方面进行了大量研究，Howard 等指出企业的技术创新能力并不能狭义地看作企业在技术方面的研发能力，还应该包含企业创新过程中的技术组织能力、技术适应能力以及技术信息的反馈能力[208]。Barton 从如何衡量企业技术能力的角度进行研究指出，企业中的科技人员、科技系统以及管理系统是企业技术能力的核心载体[209]。安同良将企业技术研发能力定义为企业在持续技术变革中有效选择、获取、吸收以及创造技术，并使之在与企业内部其他资源整合过程中产生新产品和提供新服务的积累性学识[210]。李随成等对供应商参与下制造企业产品创新进行了相关研究，指出供应商在企业技术创新早期的参与能有效补充企业可能存在专业技术知识和市场信息的不足，并将制造企业技术研发能力划分为需求分析能力、构思规划能力以及研究开发能力[211]。陈劲等将企业的技术研发能力划分为通过物化方式表现出来的显性技术能力和通过知识交流体现出的隐性技术能力，显性能力也可以理解成企业技术方面的静态表现能力，包括产品系统集成能力、技术设备的先进性能力等，隐性能力则更多表现为企业动态创造能力，包括产品、工艺和流程的改造能力等[212]。葛沪飞等通过研究指出影响企业技术研发的因素包括创新压力、创新氛围以及组织研发体系和外部依赖等一系列创新要素[213]。以上研究均突显出企业技术研发能力在企业创新活动中的作用至关重要，表明技术研发能力是企业创新能力的重要构成维度。

以高效能、低排放为特征的低碳革命其本质是一场技术革命。在制造企业低碳创新过程中,企业技术研发能力一方面表现为企业通过高效地获取外部知识和资源创造出新技术、新知识,最终形成更具低碳价值的全新产品。这种自主研发形式显然是最应该提倡且最具创新价值的,但技术创新并不仅仅局限于此种形式,制造企业低碳技术创新的目的是通过技术研发对企业碳资源进行优化配置,企业可以借助研发活动更有效地吸收、使用和更新现有技术,立足于自身的产品和业务。将碳中性技术应用于企业产品制造的工艺流程之中,在最擅长的领域有针对性地加入低碳技术,融入低碳价值,只有这样才能更有效地提升低碳创新效能,形成核心低碳能力。总之,技术研发能力源于科技研发工作,但又高于科技研发工作,是受组织内外部要素综合影响的囊括技术分析、技术组织、技术开发、技术反馈以及技术应用等一系列能力在内的系统性的复合能力,是能够诠释制造企业低碳创新能力的重要维度。

6.2.4 基于柔性生产的企业创新能力

制造企业产品是人类社会最重要的生产生活资料。随着科技和社会的进步和发展,消费者对制造企业产品的消费需求逐步趋于丰富和个性化,在这种需求环境下,企业原本的大批量和标准化的刚性生产模式越来越不足以满足市场竞争的需要,培育和发展能够应对不确定需求的柔性生产能力,聚焦差异化和定制化的产品制造思路成为制造企业所关注的热点议题。

事实上,为了应对与日俱增的个性化需求对制造市场的影响,企业管理者和研究学者已经着手进行了大量理论和实践总结,包括从精益生产理念到敏捷制造模式,再到现如今的大规模定制策略,无一不体现出企业对柔性生产能力的关注和重视。学者们对柔性制造的研究也取得了较多成果,早期对企业生产柔性的描述主要指企业对计划之外类型产品的延伸生产能力,是制造过程灵活性的体现。George 认为柔性能力是企业支撑较大的技术变革和产品变动的能力,是组织有效性运营的重要评价指标[214]。Mandelbaum 指出企业柔性是其所具备的对环境变化和环境不确定性的快速和经济的有效反映和适应能力,具体包含应变能力和缓冲能力两个方面[215]。我国学者陈琪将柔性能力和制造能力进行有机结合,认为柔性制造是企业迅速调整和适应制造任务和制造环境变化的智能型生产方式,并指出制造柔性包含的多个方面,如机器柔性、工艺柔性、产品柔性、生产能力柔性以及维护柔性和扩展柔性等[216]。Conhaug 从战略层次对企业柔性进行界定,将柔性解释为企业改变战略选择以获取竞争优势地位的战略决策能力[217]。龚世文则认为柔性能力对企业最主要的作用体现在组织结构方面,即柔性化组织结构对经营战略变化的适应能力保障了组织在环境变动中的稳步发展[218]。张荣等将柔性思想融入企业流程的各个方面,包括柔性理念培育组织文化、柔性思想指导企业战略、柔性生产再造制造流程、柔性结构优化组织机构[219]。

在制造企业低碳创新中,生产过程是企业控制碳排放、推进低碳创新模式的关键环节,柔性生产能力有助于企业用战略的眼光看待低碳发展潮流,灵活分析企业产品结构和低碳适应性,有效决策和调整有悖于低碳减排模式的生产模式和经营方向,及时淘汰和改造落后、低效和高污染的生产工艺和生产流程,有效整合碳流和制造流程,抢占低碳先机。将低碳柔性制造理念模式化,转变原有的大规模、批量化的刚性生产制造思路,将低碳定制化、低碳个性化思路发展成企业生产的常态模式,推进企业持续高效地进行环保和低碳生产,实现制造企业的低碳生产创新。总之,生产方式的柔性变迁能力是制造企业应对低碳经济和激烈市场竞争环境的必备能力,是企业实现产品的弹性生产,灵活和灵敏应对用户多样化、个性化绿色需求的有效保证。

6.2.5　基于低碳保障的企业创新能力

有效的低碳创新无疑有益于制造企业在低碳经济背景下长期的生存和发展,但创新的高风险性和阵痛效果往往使企业形成强烈的路径依赖,企业更倾向于维系原有的发展路径,抵触低碳创新的进行、影响创新效果,此时,培育强有力的低碳创新保障能力是帮助企业打破路径依赖、抵抗创新阵痛的有效途径。学者们对创新的保障能力的作用进行了相关研究,李刚构建了基于企业价值创新的能力评价体系,并采用 MDS 法分类研究了企业价值创新能力,在体系和分类研究中明确指出,创新支撑能力和辅助能力对于提高企业创新的执行力,提高价值创新能力具有直接影响作用[220]。段婕等在构建我国装备制造企业技术创新能力评价指标中,指出对技术创新保障能力指标的衡量是与资源投入能力、转化吸收能力和创新产出能力等指标是同等重要的[221]。在低碳创新保障能力所包含的维度方面,袁小量指出除内外资源、市场竞争、社会需求等前导性动力要素以外,低碳责任意识是有效推进制造企业低碳竞争力演化形成和促进企业形成低碳习惯的保障性要素,并通过分析莱钢集团和同力水泥的企业资料验证了社会责任意识对推进企业低碳能力发展的显著作用[222]。独娟认为企业低碳文化是企业低碳竞争力形成的关键保障性维度,指出低碳企业文化是由具有转变企业陈旧观念、打破陋习思维功能的低碳意识形态文化和通过物质形态反映出企业产品、环境、价值观以及经营哲学的低碳物质形态文化组成[223]。宁小勇对企业低碳品牌竞争力进行研究表明,低碳品牌是企业在低碳竞争中的绝对优势且几乎不可被模仿,企业塑造强势低碳品牌一方面保障了企业低碳创新的长期性利益,另一方面更巩固了企业以低碳理念为核心的社会责任意识和低碳企业文化,是企业低碳能力的坚实后盾[224]。

通过以上文献梳理,本书认为制造企业低碳创新的低碳保障能力应重点包含低碳文化、低碳品牌以及低碳习惯等几方面。文化建设是制造企业无论在低碳发展还是低碳创新中不可忽视的环节,要求企业在运营、生产以及销售的各个环节上均以减少碳源、压缩碳流为关注点,俗话说:一流企业靠文化、二流企业靠战略、三流企业靠产品。做优质低碳文化,将绿色、低碳的要求贯彻于企业的核心价值理念之中,形成对企业甚至行业具有指导作用的技术先进、工艺科学、配置合理、产品环保的创新型低碳文化,是促进企业低碳创新的关键保障能力。低碳品牌也是企业低碳实力的象征和缩影,是连接企业低碳产品和消费群体的桥梁,优质的低碳品牌价值不仅能够引领市场低碳需求、创造企业的低碳业绩,更可以有效整合和推动企业内部低碳资源,将有限的企业资源聚焦和投入到围绕低碳价值承诺的创新和商业活动中,可以说低碳品牌与企业创新能力是相辅相成、互为依托的关系。良好的创新能力保证了企业低碳品牌的优异品质,满足消费者的个性低碳价值需求,强势的低碳品牌又可以促进企业优化资源配置,为企业营造优质创新能力,保障低碳活动的有效进行。低碳习惯也是企业低碳创新的又一方面保障能力,邓正红指出,低碳习惯是企业低碳软实力的缩影,是一种对外来的特殊投资形式[109]。我国制造企业在长期的发展中已经养成价值低位、管理粗放、资源浪费、忽视环境的高碳习惯,低碳创新的目的就是要打破这种习惯,培养企业的低碳习惯,一方面要在企业战略制定和日常生产运营中向节约人力物力、减少资源能源浪费方面重点倾斜,不断引导和培育低碳习惯;另一方面,引导员工从岗位入手,培养低碳工作习惯,从改进技术、优化工艺角度提升工作效率,让低碳习惯深入到工作中的每一个细节元素,为企业整体低碳创新能力的保持和强化提供保障。综上所述,基于低碳文化、低碳品牌和低碳习惯的低碳创新保障能力能够诠释和体现制造企业低碳创新的创新能力。

6.3 制造企业创新能力的结构维度检验

通过论述创新决策能力、资源获取能力、技术研发能力、柔性生产能力以及低碳保障能力作为制造企业创新能力的关键维度对低碳创新过程的诠释和作用。本节主要通过设计研究量表并获取调研数据进行验证性因子分析的方法对上文提出的创新能力各结构维度进行验证,验证五维结构模型对制造企业创新能力的解释程度和解释效果。

6.3.1 制造企业创新能力结构维度的量表设计

采用调研和访谈的方法设计数据量表,量表的设计包括以下几个环节。首先,通过文献数据库搜索研究文献,对文献中的相关研究量表和题项进行分类和整理,从理论层面为研究变量测量奠定基础;其次,借助导师企业课题项目契机以及与本校 EMBA 学员中部分就职于制造企业的中层以上领导进行小规模访谈,并通过和导师以及学院其他创新管理专家的讨论,在指导下形成初始问卷量表;在此基础上，通过小规模的预测试和量表信效度分析对量表问项进行整理和筛选，形成有效问卷并进行大规模发放和收集，问卷的大规模发放和获取流程与 4.3.1 节相同，本节便不再赘述。

本部分所需测量的研究概念包括创新决策能力、资源获取能力、技术研发能力、柔性生产能力以及低碳保障能力。在初始量表的设计中，创新决策能力主要参考魏江[60]、张素平[225]和 Zahra[226]等的研究量表，包括问项 CXJC1 ~ CXJC7；资源获取能力衡量量表包含问项 ZYHQ1 ~ ZYHQ7，主要参照张素平[225]、Shelby 等[227]、Teece 等[228]的研究量表；技术研发能力的衡量量表包含问项 JSYF1 ~ JSYF7，文献来源参照官建成[61]、魏江[229]、赵晓庆等[230]、Bontis 等[231]的研究量表；衡量柔性生产能力的量表包含问项 RXSC1 ~ RXSC7，参照文献蔡建华[232]、叶丹等[233]中的测量量表总结而来；低碳保障能力的衡量量表包括文献 DTBZ1 ~ DTBZ6，依据 Cameron 等[234]和宁小勇[224]的低碳组织文化测评量表，以及邓正红[109]对企业低碳习惯的要求总结而来。

制造企业创新能力的初始量表设计如表 6.1 所示，量表总体采用 Likert7 分度量表法进行变量的测量，其中，1 分表示完全不同意，7 分表示完全同意，语义的确定程度随分数逐步递增。在小规模测试中，通过对预测试所收集的数据进行信效度分析，各变量的总量表的内部一致性系数 Cronbach's α 值均大于 0.7，表明总体的一致性程度良好，在对应的分量表各题项的监测中，题项 ZYHQ5 和 RXSC6 的 Cronbach's α 分别为 0.477 和 0.519，表明没有达到信度检验标准，题项不被接受，因此在后续的大范围问卷调研中拟去掉这两个题项。预测试量表的效度检验结果表明，各量表的巴特利特球形检验具有显著性（小于 0.001），且 KMO 值均超过 0.6，对应的因子载荷值均超过 0.5，且变量公因子累计解释方差变异百分比和问项相关系数区间均达到效度检验要求，表明预测试数据具有良好的信度和效度。

表 6.1　制造企业创新能力初始量表设计

变量名称	编号	测量问项	参考依据
创新决策能力（CXJC）	CXJC1	企业管理层具有很好的创新意识	魏江等[60]；张素平[225]；Zahra[226]等
	CXJC2	企业管理层具有很好的创新判断力和环境洞察力	
	CXJC3	根据外界环境企业可以迅速调整创新战略	
	CXJC4	企业能够及时获取和分析外界环境情况信息	
	CXJC5	企业会根据创新战略制定短期目标	
	CXJC6	企业对自身发展情况有很好的把握	
	CXJC7	企业很倾向于投入技术和资源进行新产品创新	

表 6.1(续)

变量名称	编号	测量问项	参考依据
资源获取能力(ZYHQ)	ZYHQ1	企业能够吸引创新型技术和管理人才	张素平[225];Shelby 等[227];Teece 等[228]
	ZYHQ2	企业创新活动能够获得足够的资金投入	
	ZYHQ3	企业对所获取的知识能够有效分类和利用	
	ZYHQ4	企业具有获得先进技术的渠道	
	ZYHQ5	企业具有良好的产品和市场资源配置能力	
	ZYHQ6	企业具有良好的创新资源的配置能力	
	ZYHQ7	企业具有良好的获取先进设备和原材料的能力	
技术研发能力(JSYF)	JSYF1	企业管理者重视和支持科技研发工作	官建成[61];魏江[229];赵晓庆[230];Bontis[231]
	JSYF2	企业具有持续且稳定的科研投入	
	JSYF3	企业能够及时和有效预测行业内技术发展趋势	
	JSYF4	企业的产品具有行业领先的技术水平	
	JSYF5	企业具有较好的研发环境和研发条件	
	JSYF6	企业善于利用外界吸收的知识改进自身技术	
	JSYF7	企业对技术资源条件的利用充分	
柔性生产能力(RXSC)	RXSC1	企业能够自动控制和管理零件的加工过程	蔡建华[232];叶丹等[233]
	RXSC2	企业能够有效监控产品和零件的故障率	
	RXSC3	企业具有种类多样的生产设备和生产线	
	RXSC4	企业具有灵活的生产配置计划管理	
	RXSC5	企业能够应付多种产品和零件的中小批量生产	
	RXSC6	企业具有短时间调整产品生产类型和生产计划的能力	
	RXSC7	企业通过优化的调度管理功能控制生产过程	
低碳保障能力(DTBZ)	DTBZ1	企业管理者具有很好的环境责任意识	宁小勇[224];邓正红[109];Cameron[234]
	DTBZ2	企业重视树立良好的绿色和环保形象	
	DTBZ3	企业管理制度中能够体现出绿色和环保价值	
	DTBZ4	企业文化中能够体现出绿色和环保价值	
	DTBZ5	企业重视培养员工的绿色和环保习惯	
	DTBZ6	企业考评中具有衡量员工节约和节能的指标	

6.3.2　问卷数据的处理和信度效度检验

通过小样本预测试对问卷进行调整之后,形成制造企业创新能力的正式测量量表,即在初始量表基础上删除 ZYHQ5 和 RXSC6 题项,删除以后量表的后续题项连续编号。至此,创新决策能力测量量表具有 7 个题项,资源获取能力测量量表具有 6 个题项,技术研发能力测量量表具有 7 个题项,柔性生产能力测量量表具有 6 个题项,低碳保障能力测量量表具有 6 个题项,具体情况见附录所示。利用上述问卷进行大规模发放,问卷的发放和回收方式、数量以及所收集问卷的相关情况在 4.3.1 节已经给出。对所收集的问卷数据使用软件进行平均值和标准差计算,如表 6.2 所示,表中数据显示,变量的测量数据的平均值在 4.21 和 4.91 之间,标准差在 1.231 和 1.564 之间,表明调研所获取的样本数据具有良好的离散性,适合进行下一步的分析。

表 6.2　正式调研变量测量数据的描述性统计

变量		平均值	标准差	变量		平均值	标准差
资源获取能力(ZYHQ)	ZYHQ1	4.51	1.541	创新决策能力(CXJC)	CXJC1	4.47	1.376
	ZYHQ2	4.35	1.325		CXJC2	4.29	1.451
	ZYHQ3	4.74	1.364		CXJC3	4.51	1.454
	ZYHQ4	4.42	1.426		CXJC4	4.36	1.325
	ZYHQ5	4.78	1.234		CXJC5	4.33	1.451
	ZYHQ6	4.91	1.564		CXJC6	4.66	1.314
柔性生产(RXSC)	RXSC1	4.37	1.369		CXJC7	4.47	1.524
	RXSC2	4.48	1.364	技术研发能力(JSYF)	JSYF1	4.84	1.432
	RXSC3	4.45	1.361		JSYF2	4.33	1.357
	RXSC4	4.24	1.478		JSYF3	4.54	1.452
	RXSC5	4.57	1.462		JSYF4	4.45	1.337
	RXSC6	4.21	1.395		JSYF5	4.76	1.354
低碳保障能力(DTBZ)	DTBZ1	4.45	1.364		JSYF6	4.90	1.325
	DTBZ2	4.48	1.231		JSYF7	4.39	1.478
	DTBZ3	4.86	1.397				
	DTBZ4	4.31	1.411				
	DTBZ5	4.45	1.294				
	DTBZ6	4.46	1.376				

与前文类似，本书采用测算量表及问项的总相关系数值和内部一致性系数 Cronbach's α 来检验量表的信度，要求 Cronbach's α 值大于 0.7，CITC 值至少大于 0.35，此时调研数据具有较高的整体信度。采用因子分析的方法测算 KMO 值、巴特利特球形检验显著性程度、因子载荷、变量公因子累计解释方差变异百分比以及相关系数和置信区间来检验数据的收敛效度和区分效度，要求 KMO 值大于 0.6、巴特利特球形检验显著、因子载荷不小于 0.5，累计解释方差达到 30% 以上，且问项间具有显著的相关性，且相关系数置信区间不能包含 1。正式调研数据的信效度检验如表 6.3 所示。

表 6.3　正式调研数据的信度与效度检验

研究变量		变量问项	CITC 值	α 值	KMO	因子载荷	解释方差/%	相关系数范围
制造企业创新能力	创新决策能力（CXJC）	CXJC1	0.613	0.861	0.712	0.798	68.627	0.326 ~ 0.642
		CXJC2	0.659			0.853		
		CXJC3	0.611			0.877		
		CXJC4	0.561			0.843		
		CXJC5	0.721			0.675		
		CXJC6	0.672			0.820		
		CXJC7	0.663			0.892		
	资源获取能力（ZYHQ）	ZYHQ1	0.613	0.731	0.696	0.847	75.432	0.334 ~ 0.698
		ZYHQ2	0.659			0.796		
		ZYHQ3	0.611			0.766		
		ZYHQ4	0.801			0.815		
		ZYHQ5	0.721			0.739		
		ZYHQ6	0.696			0.764		
	技术研发能力（JSYF）	JSYF1	0.815	0.752	0.771	0.767	78.417	0.315 ~ 0.646
		JSYF2	0.768			0.732		
		JSYF3	0.745			0.847		
		JSYF4	0.687			0.735		
		JSYF5	0.763			0.813		
		JSYF6	0.706			0.732		
		JSYF7	0.816			0.695		

表 6.3(续)

研究变量		变量问项	CITC 值	α 值	KMO	因子载荷	解释方差/%	相关系数范围
制造企业创新能力	柔性生产能力(RXSC)	RXSC1	0.621	0.813	0.762	0.730	64.858	0.377 ~ 0.688
		RXSC2	0.671			0.742		
		RXSC3	0.633			0.827		
		RXSC4	0.759			0.813		
		RXSC5	0.745			0.809		
		RXSC6	0.741			0.744		
	低碳保障能力(DTBZ)	DTBZ1	0.681	0.866	0.760	0.832	69.172	0.501 ~ 0.667
		DTBZ2	0.637			0.864		
		DTBZ3	0.721			0.799		
		DTBZ4	0.633			0.827		
		DTBZ5	0.718			0.814		
		DTBZ6	0.809			0.846		

本书研究概念的量表多借鉴于现有文献中使用的具有较高内容效度的成熟量表,或经成熟量表整合而来,且通过与相关专家讨论并进行小样本预测试后修改完善而成,因此认为具有较好的内容效度;通过因子分析对各变量因子载荷进行计算表明,各题项的因子载荷均大于 0.675,通过对样本数据进行 KMO 检验和巴特利特球形检验,显示 KMO 值均大于 0.696,且在概率小于 0.001 的条件下巴特利特球形检验具有显著性,公因子的累计解释方差变异百分比均大于 64.858%,表明数据具有较好的收敛效度,且适合继续做因子分析。同时,各变量指标相关系数在相应概率下($p<0.01$ 或 $p<0.05$)均达到显著,且其置信区间不包含常数 1,表明具有良好区分效度,即研究量表通过了效度检验。

6.3.3　基于验证性因子分析的创新能力结构维度检验

为了验证制造企业创新能力的五维度子能力模型的有效性和合理性,本书参照奉小斌[235]的研究采用验证性因子分析的方法对创新能力结构维度模型进行拟合指数评价,通过对比模型拟合指数的优劣判断模型的内部稳定性。学者们对模型的拟合优度评判多基于卡方指数与自由度比值(χ^2/df)、近似误差均方根(*RMSEA*)、拟合优度指标(*FGI*)和调整拟合优度指标(*AGFI*)以及规范拟合指数(*NFI*)、比较拟合指数(*CFI*)和修正拟合指数(*IFI*)等几种指标,其中 χ^2/df 是模型拟合优度的评判基础,其他各拟合指数是由其修正而来,通常情况下,该值在 2~5 之间表明模型拟合可以接受,越接近数值 2 表明模型拟合越好;*RMSEA* 是受样本容量影响较小的指标,该值小于 0.08 时,表明模型拟合良好;*GFI* 和 *AGFI* 一般认为大于 0.90 时是可以接受且假设模型拟合良好的标准;*NFI*、*CFI* 和 *IFI* 三个指标被称为相对拟合指标,三个指标值均大于 0.90 被认为模型可以接受。

为检验五维模型的拟合优度,本书分别构建五个子能力从单维度到五维度的假设模型予以比较验证,其中单维度模型表示将所有指标放入一个维度的模型中,二维度模型表示将五个子能力随机分成两个维度构建模型,以此类推,五维度模型即将每个子能力作为一个维度构建模型。采用 AMOS 7.0 分别对上述所构建模型进行验证性因子分析,结果如表 6.4 所示,表中数据表明,五维度模型的各拟合指标均在可接受范围之内,拟合优度明显优于其余 4 类模型,模型通过拟合优度检验。制造企业创新能力的五维子能力模型的验证性因子分析如图 6.1 所示,图 6.1 及表 6.3 中均显示各子能力与其所对应的测量题项之间均具有较高的因子载荷,表明各测度题项均收敛为所对应的能力维度,收敛效度良好。同时,各子能力维度间具有中等程度的相关性,表明不存在较高的共同变异,能力维度具有较好的区分性。在此基础上,为了进一步验证五维子能力对高阶构念创新能力的解释程度,构建基于创新能力二阶因子的验证性因子分析模型,拟合指数结果显示值 χ^2/df 为 2.87,小于五维模型的 3.82,*RMSEA* 为 $0.075 < 0.08$,且 *GFI*、*AGFI*、*NFI*、*CFI* 和 *IFI* 等指标均满足接受条件,另外由图 6.2 可知各子维度对创新能力的因子载荷大于 0.688,说明二阶因子创新能力结构模型具有良好的收敛效度,由此本书认为,制造企业低碳创新相关的创新能力是一个包括五个维度的二阶构念,分别为创新决策子能力、资源获取子能力、技术研发子能力、柔性生产子能力和低碳保障子能力,且这几个子能力之间具有适度相关性和非共变特性,制造企业创新能力的结构维度得以验证。

表 6.4 企业创新能力各维度模型验证性因子分析拟合指标($n=370$)

拟合指标	χ^2/df	*RMSEA*	*GFI*	*AGFI*	*NFI*	*CFI*	*IFI*
建议值	2~5	<0.08	>0.9	>0.9	>0.9	>0.9	>0.9
单维度模型	19.645	0.277	0.502	0.443	0.421	0.516	0.523
二维度模型	14.835	0.219	0.525	0.609	0.461	0.685	0.595
三维度模型	6.436	0.189	0.660	0.736	0.632	0.707	0.687
四维度模型	4.851	0.126	0.732	0.787	0.706	0.821	0.803
五维度模型	3.822	0.078	0.910	0.902	0.907	0.914	0.920
二阶因子模型	2.875	0.078	0.910	0.902	0.907	0.914	0.920

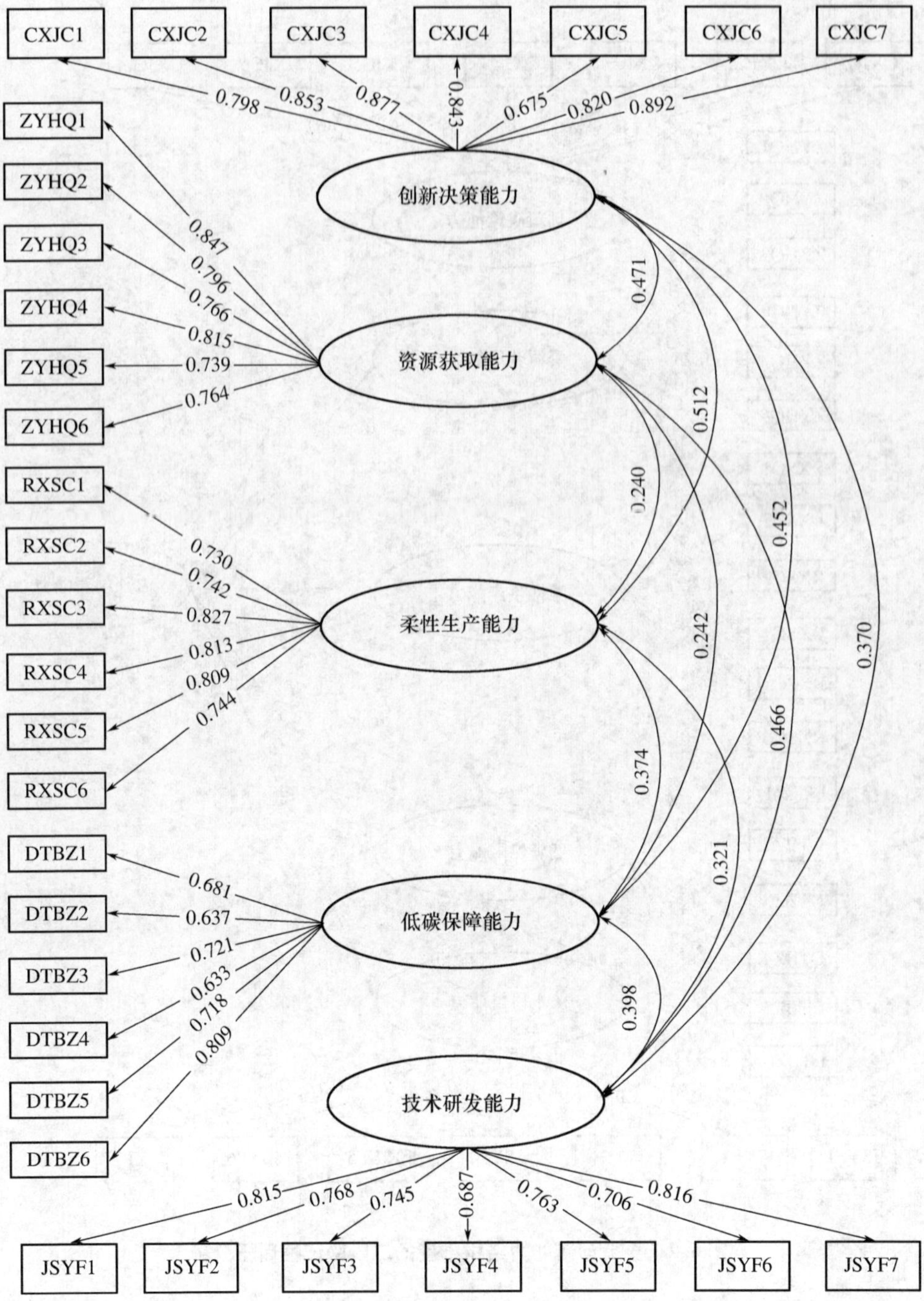

图 6.1　企业创新能力五维子能力模型的验证性因子分析

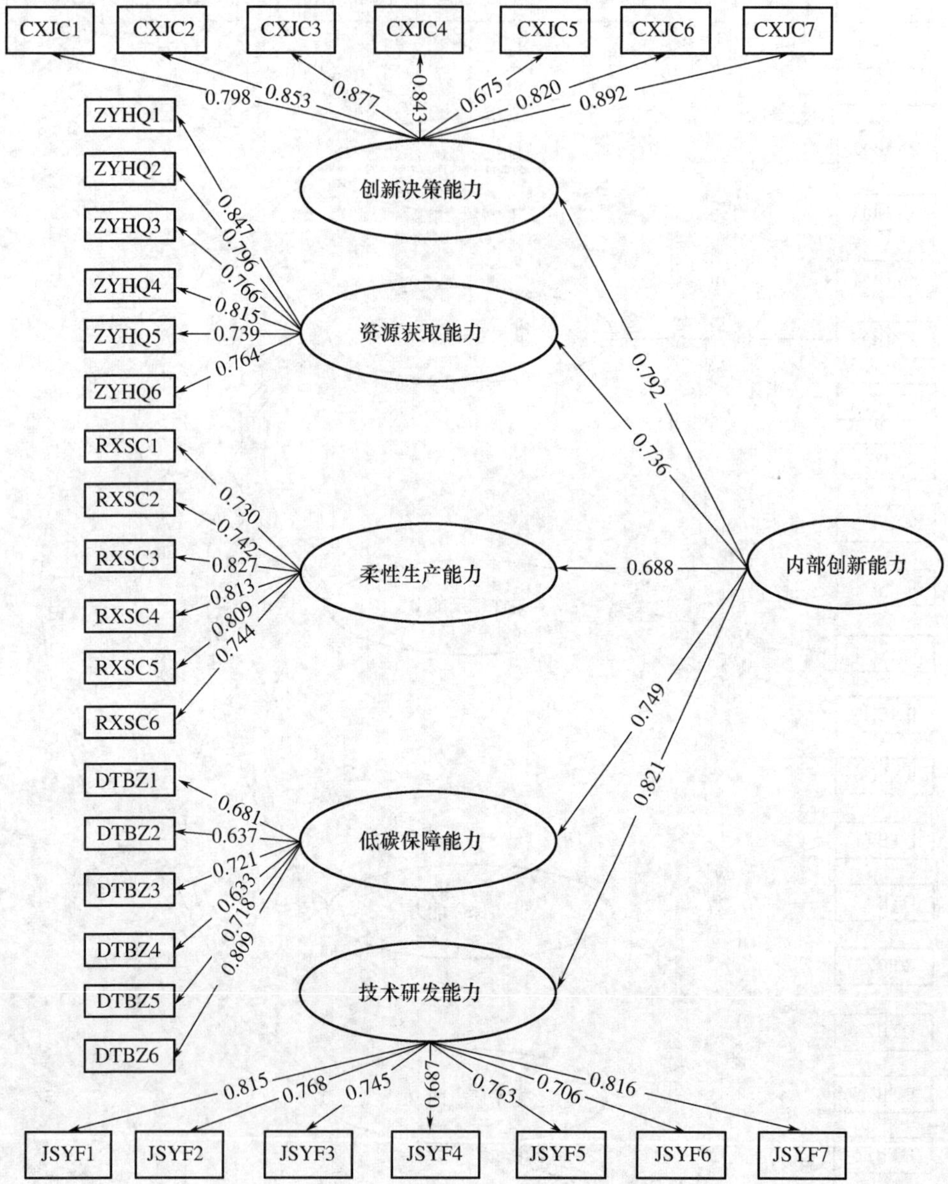

图 6.2　企业创新能力结构维度的二阶验证性因子分析

6.4　企业创新能力对低碳创新绩效作用机制的典型相关分析

通过对制造企业创新能力的结构维度进行分析和验证，本节主要探讨制造企业创新能力对低碳创新绩效的作用机制。上述分析结论表明制造企业低碳创新相关的创新能力包括创新决策能力、资源获取能力、技术研发能力、柔性生产能力和低碳保障能力，而低碳创新绩效包含技术创新绩效、管理创新绩效和营销创新绩效三个方面，通过构建两者作用机制的理论假设和理论模型，应用典型相关分析的方法对调研数据进行实证分析，在探究两个关键概念之间的典型相关作用和作用效果的同时对所构建假设模型的合理性进行检验。

6.4.1　理论假设和作用机制模型构建

低碳创新对于企业尤其是制造企业来说是一场崭新的创新革命，要求企业无论从理念、体系、战略还是模式、策略、执行都以关注环境和节约减排为重点，既要求在低碳思维的导向下营造创新环境、推进创新活动，又要通过创新低碳软措施，确保企业生产运营轨道不偏离既定的低碳方向。企业的任何创新活动都离不开企业自身所蕴含的创新能力，可以说，创新能力是企业在长期发展过程中积蓄的创新"势能"，这种势能帮助企业快速应对外界环境剧变，灵活的做出决策反应，并可以高效提取或获取创新活动所急需的资源，有效进行研发和生产等创新活动。关于企业创新能力对创新绩效的影响作用的研究方面，绝大多数学者赞同创新能力作为一种内生性资源与企业创新绩效高度正相关。如 Burgelman 研究指出包含科技能力、人才资源和知识存量等维度的企业内部的资源和能力要素对于推进企业战略，保障企业发展作用显著[45]。官建成指出企业创新能力是企业在战略目标的指引下通过企业资源利用进行突破性活动的积累性资源储备，丰富的积累性资源可以有效促进创新绩效的提升[61]。分析可知，现有学者的研究多从宽泛含义上的创新绩效角度加以论述，而鲜有侧重某一方面研究情境（如本书中的低碳创新绩效）进行分析，故本书采用归纳演绎的思想，通过现有学者的共性研究结合低碳创新的特点和实际，从制造企业创新能力的五个维度分别论述其与低碳创新绩效的关系。

（1）创新决策能力与低碳创新绩效

优质的创新决策能力体现出企业具有良好的战略层次协调柔性，是企业创新战略实施的关键导向，使企业能够根据环境动态性灵活地制定和调整创新战略，是创新绩效提升的前提和保证。Miller 等研究指出企业通过创新决策进行有效的战略转型一方面可以更好地适应外部变革，同时灵活的决策能力能有效抵御创新带来的风险，这些功能最终可以从企业经济绩效的指标中体现出来[236]。Deshpande

对创新决策和市场导向的关联研究表明,市场导向是企业创新决策的风向标,有效的决策对于提升企业的市场竞争力、实现差异化优势具有显著效果[237]。唐健雄等通过文献梳理方法对企业战略转型能力的自组织进行分析,并以中国企业调研数据为例实证分析了战略转型能力带来的决策优势对企业绩效的正向相关关系[238]。低碳创新对于制造企业来说既是机遇又是挑战,有效的创新决策既能够帮助企业精准辨识和发掘潜在低碳机遇,调整战略聚焦创新关键点,又能够优化和调整企业核心能力培养方向,较好地抵御消极创新或创新不当带来的风险,有效提高低碳创新成功率,促进企业低碳创新绩效的大幅提升。本书认为,创新决策能力正向作用于企业低碳创新绩效。

(2)资源获取能力与低碳创新绩效

创新活动是资源和知识的开发、整合和应用过程,制造企业间低碳创新竞争的实质是低碳信息、低碳技术和低碳人才的竞争。首先,缺乏有效的低碳信息获取渠道,无法精准定位低碳市场方向或没有紧随政府的政策扶持导向,都会使企业创新形成事倍功半的效果;其次,不能有效整合、获取先进的低碳技术和能源技术,无法为企业创新产品提供技术和创意支撑,也终究会使企业在激烈的市场竞争中渐行渐远;最后,对低碳创新人才缺乏强大的吸引力,不能有效培养企业创新所急需的人才,也会使企业低碳创新面临后继无人的局面。由此可见,对信息、技术和人才等资源的获取和吸收能力是企业低碳创新绩效提升的关键因素,Gurizatti 等研究指出,创新资源的积累作用是提升企业创新能力的关键所在,即获取价值性、稀缺性和非替代性创新资源的能力对提高企业创新绩效作用显著[239]。牛东旗等还指出,资源获取能力既提供了企业创新所需关键养分,同时有效实现了对来自外界创新资源载体的资源集成,在此过程中提升和锻炼了企业创新所需的其他能力,对降低创新风险提高创新绩效有较好作用[207]。综合以上分析,本书认为资源获取能力正向作用于制造企业的低碳创新绩效。

(3)技术研发能力与低碳创新绩效

低碳技术是制造企业低碳发展的第一生产力,突破关键性的低碳技术瓶颈,企业就赢得了低碳商机的主动权,以此为创新引擎,企业就可以有效整合产业链资源,获得规模化低碳效益。Debra 等指出基于技术创新的研发能力对促使组织形成创造性思维,并将这些想法融入企业赖以生存的市场化产品和服务中,进而帮助企业形成利润和提升经济效益[240]。寿涌毅等通过对浙江省产业集群内中小企业创新效果的实证研究指出,技术能力是创新来源对创新绩效提升作用之间的关键传导路径,由此也证明了技术能力对创新绩效的正向影响[241]。梁益琳等从技术创新决定低碳创新效果的角度构建了基于云理念的企业低碳技术创新模式,指出相对于外部云,内部云要素在培育低碳研发能力方面的作用更为显著[186]。在低碳经济背景下,拥有发达的技术研发能力对于企业赚取高额低碳利润的作用更为显著。

目前,纯电动汽车的推广是汽车制造企业的一个显性的巨大低碳商机,车用锂电池关键技术的研发是电动汽车的技术瓶颈,我国深圳雷天能源集团以先进的技术研发能力实现了对这一核心低碳技术的突破,从而更有效地整合全产业链资源。目前该企业为美国、日本以及意大利等多国的电动公交车提供锂电池,赚取了巨额的创新收益,极大地提高了企业的创新绩效。由此可见,技术研发能力对制造企业低碳创新绩效具有正向促进作用。

(4)柔性生产能力与低碳创新绩效

对于制造企业来说,培育良好的柔性生产能力一方面要求企业用战略的眼光看待低碳发展潮流,灵活定制和调整生产模式和经营方向;另一方面,低碳环保又与企业的生产设备和生产工艺息息相关,要求企业及时淘汰和改造落后生产线,采用更加环保更加卓越的生产工艺。通过定制化和模块化的生产方式无疑有助于制造企业在低碳背景下更好地将低碳思维融入企业生产制造的流程中去,制造出更丰富的低碳型产品,既保障了消费者对产品的共性功能需求,又满足了适应时代潮流的"个性绿"需要。陈琪指出柔性生产是制造企业应对变化环境的智能型生产方式,通过各方面柔性能力的结合能够提升企业抗击风险能力,提高企业绩效水平[216]。当然,培养柔性生产能力并不等于完全放弃批量化、规模化生产模式,而是要将产品批量化和低碳定制化有机地结合起来,在合理的创新决策基础上,保证原有规模化优势效益的同时,在产品中添加定制化模块和个性化功能,才能使企业更有效应对低碳经济要求下的生产制造需求。本书提出,柔性生产能力正向作用于制造企业低碳创新绩效。

(5)低碳保障能力与低碳创新绩效

创新保障能力对于提升企业创新绩效的作用不可忽视,良好的创新保障能力有助于企业员工形成优质的创新氛围和创新合力,对创新绩效产生事半功倍的效果。张建华指出,低碳意识和低碳责任是企业低碳发展的保障性要素,在高度环境敏感性的社会环境中,企业低碳社会意识形成和低碳社会责任的履行使得企业产品更容易受到消费者青睐,从而大幅提高企业营销创新绩效[242]。欧阳斐指出,低碳企业文化的培育一方面可以促使企业承担更多社会责任,提高企业声誉;另一方面,有助于企业员工重视个体与社会的协调发展关系,自觉遵守和营造企业低碳制度氛围,有利于提升企业制度创新绩效[243]。邓正红提出低碳习惯具有帮助企业打破价值低位、管理粗放和资源浪费等创新壁垒,有效保持和强化企业低碳创新意愿的作用,有利于低碳创新绩效的提升[109]。可见,低碳保障能力正向作用于制造企业低碳创新绩效。

基于以上分析,本书提出如下假设(如图6.3所示)。

假设H_6:制造企业低碳创新相关的创新能力CXNL(包括:创新决策能力CXJC、资源获取能力ZYHQ、技术研发能力JSYF、柔性生产能力RXSC和低碳保障能力 DTBZ)有利于企业低碳创新绩效 CXJX(包括:技术创新绩效 JSCX、管理创新绩效 GLCX 和营销创新绩效 YXCX)提升。

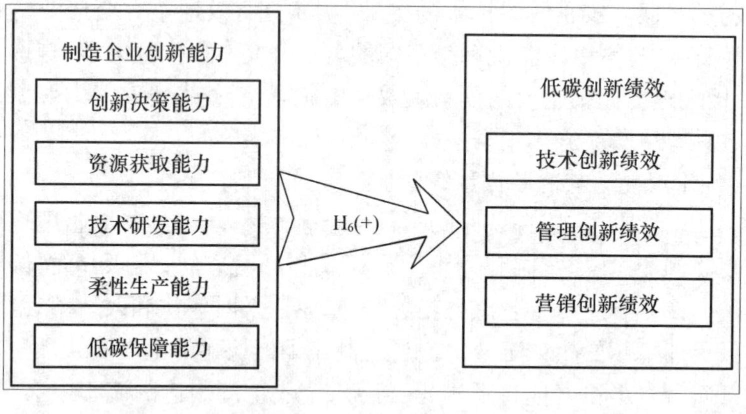

图 6.3　制造企业创新能力对低碳创新绩效的作用模型

6.4.2　典型相关分析方法和数据处理

典型相关分析(CCA)是一种借助主成分降维思想,研究两组随机向量间相关性及相关作用的多元统计分析方法,最早由霍特林于 1936 年提出[244],通过统计软件可以较好地解决其计算问题,是目前较为流行的分析两组变量相关性的方法。

CCA 方法主要是将每一组变量视为一个整体,寻找每组变量的线性组合。通过主成分分析分别提取每组变量的主成分,在确保同组变量所提取的主成分互不相关前提下,保持两组变量间所提取的主成分具有最大的线性相关程度,首先被找到的综合变量被称为第一对典型相关变量,在此基础上继续查找至每组变量间分维度变量相关性提取完毕。CCA 的数学模型表述如下[245]:设两组相互关联随机变量分别为 $x=(X_1,X_2,\cdots,X_p)'$和 $y=(Y_1,Y_2,\cdots,Y_p)'$,利用主成分降维思想分别随机提取出若干对代表性的总和变量 U_i、V_i,且满足可以通过原变量的线性组合表述新提出的综合变量,即:

$$U_i = a_{i1}X_1 + a_{i2}X_2 + \cdots a_{ip}X_p \equiv a'x;$$
$$V_i = b_{i1}Y_1 + b_{i2}Y_2 + \cdots b_{iq}Y_q \equiv b'y$$

从方差为 1 的 x 和 y 的线性函数 $a'x$ 和 $b'y$ 开始考虑,求解一组常向量 a_1、b_1 使它们的相关系数达到最大。即满足:

$$\begin{cases} f(a'_1x, b'_1y) = \max f(a'_1x, b'_1y) \\ \mathrm{var}(a'x) = \mathrm{var}(b'x) = 1 \end{cases} \tag{6-1}$$

则得到 x、y 的第一对典型相关变量 a'_1x, b'_y,以此类推,用该法可以求出第二对、第三对互不相关的典型相关变量。通过上述求出的若干对典型相关变量可以表示两

组向量 x 和 y 的关系，从而减少了研究变量的个数[246]。CCA 方法进行实证分析的步骤如下：①计算所研究变量的相关系数矩阵；②典型相关系数和典型变量的计算；③分析研究变量的典型相关模型；④典型结构和典型冗余分析。

首先，进行研究变量的相关系数矩阵计算。制造企业低碳创新相关的创新能力变量被划分为创新决策能力、资源获取能力、技术研发能力、柔性生产能力和低碳保障能力 5 个维度，低碳创新绩效变量包含技术创新绩效、管理创新绩效和营销创新绩效 3 个维度，验证两变量组内相关系数矩阵如表 6.5 和表 6.6 所示。

分析表 6.5 数据可知，创新能力各维度中资源获取能力与技术研发能力的相关系数最大，达到 0.813 4，表明能否有效获取技术和知识资源是与企业成功进行技术研发，取得技术突破具有极强的关联性。

表 6.5 制造企业创新能力子能力变量的组内相关系数矩阵

	CXJC	ZYHQ	JSYF	RXSC	DTBZ
CXJC	1.000 0	0.671 7	0.523 1	0.761 4	0.397 1
ZYHQ	0.671 7	1.000 0	0.813 4	0.497 2	0.362 2
JSYF	0.523 1	0.813 4	1.000 0	0.626 5	0.391 2
RXSC	0.761 4	0.497 2	0.626 5	1.000 0	0.562 8
DTBZ	0.397 1	0.362 2	0.391 2	0.562 8	1.000 0

表 6.6 低碳创新绩效各子维度变量的组内相关系数矩阵

	JSCX	GLCX	YXCX
JSCX	1.000 0	0.383 4	0.511 6
GLCX	0.383 4	1.000 0	0.422 7
YXCX	0.511 6	0.422 7	1.000 0

其次，柔性生产能力与企业创新决策能力的相关性也比较强，达到 0.761 4，这一点也符合企业的实际情况，即决策的灵活性与生产方式灵活性都体现出企业柔性。表 6.6 中数据表明，低碳创新绩效三个维度也具有一定的组内相关性，其中技术创新绩效与营销创新绩效的正相关性较大，说明创新型产品和创新型工艺的产生对于企业提高销售收入具有较大作用。计算企业创新能力 5 个维度与低碳创新绩效 3 个维度间的相关系数矩阵如表 6.7 所示，数据表明，两组原始数据间也存在一定的相关性，但简单相关系数并不能真正反映两组变量间的实质性联系，需要通过典型相关系数进行进一步检验。

表6.7 创新能力与低碳创新绩效的组间相关系数

	CXJC	ZYHQ	JSYF	RXSC	DTBZ
JSCX	0.469 2	0.621 1	0.886 4	0.767 5	0.452 3
GLCX	0.720 1	0.364 4	0.412 8	0.464 4	0.752 5
YXCX	0.671 8	0.382 6	0.587 6	0.648 2	0.621 6

6.4.3 典型相关系数及检验

本书采用SPSS 16.0统计分析软件进行典型相关分析运算，通过CANCORR命令得出的特征根与典型相关系数输出结果如表6.8和6.9所示。

表6.8 特征值与典型相关系数

典型变量	Eigenvalue	Prportion	Cumulative	Canon
1	11.877 3	0.6333	0.633 3	0.860 1
2	9.323 9	0.322 1	0.955 4	0.749 9
3	0.720 2	0.031 6	0.987 0	0.446 9
4	0.146 1	0.013 0	1.000 0	0.217 1

表6.9 典型相关系数及显著性检验结果

典型变量	Wilk's	Chi－SQ	DF	Sig.
1	0.000	557.630	28.000	<.000 1
2	0.204	186.160	18.000	0.000 5
3	0.366	34.642	10.000	0.366 7
4	0.559	9.756	4.000	0.606 5

从表中数据看出，输出结果共提取4对典型相关系数，其中第一典型相关系数为0.860 1，其特征值可解释观察变量总方差的63.33%，第二典型相关系数为0.749 9，其特征值可解释总方差的累计可解释观察变量总方差的32.21%，两对典型相关系数共可解释观察变量总方差的95.54%，且通过采用Bartlett卡方检验，验证统计量、卡方统计量以及自由度和显著性概率，第一和第二典型相关变量通过显著性检验（Sig. <0.05），从而表明对制造企业创新能力和低碳创新绩效的相关性研究可以转换为第一和第二这两对典型相关变量的关系研究。

6.4.4　典型相关模型构建

前文指出,第一和第二典型相关变量的特征根累计可解释观察变量总方差的 95.54%,表明两对典型相关变量基本可以代表所研究变量组的关系。由于所测量各指标的衡量量纲存在差异,因此采用标准化系数对创新能力和低碳创新绩效各维度进行量纲标准化处理,通过提供的命令得出标准化典型变量系数,如表 6.10 和 6.11 所示。

表 6.10　创新能力变量组典型相关系数及显著性检验结果

	1	2	3	4
CXJC	0.394	0.417	0.257	2.374
ZYHQ	0.506	0.294	0.761	0.605
JSYF	0.687	0.502	-0.106	0.717
RXSC	0.281	0.151	0.347	-0.266
DTBZ	0.216	0.533	1.047	0.440

表 6.11　低碳创新绩效变量组典型相关系数及显著性检验结果

	1	2	3	4
JSCX	0.646	0.242	0.799	0.392
GLCX	0.312	0.642	0.287	0.477
YXCX	0.430	0.751	0.613	0.692

作为原始变量转化为典型模型的权数,典型相关系数反映组内对典型函数的相对作用,通过变量系数和典型方差可以综合描述创新能力对低碳创新绩效的影响程度。两对显著相关的典型变量线性组合为:

$$\begin{cases} U_1 = 0.394\text{CXJC} + 0.506\text{ZYHQ} + 0.687\text{JSYF} + 0.381\text{RXSC} + 0.216\text{DTBZ} \\ V_1 = 0.646\text{JSCX} + 0.312\text{GLCX} + 0.430\text{YXCX} \end{cases} \tag{6-2}$$

$$\begin{cases} U_2 = 0.417\text{CXJC} + 0.294\text{ZYHQ} + 0.502\text{JSYF} + 0.151\text{RXSC} + 0.533\text{DTBZ} \\ V_2 = 0.242\text{JSCX} + 0.642\text{GLCX} + 0.751\text{YXCX} \end{cases} \tag{6-3}$$

分析以上第一对典型相关模型 U_1 可知,技术研发能力(JSYF)和资源获取能力(ZYHQ)对第一典型变量的典型系数分别达到 0.687 和 0.506,表明技术研发能力和资源获取能力对 U_1 贡献度最大，是对制造企业创新能力影响最大的维度指标，同时，创新决策能力（CXJC）对 U_1 具有中度贡献，相比之下，柔性生产能力（RXSC）和低碳保障能力（DTBZ）对 U_1 的贡献度偏小，在方程 V_1 中，低碳创新绩效的技术创新维度（JSCX）和营销创新维度（YXCX）对 V_1 的贡献要大于管理创新维度（GLCX），且符号相同表明都为正向作用，可知技术研发能力和资源获取能力对低碳技术创新绩效和低碳营销绩效的正向促进作用较为明显。从第二对典型相关模型来看，技术创新能力和低碳保障能力对 U_2 具有最大的权数贡献，而管理创新维度对典型变量 V_2 的正向贡献最大，表明技术创新能力和低碳保障能力对管理创新绩效的促进作用明显。综合两对典型相关模型可知，反映创新能力的影响因素按贡献程度排序分别为：JSYF、ZYHQ、CXJC、DTBZ、RXSC；反映低碳创新绩效影响因素的维度排序为：JSCX、YXCX、GLCX。

6.4.5 典型结构分析和典型冗余分析

1. 典型结构分析

典型结构分析探讨原始数据与典型变量间的相关性尺度，由典型负载系数（原始数据与本组典型变量的相关系数）和交叉负载系数（原始变量与另一组典型变量的相关系数）构成，此时原始变量可以规避多重共线性问题，典型载荷绝对值的大小可以表征原始变量对典型变量解释的重要性，如表6.12所示。

表6.12 典型负载系数和交叉负载系数

	U_1	U_2	V_1	V_2
CXJC	0.631	0.249	0.542	0.119
ZYHQ	0.861	0.365	0.354	0.480
JSYF	0.792	0.534	0.870	0.861
RXSC	0.213	0.121	0.491	0.129
DTBZ	0.565	0.695	0.969	0.201
JSCX	0.897	0.761	0.613	0.068
GLCX	0.862	0.646	0.354	0.521
YXCX	0.515	0.459	0.447	0.475

由表中数据可知，创新能力组的第一典型变量 U_1 与技术研发能力（JSYF）和资源获取能力（ZYHQ）具有强正相关关系（系数分别为0.792和0.861），与创新决策能力（CXJC）和低碳保障能力（DTBZ）具有中度正相关关系（系数分别为0.631和0.565），而与柔性生产能力（RXSC）的相关性较弱，这说明典型变量 U_1 主要从

技术研发能力、资源获取能力和低碳保障能力反映企业创新能力。同时，低碳创新绩效组的第一典型变量 V_1 与技术创新绩效和营销创新绩效的相关系数分别为：0.613和0.447，相关度极高，而与管理创新绩效也达到中度相关，相关系数为0.354，表明典型变量 V_1 与低碳创新绩效的三个维度都高度相关。从第一对典型变量的典型负载系数可知，制造企业创新能力组与低碳创新绩效组内原始数据与本组第一典型变量间大多具有较高的相关性，唯有柔性生产能力的相关性较弱，可见以上数据体现出创新能力对低碳创新绩效的总体正向相关作用。第二对典型相关变量负载系数结构解释与第一对基本类似，但由于第二对变量所携带和反映的信息量相对较少，故分析时重点依据第一组变量。

从表6.12的后两组变量可知，创新能力组的5个子能力与 V_1 的交叉负载系数数值较大的是技术研发能力（JSYF）和低碳保障能力（DTBZ），数值分别为0.870和0.969，其平方数为0.756 9和0.843 0，表明 V_1 对创新能力组中JSYF和DTBZ的变异量解释力度为75.69%和84.30%。同理可得到低碳创新绩效组的3个维度与 U_1 的交叉负载分别为0.613、0.354和0.447，即 U_1 对企业低碳创新绩效3个维度变异量的解释力度为37.58%、12.53%和19.98%。

2. 典型冗余分析与解释能力

典型冗余是用来描述组内和组间方差解释比例的指标，是一组典型变量对本组以及另外一组观测变量总方差的解释程度。其中，第一典型冗余指变量组方差被自身典型变量解释的程度；第二典型冗余指自身变量组方差被对方典型变量的解释程度，两组典型变量间的共享变异百分比用典型相关系数的平方表示。三者关系为：第二典型冗余 = 第一典型冗余 × 典型相关系数的平方。

表6.13　典型变量的解释能力

典型变量	第一典型冗余	典型相关系数平方	第二典型冗余
U_1	0.416	0.739 9	0.307 8
U_2	0.290	0.562 4	0.163 1
U_1+U_2	0.706	……	0.470 9
V_1	0.587	0.739 9	0.434 3
V_2	0.301	0.562 4	0.169 2
V_1+V_2	0.881	……	0.603 5

从表6.13可以看出，创新能力的原始变量总方差中可被本组典型变量解释的比例为70.6%，低碳创新绩效原始变量的总方差中可被本组典型变量解释的比例为88.1%。并且两组变量的交互解释作用也较强，均达到40%以上，其中，低碳创新绩效组的方差被创新能力的典型变量解释的比例达到47.09%，企业创新能力组

的方差被创新绩效典型变量解释的方差比例达到60.35%。由此可以看出,两组变量之间确实具有一定的相关性。

综上,由第一对和第二对典型相关系数可知,企业创新能力变量组正向相关于低碳创新绩效变量组,两对相关系数分别达到0.860 1和0.749 9,假设 H_6 得到验证,在分维度方面,JSYF、ZYHQ、CXJC、DTBZ、RXSC对创新能力的解释力度由强到弱递减,JSCX、YXCX、GLCX对低碳创新绩效的解释力度由强到弱递减。本书给出创新能力和低碳创新绩效两对典型变量的结构关系,实线表示第一对典型相关模型及典型相关系数,虚线表示第二对典型相关模型及典型相关系数,如图6.4所示。

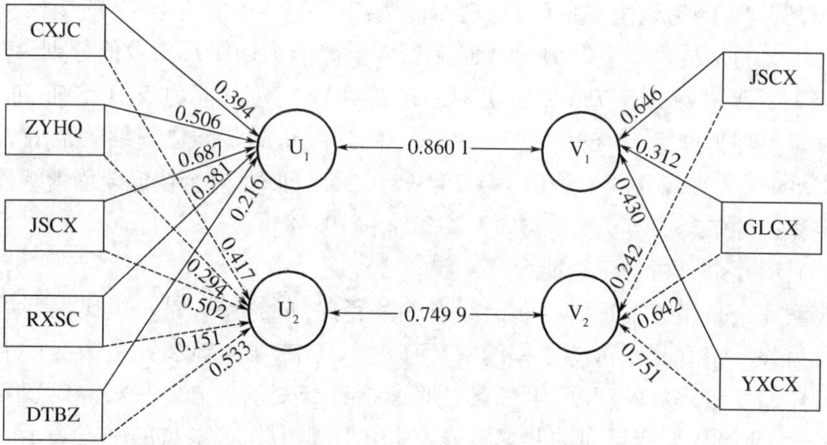

图6.4 制造企业创新能力与低碳创新绩效的典型相关模型

6.5 本章小结

本章从创新的能力基础观出发,在界定低碳背景下制造企业创新能力的内涵和发展要求基础上,通过文献梳理对创新决策、资源获取、技术研发、柔性生产以及低碳保障五个与制造企业低碳创新活动密切相关的子能力进行定性论述,分析这五方面子能力的意义、内容以及在制造企业低碳创新过程中的表现。在此基础上,通过文献萃取法构建研究量表并获取实证数据,采用验证性因子分析的方法对创新能力的结构维度进行确认,指出制造企业低碳相关的创新能力是一个包括五个维度的二阶构念,且这几个子能力之间具有适度的相关性和非共变特性,二阶构念能够对创新能力进行有效解释和表达。在维度确认之后分析并构建了创新能力对低碳创新绩效的作用机制假设模型,通过典型相关分析利用问卷数据对假设进行检验,结果表明,企业创新能力变量组与低碳创新绩效变量组可提炼出两对典型相关变量，相关系数分别达到 0. 860 1 和 0. 749 9，两组变量具有典型正相关性。另外，通过对两组典型模型分析可知，企业创新能力子维度中技术研发能力具有最大的解释贡献度，突显了技术先导性对企业整体创新能力的带动作用，是企业创新能力培育的重点关注维度。而低碳创新绩效子维度中技术创新绩效的解释贡献度最大，表明技术创新绩效的取得对于最大程度优化企业整体低碳创新绩效作用最为显著。

第7章 关键影响因素对制造企业低碳创新绩效的联合作用机制

在前文分别研究外部关系质量、外部环境质量和企业创新能力三方面关键影响因素对制造企业低碳创新绩效作用机制的基础上，本章将上述关键影响因素囊括至一个研究框架内，探讨各关键影响因素间对制造企业低碳创新绩效的联合作用机制，验证各个构念之间的作用路径和作用效果。通过理论分析和文献梳理提出外部关系质量、外部环境质量和企业创新能力之间的作用路径假设，在此基础上结合前文研究及扎根理论中提出的各因素之间的故事线构建总体研究模型，并进行研究方法的选择和量表设计汇总，分别采用层级回归分析方法、多重中介效应检验方法以及结构方程模型检验方法对总体研究模型进行验证，并对实证结果进行分析和讨论。

7.1 理论假设和总体研究模型构建

前文分析表明，开放式创新环境下制造企业在外部关系质量和外部环境质量的分别作用下，通过主体间资源交换、竞合协同和延伸互动可以有效推动低碳创新绩效的提升，验证了关系质量和环境质量对制造企业低碳创新绩效的直接作用。然而，大量研究表明，创新活动中企业主体的内生性能力因素作用更是不容忽视，制造企业低碳创新是将低碳发展的理念融入企业运营、研发、生产和销售的每个环节，以降低外部环境成本、促进节约资源、降低排放为目的，实现企业的低碳转型和成长。在这种情况下，外部因素对低碳创新活动的影响往往不是直接和明显的，企业创新绩效提升的关键仍然要借助自身所具备的创新能力的传导作用。正如郭岚等对企业成长和企业创新的研究指出，企业丰富的外部资源仅能作为企业成长和创新的潜力，而有效整合资源、应对变化的复合能力才是保证企业实现管理创新和技术创新等质量成长维度的关键要素[247]。因此，本节主要基于以上思路讨论外部关系质量和外部环境质量是如何作用于制造企业低碳创新相关的内生性创新能力，以及如何通过企业创新能力的中介传导作用提升企业低碳创新绩效。

7.1.1 外部关系质量与企业创新能力

制造企业低碳创新要求企业打破原有的生产经营模式，不依赖或放弃即成的高碳规模效益,以长远的眼光推动企业技术和生产方面的低碳变革。然而,我国制造企业大多面临创新活动中的资金投入不足、技术相对落后、创新能力有限等瓶颈问题,独立化和封闭式的传统创新模式已不适于经济技术全球化的发展,企业必须以开放的眼光通过寻求外部技术知识资源的合作和支持,有效整合内外部创新资源,通过网络化和合作化方式吸收创新知识和创新想法,形成和发展自身的低碳创新能力,突破创新低碳技术,优化创新低碳工艺,获得创新低碳收益。学者们对创新合作的外部关系质量对企业创新能力的作用有一定的相关研究成果。Gemunden 提出企业通过有效掌控、开发和利用外部关系能够获得有利于其生产经营、技术创新以及提高竞争优势的关键能力[248]。施放等对浙江省信息产业进行社会网络关系嵌入与企业技术创新能力的关系实证指出,网络嵌入中的关系强度、关系密度和关系持久度尽管在不同技术创新阶段企业的影响效果存在差异,但总体上其正向显著影响技术创新能力提升的规律性十分明显[249]。于飞以社会网络理论为基础,通过对 187 家高新技术园区企业的实证研究探讨了合作网络连接关系和合作网络结构特性对企业技术创新能力的影响,指出网络连接密度和网络中心性能有效促进企业技术创新能力的提升[250]。

1. 关系耦合度与企业创新能力

关系耦合度是外部关系质量的静态维度,制造企业低碳创新中外部关系耦合度对创新能力的作用主要体现在高度的关系耦合促进了合作组织间的深度技术联盟关系。低碳创新的关键在于在低碳能源技术、降碳技术或减排技术方面有所突破,技术研发能力的提升是企业开展低碳设计、低碳生产和低碳营销的保证,强关系耦合使企业具有稳定的技术知识交易渠道和交易成本,既能有效缓解企业低碳创新的技术和人才匮乏困境,又能大幅度提升低碳自主创新能力,使企业在低碳竞争中形成优势。Oliver 提出强联结关系极大提高了合作组织的互惠意识,保障了组织间为共同利益和目的分享资源、拓展产品技术链的动机,对促进双方创新能力提升作用明显[251]。我国学者王树林等也指出,合作网络连接强度对企业组织技术创新能力和生产运营方式的正向影响作用主要从其具有保持组织间深度互动意愿方面得以体现[252],可见,关系耦合度对企业创新能力的培育具有正向促进作用。

2. 关系交互度与企业创新能力

制造企业外部创新网络中关系交互度对创新能力的作用主要表现为高度的关系交互加速了网络中异质性知识资源的流动和交换,通过频繁的沟通和交流促使合作双方大量分享观点和信息,这种多样化的商业信息使企业能够更好地把握低碳创新的市场动态,模仿创新产品和创新设计。同时,针对低碳技术、低碳技能和低碳工艺的频繁沟通对于企业间技术能力的互补和改进,提高技术能力和工艺水平效果显著。可以说,关系交互度衡量的是合作同盟彼此间连接紧密程度的指标,企业与外界合作关系越紧密,连接数量越是丰富,企业越容易获取互补性低碳创新隐性知识,对自身低碳创新能力的提升也就越有益处。Gertler 通过对加拿大本土制造企业和跨国制造企业的创新能力进行比较分析指出,由于存在紧密社会网络连接和高度交互作用等原因,本土企业能够更及时和更轻易获得关键性信息,因此在其他同等条件下其 R&D 能力和创新能力一般高于跨国企业[253]。何亚琼指出,企业间潜在利益的交换大多通过社会化的关系互动完成,优质的互动关系对实现企业彼此互惠,提高创新研发、创新实现和创新管理能力效果显著[254]。本书认为,关系交互度对企业创新能力的培育有正向促进作用。

3. 关系持久度与企业创新能力

关系持久度作为外部关系质量的时间维度,对制造企业创新能力的作用主要表现在:持久的关系有利于促进企业与低碳创新联盟间合作关系的稳定性,而稳固的合作关系形成的信任机制是低碳技术合作和低碳信息资源共享的前提,也是减少企业合作创新中技术知识分享风险,保障企业低碳创新能力提升的关键性要素。Simmie 通过对集群创新网络的研究指出,成熟产业集群内的企业具有较发达的整体创新能力,该结论一方面体现出地理集聚和创新合作对集群创新能力的培育作用,另一方面也表明持久和稳定的关系保持有利于合作组织形成风险共担的意识,实现创新能力的共赢发展[255]。施放等认为,合作持久性是形成高强度和高密度合作关系的前提,对企业创新能力的培养大有裨益[249]。综上,本书认为关系持久度具有促进企业创新能力培育的作用。

总之,外部关系作为企业资源和能力的载体,它的优化对于有效提高企业创新能力、形成竞争优势具有显著作用。制造企业培育良好的合作关系质量,一方面能够拓宽互补性低碳创新资源和信息的获取渠道,为自身能力的培养和价值的创造增加砝码;另一方面也有助于企业借助社会资本提供的创新决策和机会识别方面的优势进一步发挥企业创新能力的潜力,推动创新成功。因此,本书提出假设。

H_7:制造企业外部关系质量(GXZL)对企业创新能力(CXNL)具有正向促进作用。

H_{7a}:关系耦合度(GXOH)对企业创新能力(CXNL)有正向促进作用。

H_{7b}:关系交互度(GXJH)对企业创新能力(CXNL)有正向促进作用。

H_{7c}:关系持久度(GXCJ)对企业创新能力(CXNL)有正向促进作用。

7.1.2 外部环境质量与企业创新能力

环境是促进创新网络中创新主体行为有效运行、稳步发展的基本条件。对于制造企业低碳创新来说,外部环境因素既是拉力又是推力,一方面外部低碳环境迫使企业积极应对并采取低碳创新行为,正所谓发展环境决定发展模式和发展思路,能源价格、低碳壁垒和全民低碳意识使制造企业不得不选择低碳创新的道路以适应低碳发展要求;另一方面,积极有效的制度、市场和社会文化环境可以有效激发企业低碳创新的内在动力，促进企业内资金和资源向低碳方面倾斜，拉动企业低碳创新。陈智勇指出，新经济时代的企业创新是对企业内部资源和外部环境的综合把握，优质环境能够形成对创新能力的加速培育和有效承载，提速创新成功[181]。吴晓松认为创新环境是企业创新的外部支撑因素，具有加速企业创新能力形成的作用，这种外部支撑因素包括创新政策、创新设施以及创新资金投入等方面[256]。本书从政策制度环境、市场需求环境以及社会文化环境三个方面分析环境质量对制造企业创新能力的作用机制。

1. 政策制度环境与企业创新能力

政策制度环境的引导、保障和扶持对企业低碳创新能力的培养和形成作用极其显著。袁小量研究指出，政府政策的引导支持是制造企业低碳竞争力形成和演化的关键动力[222]。诚然，在当前的制度框架下政策环境的倾斜是某项产业或某项技术飞速发展的风向标，也是企业通过敏锐嗅觉培养自身能力的有效指引。本书认为，政策制度环境对制造企业低碳创新能力的影响主要体现在以下几个方面。

首先，创新政策可以有效引导产业内企业形成创新积极性，通过资金补贴、税收减免、知识产权以及公共采购方面的政策倾斜促使企业内部人、财、物、科技、生产等各项资源向低碳方面得到重置和调整，加速企业低碳能力的培养和形成；其次，政府通过设置减排目标和低碳壁垒，能够实现对制造企业高碳生产的管理和控制，通过加强监管和督促迫使企业提高节能减排降耗能力，从而形成低碳习惯和低碳能力；最后，高质量的低碳政策环境质量有助于科技、人才和资金等要素资源的集聚，大量低碳技术的出现和普及为企业的创新和应用提供商机，资金的聚集和人才的丰富也为企业低碳创新提供了必要养分，是企业低碳创新能力培育的基础。本书认为，政策制度环境正向作用于企业创新能力。

2. 市场需求环境与企业创新能力

市场需求为企业带来的最大变化是利润和竞争，对利润的追逐和市场竞争的应对是制造企业提高低碳创新能力，实施低碳创新活动的原始动力。需求是企业创新的风向标，随着低碳经济理念的逐步深入，制造企业产品的效应、价格和质量等方面要求已经不能完全涵盖消费者的选择标准，对产品低碳化理念的设计和生产要求越来越受到人们的关注，面对时下巨大的低碳需求市场，制造企业必须加大投入，整合资源，将绿色和低碳的理念融入企业生产经营的各个核心环节，加大低碳创新能力培育力度，只有这样才有希望在低碳的筛选下从容应对，在未来的低碳产品市场中占有一席之地[257]。本书认为，市场需求环境正向作用于企业创新能力。

3. 社会文化环境与企业创新能力

低碳经济的来袭极大转变了消费者的价值观念和社会文化理念，使人们的消费意识和消费习惯得到了前所未有的从本能驱动向理性驱动的优化[258]。这种低碳消费意识不仅仅是一种观念，更是一种社会责任的体现，以“低碳”为导向的社会责任和社会文化使市场对低碳产品的需求从少量的个性化消费需求转变为共性化的全民需求，体现出社会文化环境对市场需求环境的优化，市场需求剧增能有效刺激制造企业优化资源配置，加大低碳创新能力投入，从而也为企业带来稳定的低碳创新回报，促进企业创新能力的提升。同时，掌握低碳技术和低碳知识的专业型人才是企业低碳创新能力形成和提升的基石，缺乏人才资源和知识资源的保障，低碳创新变成了纸上谈兵，优质的社会文化环境促进人才知识结构向低碳方向倾斜，保障了企业创新能力形成的人才基础，显著正向影响制造企业低碳创新能力。

综上所述，本书提出如下假设：

H_8：制造企业外部环境质量（HJZL）对企业创新能力（CXNL）具有正向促进作用。

H_{8a}：政策制度环境（ZCZD）对企业创新能力（CXNL）有正向促进作用。

H_{8b}：市场需求环境（SCXQ）对企业创新能力（CXNL）有正向促进作用。

H_{8c}：社会文化环境（SHWH）对企业创新能力（CXNL）有正向促进作用。

7.1.3 企业创新能力的中介作用

尽管开放式创新环境越来越重视和提倡通过有效整合和利用外部资源保障创新成功，但制造企业低碳创新作为一种探索式或预见式的创新模式，企业与竞争企业间的资源和技术差距并不极其显著，外部要素的作用更多是提供一种支撑和辅助作用，通过与外部主体的连接和互动实现了对自身能力结构的优化和发展，重点培育企业的内生性优势，加强企业创新资源的整合和配置、利用能力才是推动低碳创新成功的战略基点。赵道致等指出，企业通过与外部合作主体构建基于信任和交流的合作关系，借助合作网络中主体的多样性功能和杠杆作用，可以有效提升企业创新能力，进而积极影响创新绩效和赢利绩效[259]。胡平在对企业外部网络、内部能力和竞争力的关系研究中也指出，尽管对企业赢利能力和创新能力的影响效果随不同维度的网络而异，但总体来说外部网络对企业竞争力的作用建立在企业内部资源的传导作用基础上[82]。基于以上分析，本书认为制造企业低碳创新网络中企业与创新联盟的关系连接强度越稳固、连接密度越密集、连接保持越持久，就越有助于其低碳创新能力的有效培养和形成，进而能有效助力低碳创新的成功。同时，企业低碳创新的积极政策制度，丰富市场需求以及良好的低碳意识和低碳文化等环境质量也是引导和激励企业塑造强大低碳创新能力的有效保障，在此基础上通过整合资源和优化配置提升企业低碳创新绩效，综上本书提出如下假设：

H_9：企业创新能力（CXNL）在外部关系质量（GXZL）和低碳创新绩效（CXJX）的关系之间发挥中介作用。

H_{9a}:企业创新能力(CXNL)在关系耦合度(GXOH)和低碳创新绩效(CXJX)的关系之间发挥中介作用。

H_{9b}:企业创新能力(CXNL)在关系交互度(GXJH)和低碳创新绩效(CXJX)的关系之间发挥中介作用。

H_{9c}:企业创新能力(CXNL)在关系持久度(GXCJ)和低碳创新绩效(CXJX)的关系之间发挥中介作用。

H_{10}:企业创新能力(CXNL)在外部环境质量(HJZL)和低碳创新绩效(CXJX)的关系之间发挥中介作用。

H_{10a}:企业创新能力(CXNL)在政策制度环境(ZCZD)和低碳创新绩效(CXJX)的关系之间发挥中介作用。

H_{10b}:企业创新能力(CXNL)在市场需求环境(SCXQ)和低碳创新绩效(CXJX)的关系之间发挥中介作用。

H_{10c}:企业创新能力(CXNL)在社会文化环境(SHWH)和低碳创新绩效(CXJX)的关系之间发挥中介作用。

7.1.4　总体研究模型构建

综上所述,本书将影响制造企业低碳创新绩效的关键因素——外部关系质量、外部环境质量、企业创新能力放入一个研究框架,构建三者对低碳创新绩效的作用机制模型,并对假设关系 $H_1 \sim H_{10}$进行汇总,理论假设如表 7.1 所示,研究模型如图 7.1 所示,其中,假设 H_4、H_9 和 H_{10}代表中介作用,其余假设代表直接作用。

表 7.1　各变量间的假设关系

序　号	假设关系
H_1	外部关系质量(GXZL)对低碳创新绩效(CXJX)有正向促进作用
H_{1a}	关系耦合度(GXOH)对低碳创新绩效(CXJX)有正向促进作用
H_{1b}	关系交互度(GXJH)对低碳创新绩效(CXJX)有正向促进作用
H_{1c}	关系持久度(GXCJ)对低碳创新绩效(CXJX)有正向促进作用
H_2	外部关系质量(GXZL)对知识共享(ZSGX)有正向促进作用
H_{2a}	关系耦合度(GXOH)对知识共享(ZSGX)有正向促进作用
H_{2b}	关系交互度(GXJH)对知识共享(ZSGX)有正向促进作用
H_{2c}	关系持久度(GXCJ)对知识共享(ZSGX)有正向促进作用
H_3	知识共享(ZSGX)对低碳创新绩效(CXJX)有正向促进作用

表 7.1(续)

序　号	假设关系
H_4	知识共享(ZSGX)在外部关系质量(GXZL)和低碳创新绩效(CXJX)的关系中发挥中介作用
H_{4a}	知识共享(ZSGX)在关系耦合度(GXOH)和低碳创新绩效(CXJX)的关系中发挥中介作用
H_{4b}	知识共享(ZSGX)在关系交互度(GXJH)和低碳创新绩效(CXJX)的关系中发挥中介作用
H_{4c}	知识共享(ZSGX)在关系持久度(GXCJ)和低碳创新绩效(CXJX)的关系中发挥中介作用
H_5	外部环境质量(HJZL)对低碳创新绩效(CXJX)有正向促进作用
H_{5a}	政策制度环境(ZCZD)对低碳创新绩效(CXJX)有正向促进作用
H_{5b}	市场需求环境(SCXQ)对低碳创新绩效(CXJX)有正向促进作用
H_{5c}	社会文化环境(SHWH)对低碳创新绩效(CXJX)有正向促进作用
H_6	企业创新能力 CXNL(包括 CXJC、ZYHQ、JSYF、RXSC、DTBZ)有利于制造企业低碳创新绩效(CXJX)提升
H_7	外部关系质量(GXZL)对制造企业创新能力(CXNL)有正向促进作用
H_{7a}	关系耦合度(GXOH)对企业创新能力(CXNL)有正向促进作用
H_{7b}	关系交互度(GXJH)对企业创新能力(CXNL)有正向促进作用
H_{7c}	关系持久度(GXCJ)对企业创新能力(CXNL)有正向促进作用
H_8	外部环境质量(HJZL)对制造企业创新能力(CXNL)有正向促进作用
H_{8a}	政策制度环境(ZCZD)对企业创新能力(CXNL)有正向促进作用
H_{8b}	市场需求环境(SCXQ)对企业创新能力(CXNL)有正向促进作用
H_{8c}	社会文化环境(SHWH)对企业创新能力(CXNL)有正向促进作用
H_9	企业创新能力(CXNL)在外部关系质量(GXZL)和低碳创新绩效(CXJX)之间发挥中介作用
H_{9a}	企业创新能力(CXNL)在关系耦合度(GXOH)和低碳创新绩效(CXJX)之间发挥中介作用
H_{9b}	企业创新能力(CXNL)在关系交互度(GXJH)和低碳创新绩效(CXJX)之间发挥中介作用

表 7.1(续)

序　号	假设关系
H_{9c}	企业创新能力(CXNL)在关系持久度(GXCJ)和低碳创新绩效(CXJX)之间发挥中介作用
H_{10}	企业创新能力(CXNL)在外部环境质量(HJZL)和低碳创新绩效(CXJX)之间发挥中介作用
H_{10a}	企业创新能力(CXNL)在政策制度环境(ZCZD)和低碳创新绩效(CXJX)的关系之间发挥中介作用
H_{10b}	企业创新能力(CXNL)在市场需求环境(SCXQ)和低碳创新绩效(CXJX)的关系之间发挥中介作用
H_{10c}	创新能力(CXNL)在社会文化环境(SHWH)和低碳创新绩效(CXJX)的关系之间发挥中介作用

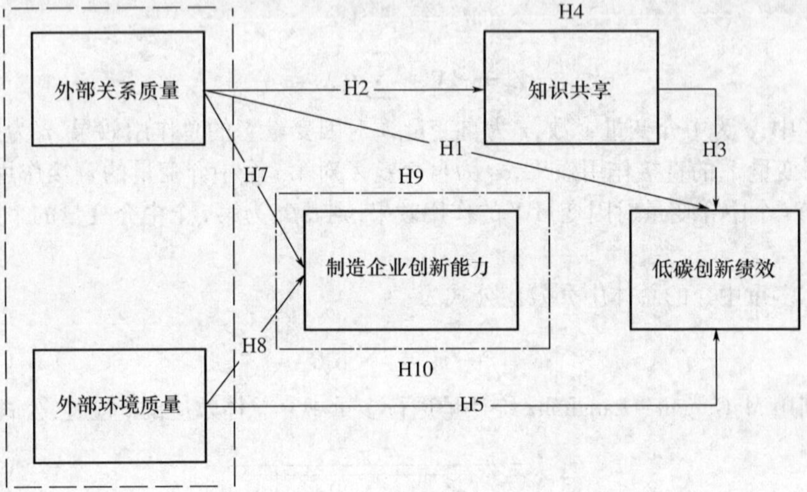

图 7.1　总体研究模型

7.2　研究方法及研究量表

7.2.1　实证研究方法选择

1. 多重中介效应检验模型

在模型中根据中介变量的个数及其在自变量和因变量间作用方式的差别,可以将中介效应分为简单中介和多重中介[260]。简单中介是指单一中介变量形式对模型的作用效果，是一种常见的中介效应；而多重中介则对模型中存在两个及以上中介变量的作用形式进行描述和分析，根据各变量作用方式的不同又分为串行多重中介、并行多重中介，以及混合式多重中介。

在本书的研究模型中涉及并行多重中介形式，因此重点对并行多重中介的检验进行分析和介绍。柳士顺等指出[260]，并行多重中介效应的检验一般从三个方面进行：模型总体中介效应检验、各中介变量个别中介效应检验以及各中介效应的差异化比较分析。Mackinnon 等[261]和宋媚[262]提出，被广泛应用于简单中介效应检验的因果步骤法和层次回归法不适合推广到多重中介维度，因此本书参照他们的建议利用 McGuigan – Langholtz 统计量进行多重中介总体效应检验，利用 Soble Test 进行个别中介效应检验，以及利用多元德尔塔法 Multivariate delat 进行中介效应的差异分析，具体步骤如下所示。

假设所研究多重中介的回归模型为：

$$Y = \tau X + \varepsilon_x \tag{7 - 1}$$

$$M_i = \alpha_i X + \varepsilon_i \tag{7 - 2}$$

$$Y = \tau' X + \sum^{n} \beta_i X + \varepsilon \tag{7 - 3}$$

式中，n 为中介变量个数，τ 为自变量 X 对因变量 Y 的总作用效果，τ' 为自变量 X 对因变量 Y 的直接作用效果，α_i 为自变量 X 对第 i 个中介变量的直接作用效果，β_i 为第 i 个中介变量对因变量 Y 的作用效果，则 $\alpha_i\beta_i$ 为第 i 个中介变量的个别中介效应。

①多重中介的总体中介效应公式为：

$$\tau - \tau' = \sum^{n} \alpha_i\beta_i \tag{7 - 4}$$

利用 McGuigan – Langholtz 统计量进行多重中介总体效应的 t 检验，公式为：

$$t_{N-2} = \frac{\tau - \tau'}{\sqrt{\sigma_\tau^2 + \sigma_{\tau'}^2 - 2\rho_{\tau\tau'}\sigma_\tau\sigma_{\tau'}}} \tag{7 - 5}$$

式中，σ_τ 为 τ 的标准误差，$\sigma_{\tau'}$ 为 τ' 的标准误差，$\rho_{\tau\tau'}$ 为 τ 和 τ' 的相关系数，$\rho_{\tau\tau'}\sigma_\tau\sigma_{\tau'}$ 为均方误差。

②多重中介的个别中介效应检验利用 Soble Test 进行检验，具体的显著性检验公式为：

$$Z_{(i)} = \frac{\alpha_i\beta_i}{\sqrt{\alpha_i^2\sigma_{\beta_i}^2 + \beta_i^2\sigma_{\alpha_i}^2}} \tag{7 - 6}$$

式中，σ_{α_i} 是 α_i 的标准误差，$\sigma^2\beta_i$ 是 β 的标准误差。

③多重中介的中介效应差异分析，个别中介效应间的比较函数为：

$$f = \alpha_i\beta_i - \alpha_j\beta_j \tag{7 - 7}$$

采用 Z 检验对统计量进行显著性检验：

$$Z = \frac{f}{\sqrt{\mathrm{var}(f)}} \tag{7-8}$$

式中，$\mathrm{var}f = \beta_i^2\sigma_{\alpha_i}^2 + \alpha_i^2\sigma_{\beta_i}^2 + \beta_j^2\sigma_{\alpha_i}^2 + \alpha_j^2\sigma_{\beta_i}^2 - 2\alpha_i\alpha_j\sigma_{\beta_i\beta_j}$为比较函数的方差。若 Z 值可以通过显著性检验，表明多重中介模型中的个别中介效应间存在显著性差异，否则，表明个别中介效应间不存在显著性差异。

2. 结构方程模型

结构方程模型（Structure Equation Model，SEM）作为近年来广受青睐的社会学研究模型之一，是一种通过因果关系检验剖析潜在研究变量间线性组合关系，将探索性分析和验证性分析相结合，测量模型和因果模型相结合的多元统计分析与建模方法。结构方程模型包括测量模型和结构模型，其中测量模型由用来描述模型的组成的观察变量和潜在变量构成；结构模型则用来说明潜在变量间的因果关系和解释程度，SEM 分析一般包括四个步骤。

首先，进行模型设定（Model Specification），即根据具体的研究问题确定模型中的潜在变量和潜在变量如何通过观察变量进行测量，以及模型的基本形式和形态，即潜在变量间的作用路径假设；其次，要进行模型拟合（Model Fitting），即将设定好的模型带入具体样本数据中进行模型的求解，选择一个合适的方法进行参数评估，较常用的评估方法包括最小二乘法和最大似然法，计算出模型的各个参数；再次，模型评估（Model Assessment），即对模型各拟合参数的有效进行评估，根据标准考虑各参数是否显著和合理，评价研究模型整体上对样本数据的拟合度；最后，模型修正，即针对模型无法拟合或拟合结果不优的情况，对测量模型进行残差修正或路经修正，使模型尽可能满足准确性和间接性兼备的原则，并尽可能拟合样本数据。

模型评估过程通过 SEM 模型适配度指标检验实际数据与假设模型的契合程度，一般通过整体模型适配度检验进行验证，整体模型适配度检验又包括绝对适配度指标、增值适配指标、简约适配指标检验。绝对适配度指标一般包含卡方指数检验（χ^2）、近似误差均方根（*RMSEA*）、拟合优度指标（*GFI*）和调整拟合优度指标（*AGFI*）以及残差均方和平方根指标（*RMR*）；增值适配指标包括以及规范拟合指数（*NFI*）、比较拟合指数（*CFI*）、相对拟合指数（*RFI*）和修正拟合指数（*IFI*）等几种指标；简约适配指标包括简约适配指数（*PGFI*）、规则适配指数（*PNFI*）以及自由度比（χ^2/df）。模型整体适配度统计检验量与检验标准如表 7.2 所示。

表 7.2 模型整体适配度检验指标

指　数	统计量全称	统计检验量	评判标准或临界值
绝对适配度指标	卡方指数	χ^2	>0.05
	拟合优度指标	*GFI*	>0.9

表 7.2(续)

指　　数	统计量全称	统计检验量	评判标准或临界值
绝对适配度指标	调整拟合优度指标	*AGFI*	>0.9
	残差均方和平方根	*RMR*	<0.05
	近似误差均方根	*RMSEA*	<0.08
增值适配度指数	规范拟合指数	*NFI*	>0.9
	相对拟合指数	*RFI*	>0.9
	修正拟合指数	*IFI*	>0.9
	比较拟合指数	*CFI*	>0.9
简约适配度指数	简约适配指数	*PGFI*	>0.5
	规则适配指数	*PNFI*	>0.5
	自由度比	χ^2/df	1~3

资料来源:根据郑杭生[263]、Bagozzi[264]资料整理。

7.2.2 研究量表设计和汇总

本书在第四章和第五章分别对外部关系质量和外部环境质量的相关研究概念进行测量量表的设计和修正,得到衡量外部关系质量最终量表包括关系耦合度的5个研究问项(GXOH1~GXOH5)、关系交互度的4个研究问项(GXJH1~GXJH4)、关系持久度的5个研究问项(GXCJ1~GXCJ5);衡量外部环境质量的最终量表包括政策制度环境的4个研究问项(ZCZD1~ZCZD4)、市场需求环境的5个研究问项(SCXQ1~SCXQ5)、社会文化环境的4个研究问项(SHWH1~SHWH4);衡量企业知识共享机制的5个研究问项(ZSGX1~ZSGX5);衡量低碳创新绩效的最终量表包括技术创新维度4个问项(JSCX1~JSCX4)、管理创新维度3个问项(GLCX1~GLCX3)和营销创新维度3个问项(YXCX1~YXCX3)。在第六章对制造企业创新能力相关研究概念进行测量量表的设计和修正,最终得到衡量创新决策能力的量表包含7个问项(CXJC1~ CXJC7)、衡量资源获取能力的量表包含6个问项(ZYHQ1~ZYHQ6)、衡量技术研发能力的量表包含7个问项(JSYF1~ JSYF7)、衡量柔性生产能力的量表包含6个问项(RXSC1~ RXSC1)、衡量低碳保障能力的量表包含6个问项(DTBZ1~DTBZ6),通过数据发放与收集,且各量表数据通过信效度检验,为下文的总体研究模型实证研究提供基础,对所有研究概念的研究量表进行汇总,如表7.3所示。

表 7.3　研究量表汇总

变量	维度	编号	测量问项
外部关系质量	关系耦合度（GXOH）	GXOH1	企业在合作创新中重视与合作组织的紧密联系
		GXOH2	企业愿意与合作组织在平等合作中实现共赢
		GXOH3	企业与合作组织在创新活动中地位平等
		GXOH4	企业与合作组织具有很好的合作氛围
		GXOH5	企业（成员）很愿意信任合作创新组织（成员）
	关系交互度（GXJH）	GXJH1	企业与创新合作组织有频繁的沟通交流
		GXJH2	企业与创新合作组织的沟通是有效果和有效率的
		GXJH3	企业与合作组织在合作过程中共同解决过难题
		GXJH4	合作组织愿意主动为企业创新提供支持
	关系持久度（GXCJ）	GXCJ1	企业与合作伙伴的合作关系稳固
		GXCJ2	企业与合作伙伴的合作关系已保持较长时间
		GXCJ3	企业与合作伙伴的合作关系还会保持较长时间
		GXCJ4	创新合作伙伴会定期到访为我们提供创新帮助
		GXCJ5	企业成员与合作组织成员已成为工作外的朋友
外部环境质量	政策制度环境（ZCZD）	ZCZD1	政府出台了鼓励企业低碳创新的优惠政策
		ZCZD2	企业低碳活动获得过政府的财税、土地等补贴
		ZCZD3	企业的创新技术可以得到有效的制度保护
		ZCZD4	企业对政策变化能够做出及时应对措施
	市场需求环境（SCXQ）	SCXQ1	市场对低碳产品具有较高的需求度和需求量
		SCXQ2	相对于同类竞争企业高碳产品，消费者更倾向于购买本企业的低碳产品
		SCXQ3	客户对我们企业的低碳产品感觉满意
		SCXQ4	企业的竞争对手实力很强劲
		SCXQ5	企业能够了解自身和竞争对手的优势所在
	社会文化环境（SHWH）	SHWH1	区域内公民乐于关注低碳和环保
		SHWH2	公民对企业的碳排放污染等行为反应强烈
		SHWH3	媒体对企业低碳行为的关注度较高
		SHWH4	企业自身的节能减排和创新行为能提高企业声誉

表 7.3(续 1)

变量	维度	编号	测量问项
企业创新能力	创新决策能力(CXJC)	CXJC1	企业管理层具有很好的创新意识
		CXJC2	企业管理层具有很好的创新判断力和环境洞察力
		CXJC3	根据外界环境企业可以迅速调整创新战略
		CXJC4	企业能够及时获取和分析外界环境情况信息
		CXJC5	企业会根据创新战略制定短期目标
		CXJC6	企业对自身发展情况有很好的把握
		CXJC7	企业很倾向于投入技术和资源进行新产品创新
	资源获取能力(ZYHQ)	ZYHQ1	企业能够吸引创新型技术和管理人才
		ZYHQ2	企业创新活动能够获得足够的资金投入
		ZYHQ3	企业对所获取的知识能够有效分类和利用
		ZYHQ4	企业具有获得先进技术的渠道
		ZYHQ5	企业具有良好的创新资源的配置能力
		ZYHQ6	企业具有良好的获取先进设备和原材料的能力
	技术研发能力(JSYF)	JSYF1	企业管理者重视和支持科技研发工作
		JSYF2	企业具有持续且稳定的科研投入
		JSYF3	企业能够及时和有效预测行业内技术发展趋势
		JSYF4	企业的产品具有行业领先的技术水平
		JSYF5	企业具有较好的研发环境和研发条件
		JSYF6	企业善于利用外界吸收的知识改进自身技术
		JSYF7	企业对技术资源条件利用充分
	柔性生产能力(RXSC)	RXSC1	企业能够自动控制和管理零件的加工过程
		RXSC2	企业能够有效监控产品和零件的故障率
		RXSC3	企业具有种类多样的生产设备和生产线
		RXSC4	企业具有灵活的生产配置计划管理
		RXSC5	企业能够应付多种产品和零件的中小批量生产
		RXSC6	企业通过优化的调度管理功能控制生产过程
	低碳保障能力(DTBZ)	DTBZ1	企业管理者具有很好的环境责任意识
		DTBZ2	企业重视树立良好的绿色和环保形象
		DTBZ3	企业管理制度中能够体现出绿色和环保价值

表 7.3(续2)

变量	维度	编号	测量问项
企业创新能力	低碳保障能力(DTBZ)	DTBZ4	企业文化中能够体现出绿色和环保价值
		DTBZ5	企业重视培养员工的绿色和环保习惯
		DTBZ6	企业考评中具有衡量员工节约和节能的指标
知识共享(ZSGX)		ZSGX1	企业与创新合作组织具有频繁的知识共享行为
		ZSGX2	合作双方愿意投入更多知识参与共享
		ZSGX3	通过合作获得的知识能够解决企业问题
		ZSGX4	通过知识共享可以提升企业知识水平
		ZSGX5	企业的核心知识中有很多来自于合作组织
低碳创新绩效	技术创新绩效(JSCX)	JSCX1	通过创新活动企业生产出较多的低碳型产品
		JSCX2	与竞争企业相比本企业的产品在生产和使用过程中表现出较好的降碳环保优势
		JSCX3	通过创新企业形成更简洁优质的工艺流程
		JSCX4	企业在产品生产工艺的各个环节都能够重视节约和节能并基本实现减排目标
	管理创新绩效(GLCX)	GLCX1	通过创新企业日常工作重视低碳计划和低碳控制
		GLCX2	企业规章制度和企业文化很多涉及低碳理念
		GLCX3	企业的组织结构和运营流程足够精简有效
	营销创新绩效(YXCX)	YXCX1	企业在低碳营销渠道方面优于竞争对手
		YXCX2	企业在产品包装、运输等方面重视低碳
		YXCX3	企业低碳产品比竞争企业占据更多市场份额

7.2.3　样本数据获取和分析

问卷数据的发放和回收来源于同一批次调研，调研对象针对国内具有一定规模主要位于黑龙江、沈阳、北京、江苏、四川、上海、广州等省市的制造企业，以所调查企业的高层领导以及各个部门的中层管理者作为被试，问卷发放采用上门访谈、问卷邮寄和网络调研相结合的方式，问卷中设置态度问项，用于剔除具有乱填嫌疑的被试问卷，通过以上三种方式共匿名发放调查问卷500份，回收427份，问卷回收率为85.4%。对所回收问卷进行处理，剔除被试企业与要求不符、被试对象职位与要求不符、回答不合实际、回答具有较多极端值、回答前后矛盾、答案规律性明显、具有较多缺失项以及态度问项的回答错误的无效问卷，由此得到370份有效问卷,有效回收率74%。样本数据的统计特征如第四章表4.3所示。通过前文的信效度检验表明,量表数据总体具有较好的信度和效度,可以进行下一步实证分析。

7.3 实证过程和结果分析

本节利用问卷数据对前文提出的总体研究模型和研究假设进行实证分析,首先采用层级回归分析的方法验证制造企业创新能力分别在外部关系质量和外部环境质量与低碳创新绩效之间的中介作用,在此基础上,参照柳士顺等[260]研究提出的并行多重中介检验方法,对并行多重中介进行总体中介效应检验以及多重中介效应差异性比较,最后利用结构方程模型对总体模型进行拟合检验和修正,得出相应的路径系数并分析实证结果。

7.3.1 企业创新能力的中介效应检验

参照 Baron 和 Kenny[167]给出的中介效应检验方法,采用层级回归分析方法逐步将解释变量引入到回归方程中,通过将新的解释变量强迫进入回归方程对原始模型加以完善,并通过比较模型之间的值大小,验证在其他解释变量对因变量方差的影响作用被控制的前提下新解释变量对因变量方差的贡献。采用 SPSS 计算所涉及的各个变量的相关系数,各变量间的相关系数及在对应概率上的显著性水平如表7.4所示,可见具有作用关系的变量间均具有一定显著相关性,为下一步进行回归分析提供基础。表中数据显示,SHWH 与 CXNL 两构念间的相关系数为0.124,表明从简单相关系数来看内部企业创新能力与外部社会文化环境间相互作用关系并不十分明显,这一点与实际情况基本符合。

表7.4 企业创新能力中介效应相关变量间的 Pearson 系数

	GXOH	GXJH	GXCJ	ZCZD	SCXQ	SHWH	CXNL	CXJX
GXOH	1	0.154*	0.243**	0.098	0.066	0.207*	0.464***	0.362**
GXJH	0.154*	1	0.187*	0.052	0.094	0.147	0.132*	0.324**
GXCJ	0.243**	0.187*	1	0.282	0.107*	0.212*	0.379**	0.258**
ZCZD	0.098	0.052	0.282	1	0.223*	0.346**	0.134	0.366**
SCXQ	0.066	0.094	0.107*	0.223*	1	0.482**	0.221*	0.277**
SHWH	0.207*	0.147	0.212*	0.346**	0.482**	1	0.337**	0.124*
CXNL	0.362**	0.324**	0.258**	0.366**	0.277**	0.124	1	0.554***
CXJX	0.312**	0.389**	0.401**	0.472**	0.421**	0.451**	0.361***	1

注:* 表示 $p<0.05$ 水平上显著,** 表示 $p<0.01$ 水平上显著,*** 表示 $p<0.001$ 水平上显著

1. 企业创新能力在外部关系质量和低碳创新绩效间的中介效应检验

表 7.5~表 7.7 通过层级回归分析构建模型 1 到模型 13 检验创新能力在关系质量和低碳创新绩效间的中介效应，在各模型中，引入企业规模（GM）、企业成立年限（NX）、企业所有制类别（LB）、被试的受教育程度（JY）和被试年龄（NL）为控制变量，回归数据显示，各模型中控制变量对回归结果的影响作用不显著，故在后面的表格中不再列出。模型 1 到模型 4 通过回归方程探讨关系质量各个维度对创新绩效的直接作用，回归系数和回归结果显示，各模型 $F(sig)=0.000<0.01$，且 VIF 值均小于 10，值均在 2 附近，表明各模型总体有效，不存在严重多重共线性问题，各维度与创新绩效间的值在各自概率水平上达到显著，表明关系质量与创新绩效间存在显著正相关关系。模型 5 将创新能力作为自变量、创新绩效作为因变量进行回归分析，结果显示回归系数 $\beta=0.591$，且对应的 p 值达到显著，表明制造企业创新能力对低碳创新绩效具有显著的正向作用效果。

表 7.5　外部关系质量、企业创新能力、低碳创新绩效的关系检验

变　量		因变量				
		低碳创新绩效（CXJX）				
		模型 1	模型 2	模型 3	模型 4	模型 5
控制变量	企业规模（GM）	0.034	0.042	0.024	0.034	0.082
	成立年限（NX）	0.041	0.061	0.058	0.031	0.071
	企业类别（LB）	0.060	0.084	0.072	0.069	0.045
控制变量	受教育程度（JY）	0.094	0.067	0.079	0.076	0.022
	被试年龄（NL）	0.043	0.056	0.031	0.065	0.035
自变量	关系耦合（GXOH）	0.374**			0.279**	
	关系交互（GXJH）		0.401***		0.255**	
	关系持久（GXCJ）			0.316**	0.243**	
中介变量	创新能力（CXNL）					0.591***
回归结果	R^2	0.241	0.247	0.245	0.323	0.497
	AdjR^2	0.154	0.162	0.167	0.184	0.201
	F	6.84*	7.265**	7.641**	8.141**	8.233**
	VIF	均 <10				
	DW	DW 值均在 2 附近				

注：* 表示 $p<0.05$ 水平上显著，** 表示 $p<0.01$ 水平上显著，*** 表示 $p<0.001$ 水平上显著

表7.6中构建模型6到模型9，将外部关系质量作为自变量，企业创新能力作为因变量，其中模型6分析关系耦合度对企业创新能力的直接作用，模型7分析关系交互度对企业创新能力的直接作用，模型8分析关系持久度对企业创新能力的直接作用，模型9将前3个模型的自变量进行汇总。回归系数和回归结果显示，各模型 $F(sig)=0.000<0.05$，VIF值均小于10，DW值均在2附近，表明各模型总体有效，且不存在严重多重共线性问题，各维度及关系质量总体对创新能力具有促进作用，单独分析可知，关系交互度对企业创新能力的正向作用效果最强，回归系数达到0.412，且对应的 p 值小于0.001，可见频繁的互动交流加速组织间核心价值知识的有效流动，对提升企业创新能力效果极为显著。

表7.6 外部关系质量与企业创新能力的关系检验

变量		因变量：企业创新能力(CXNL)			
		模型6	模型7	模型8	模型9
自变量	关系耦合(GXOH)	0.303*			0.277**
	关系交互(GXJH)		0.412***		0.406***
	关系持久(GXCJ)			0.337**	0.279**
回归结果	R^2	0.266	0.269	0.271	0.409
	AdjR^2	0.121	0.132	0.131	0.175
	F	6.753**	7.164**	8.311**	11.745**
	VIF	均<10			
	DW	DW值均在2附近			

注：* 表示 $p<0.05$ 水平上显著，** 表示 $p<0.01$ 水平上显著，*** 表示 $p<0.001$ 水平上显著。控制变量包括企业规模(GM)、企业成立年限(NX)、企业所有制类别(LB)、被试的受教育程度(JY)和被试年龄(NL)，各模型中控制变量对因变量解释作用不显著，故不再列出，下同。

表7.7中构建模型10到模型13，分析引入中介变量企业创新能力之后自变量外部关系质量对因变量低碳创新绩效的解释程度，由此检验Baron和Kenny[167]提出的中介效应检验方法中的第三个条件。表中数据显示，在直接效应模型中加入中介变量后，各个模型的 R^2 值明显增大，表明各模型对因变量的解释力度得到有效优化，同时，通过比较模型1和模型10可知，引入企业创新能力作为中介变量之

后,关系耦合度对创新绩效的标准回归系数由 0.374 下降到 0.168,但在 $P<0.01$ 水平上的正向相关作用效果依然显著,同时,模型 R^2 值由 0.241 增大到 0.364,模型解释力度明显优化,可见,企业创新能力在外部关系耦合度和低碳创新绩效之间产生了部分中介作用,该中介作用弱化了关系耦合度对创新绩效的直接作用效果。同理,分别比较模型 2 和模型 11,模型 3 和模型 12 以及模型 4 和模型 13 可知,加入中介变量的作用之后,自变量对因变量的标准回归系数均有所降低,模型对因变量的解释力度明显升高,由此可以得出,企业创新能力在外部关系质量和低碳创新绩效之间产生了部分中介作用,假设 H_9,H_{9a},H_{9b},H_{9c} 得到验证。

表 7.7　企业创新能力的中介作用检验

变　量		因变量			
		低碳创新绩效(CXJX)			
		模型 10	模型 11	模型 12	模型 13
自变量	关系耦合(GXOH)	0.168**			0.167**
	关系交互(GXJH)		0.211*		0.261**
	关系持久(GXCJ)			0.113*	0.191**
中介变量	创新能力(CXNL)	0.410**	0.446***	0.391**	0.462***
回归结果	R^2	0.364	0.342	0.371	0.493
	AdjR^2	0.141	0.137	0.142	0.171
	F	10.264**	10.912**	11.252**	16.141**
	VIF	均 <10			
	DW	DW 值均在 2 附近			

注:* 表示 $p<0.05$ 水平上显著,** 表示 $p<0.01$ 水平上显著,*** 表示 $p<0.001$ 水平上显著

2. 企业创新能力在外部环境质量和低碳创新绩效间的中介效应检验

表 7.8~表 7.10 通过层级回归分析构建模型 14 到模型 26 检验企业创新能力在外部环境质量和低碳创新绩效间的中介效应,同样将企业规模(GM)、企业成立年限(NX)、企业所有制类别(LB)、被试的受教育程度(JY)和被试年龄(NL)作为各模型控制变量。模型 14 到模型 17 将外部环境质量及其各维度作为自变量分析其对因变量低碳创新绩效的直接作用,回归系数和回归结果显示,各模型 $F(sig)=$

0.000 <0.05,且 VIF 值均小于 10,DW 值均在 2 附近,各模型总体有效,不存在严重多重共线性问题。外部环境质量各维度与低碳创新绩效间的 β 值在各自概率水平上达到显著,表明外部环境质量与低碳创新绩效间存在显著正相关关系。模型 18 将企业创新能力作为自变量低碳创新绩效作为因变量进行回归分析,结果及分析与前文模型 5 一致,即制造企业创新能力对低碳创新绩效具有显著的正向作用效果。

表 7.8 外部环境质量、企业创新能力、低碳创新绩效的关系检验

变量		因变量				
		低碳创新绩效(CXJX)				
		模型 14	模型 15	模型 16	模型 17	模型 18
自变量	政策制度环境(ZCZD)	0.411***			0.406**	
	市场需求环境(SCXQ)		0.361**		0.372**	
	社会文化环境(SHWH)			0.227*	0.242**	
中介变量	创新能力(CXNL)					0.591***
回归结果	R^2	0.291	0.285	0.214	0.411	0.497
	AdjR^2	0.145	0.135	0.141	0.188	0.201
	F	8.043**	7.154**	8.355**	10.261**	8.233**
	VIF	均 <10				
	DW	DW 值均在 2 附近				

注:* 表示 $p<0.05$ 水平上显著,** 表示 $p<0.01$ 水平上显著,*** 表示 $p<0.001$ 水平上显著

表 7.9 中构建模型 19 到模型 22,将外部环境质量作为自变量,企业创新能力作为因变量,探讨两者的作用关系。其中模型 19 分析政策制度环境对企业创新能力的直接作用,模型 20 分析市场需求环境对企业创新能力的直接作用,模型 21 分析社会文化环境对企业创新能力的直接作用,模型 22 将前 3 个模型的自变量进行汇总。回归系数和回归结果显示,各模型 $F(sig)=0.000<0.01$,VIF 值均小于 10,DW 值均在 2 附近,表明各模型总体有效,且不存在严重多重共线性问题,各维度及环境质量总体对创新能力具有正向促进作用,逐一分析可知,相对于政策制度环

境和社会文化环境，市场需求环境对创新能力的正向作用效果最强，回归系数达到 0.312，且对应的 p 值小于 0.01，可见市场需求和竞争环境的刺激作用能有效促进企业加大对创新活动的资源投入力度，对企业创新能力的提升效果显著。

表 7.9　外部环境质量与企业创新能力的关系检验

变　量		因变量 企业创新能力(CXNL)			
		Model 19	Model 20	Model 21	Model 22
自变量	政策制度环境(ZCZD)	0.264**			0.217**
	市场需求环境(SCXQ)		0.312**		0.391***
	社会文化环境(SHWH)			0.152*	0.272**
回归结果	R^2	0.254	0.148	0.141	0.269
	$AdjR^2$	0.142	0.134	0.132	0.175
	F	9.614**	9.352**	8.746**	10.133**
	VIF	均 <10			
	DW	DW 值均在 2 附近			

注：* 表示 $p<0.05$ 水平上显著，** 表示 $p<0.01$ 水平上显著，*** 表示 $p<0.001$ 水平上显著

表 7.10 中构建模型 23 到模型 26，分析引入中介变量企业创新能力之后自变量外部环境质量对因变量低碳创新绩效的解释程度。表中数据显示，在直接效应模型中加入中介变量后，各个模型的 R^2 值明显增大，表明各模型对因变量的解释力度得到有效优化。通过比较模型 14 和模型 23 可知，引入企业创新能力作为中介变量之后，政策制度环境对低碳创新绩效的标准回归系数由 0.411 下降到 0.188，但在 $P<0.01$ 水平上的正向相关作用效果依然显著。模型 R^2 值由0.291增大到0.325，模型解释力度明显优化，可见，企业创新能力在政策制度环境和低碳创新绩效之间产生了部分中介作用，该中介作用弱化了政策制度环境对低碳创新绩效的直接作用效果。同理，分别比较模型 15 和模型 24，模型 16 和模型 25 以及模型 17 和模型 26 可知，加入中介变量的作用之后，自变量对因变量的标准回归系数均有所降低，模型对因变量的解释力度明显升高，由此可以得出，企业创新能力在外部环境质量和低碳创新绩效之间产生了部分中介作用，假设 H_{10}，H_{10a}，H_{10b}，H_{10c} 得

到验证。

表 7.10 企业创新能力的中介作用检验

变量		因变量			
		低碳创新绩效(CXJX)			
		模型 23	模型 24	模型 25	模型 26
自变量	政策制度环境(ZCZD)	0.188**			0.275*
	市场需求环境(SCXQ)		0.183**		0.198*
	社会文化环境(SHWH)			0.146**	0.116*
中介变量	创新能力(CXNL)	0.331**	0.342**	0.375***	0.262**
回归结果	R^2	0.325	0.372	0.371	0.443
	AdjR^2	0.167	0.184	0.172	0.193
	F	8.641**	8.141**	8.975*	10.263*
	VIF	均 <10			
	DW	DW 值均在 2 附近			

注：* 表示 $p<0.05$ 水平上显著，** 表示 $p<0.01$ 水平上显著，*** 表示 $p<0.001$ 水平上显著

7.3.2 知识共享和企业创新能力的多重中介效应检验

为探讨不同中介变量在自变量和因变量作用路径中的中介作用机制，既要对多重中介的总体中介效应进行检验，同时又需要对不同中介变量的个别中介效应进行分析以及对各中介效应进行差异分析。本书 4.3.3 节指出了知识共享机制在外部关系质量和低碳创新绩效之间的部分中介效应，7.3.1 节指出了企业创新能力在外部关系质量和低碳创新绩效之间的个别中介效应，因此知识共享和企业创新能力构成外部关系质量和低碳创新绩效间的并行多重中介，如图 7.2 所示，本节参照柳士顺[269]、宋媚[262]等的研究应用公式(7-4)到(7-8)对多重中介模型中的总体中介效应、个别中介效应以及各中介效应差异化进行分析和检验。

回归方程如下所示：

$$\text{CXJX} = \tau \text{GXZL} + \varepsilon_x \tag{7-9}$$

$$\text{ZSGX} = \alpha_1 \text{GXZL} + \varepsilon_1 \tag{7-10}$$

$$\text{GXNL} = \alpha_2 \text{GXZL} + \varepsilon_2 \tag{7-11}$$

$$\text{GXJX} = \tau' \text{GXZL} + \beta_1 \text{ZSGX} + \beta_2 \text{CXNL} + \varepsilon \tag{7-12}$$

式中，α_1 为自变量对中介变量的回归系数，β_1 为中介变量对因变量的回归系

数,因本书的外部关系质量涉及关系耦合度、关系交互度和关系持久度三个维度,因此,采用 7.2 节的多重中介检验方法分别验证三个维度与低碳创新绩效之间的多重效应。

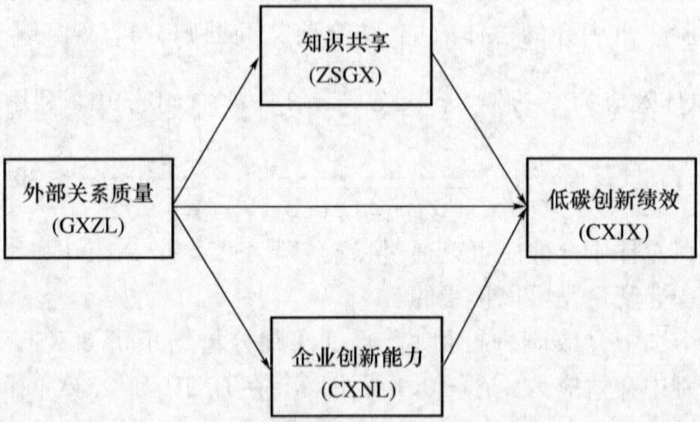

图 7.2　研究模型中的多重中介效应

(1)对关系耦合对低碳创新绩效间的多重中介效应进行分析和检验。

首先,检验多重中介的总体效应,结合前文的回归分析结果,计算得出 ZSGX 和 CXNL 在 GXOH 和 CXJX 间的多重中介总体效应为 $\tau - \tau' = \sum_{i=1}^{n} \alpha_i\beta_i = \alpha_1\beta_1 + \alpha_2\beta_2 = 0.263$。利用近似值进行 t 统计量计算与检验:$t_{N-2} = \frac{\tau - \tau'}{\sqrt{\sigma_\tau^2 + \sigma_{\tau'}^2 - 2\rho_{\tau\tau'}\sigma_\tau\sigma_{\tau'}}} > \frac{\tau - \tau'}{\sqrt{\sigma_\tau^2 + \sigma_{\tau'}^2}} = 4.417$($P < 0.001$ 显著),表明该总体中介效应可以通过检验,即ZSGX 和 CXNL 同时作为 GXOH 和 CXJX 的部分中介变量是可以接受的。

其次,对个别中介效应进行检验,通过回归分析结果可知 ZSGX 在 GXOH 和 CXJX 间的个别中介效应为 $\alpha_1\beta_1 = 0.139$,CXNL 在 GXOH 和 CXJX 间的个别中介效应为 $\alpha_2\beta_2 = 0.124$,利用公式进行 Soble 检验,得到 $Z_{(1)} = \frac{\alpha_1\beta_1}{\sqrt{\alpha_1^2\sigma_{\beta_1}^2 + \beta_1^2\sigma_{\alpha_1}^2}} = 2.613$,$Z_{(2)} = \frac{\alpha_2\beta_2}{\sqrt{\alpha_2^2\sigma^2\ \beta_2 + \beta_2^2\sigma_{\alpha_2}^2}} = 3.152$;通过查询临界值表,查到 0.05 显著性水平所对应的临界值,可知 Z(ZSGX)和 Z(CXNL)均通过检验,个别中介作用显著。

最后,进行中介作用的差异化比较和检验,可知 ZSGX 和 CXNL 的个别中介比较结果为 $f = \alpha_1\beta_1 - \alpha_2\beta_2 = 0.015$,利用公式进行显著性检验,$Z = \frac{f}{\sqrt{\mathrm{var}(f)}} \approx$

$\frac{0.015}{0.0128}=1.171(p>0.05)$，可知在 GXOH 和 CXJX 的作用间 ZSGX 的个别中介作用略大于 *CXNL* 的个别中介作用，且这种差异化并不显著。

(2)对关系交互对低碳创新绩效间的多重中介效应进行分析和检验。

首先，检验多重中介的总体效应，结合前文的回归分析结果，计算得出 ZSGX 和 CXNL 的总体效应为 $\tau-\tau'=\sum_{i=1}^{n}\alpha_i\beta_i=\alpha_1\beta_1+\alpha_2\beta_2=0.330$。利用近似值进行 t 统计量计算与检验：$t_{N-2}=\frac{\tau-\tau'}{\sqrt{\sigma_\tau^2+\sigma_{\tau'}^2-2\rho_{\tau\tau'}\sigma_\tau\sigma_{\tau'}}}>\frac{\tau-\tau'}{\sqrt{\sigma_\tau^2+\sigma_{\tau'}^2}}=5.391>1.98(P<0.001)$，表明该总体中介效应可以通过检验，即 ZSGX 和 CXNL 同时作为 GXJH 和 CXJX 的部分中介变量是可以接受的。

其次，对个别中介效应进行检验，通过回归分析结果可知 ZSGX 在 GXJH 和 CXJX 间的个别中介效应为 $\alpha_1\beta_1=0.146$，CXNL 在 GXJH 和 CXJX 间的个别中介效应为 $\alpha_2\beta_2=0.184$，利用公式进行 *Sobel* 检验，得到 $Z_{(1)}=\frac{\alpha_1\beta_1}{\sqrt{\alpha_1^2\sigma_{\beta_1}^2+\beta_1^2\sigma_{\alpha_1}^2}}=2.924$；$Z_{(2)}=\frac{\alpha_2\beta_2}{\sqrt{\alpha_2^2\sigma_{\beta_2}^2+\beta_2^2\sigma_{\alpha_2}^2}}=2.752$；通过查询 Z 检验临界值表，查到显著性 0.05 水平所对应的临界值，可知 Z(ZSGX)和 Z(CXNL)均通过检验，个别中介作用显著。

最后，进行中介作用的差异化比较和检验，可知 ZSGX 和 CXNL 的个别中介比较结果为 $f=\alpha_1\beta_1-\alpha_2\beta_2-0.038$，利用公式进行显著性检验，$Z=\frac{f}{\sqrt{\mathrm{var}(f)}}\approx-1.713(p>0.05)$，可知在 GXJH 和 CXJX 的作用间 ZSGX 的个别中介作用略小于 CXNL 的个别中介作用，且这种差异化未通过显著性检验，差异不明显。

(3)对关系持久对低碳创新绩效间的多重中介效应进行分析和检验。

首先，检验多重中介的总体效应，结合前文的回归分析结果，计算得出 ZSGX 和 CXNL 的总体效应为 $\tau-\tau'=\sum_{i=1}^{n}\alpha_i\beta_i=\alpha_1\beta_1+\alpha_2\beta_2=0.238$。利用近似值进行 t 统计量计算与检验：$t_{N-2}==\frac{\tau-\tau'}{\sqrt{\sigma_\tau^2+\sigma_{\tau'}^2-2\rho_{\tau\tau'}\sigma_\tau\sigma_{\tau'}}}>\frac{\tau-\tau'}{\sqrt{\sigma_\tau^2+\sigma_{\tau'}^2}}=3.967>1.98(P<0.001)$，表明该总体中介效应可以通过检验，即 ZSGX 和 CXNL 同时作为 GXCJ 和 CXJX 的部分中介变量是可以接受的。

其次，对个别中介效应进行检验，通过回归分析结果可知 ZSGX 在 GXCJ 和 CXJX 间的个别中介效应为 $\alpha_1\beta_=0.106$，CXNL 在 GXCJ 和 CXJX 间的个别中介效应为 $\alpha_2\beta_2=0.132$，利用公式进行 *Soble* 检验，得到 $Z_{(1)}=\frac{\alpha_1\beta_1}{\sqrt{\alpha_1^2\sigma_{\beta_1}^1+\beta_1^2\sigma_{\alpha_1}^2}}=1.718$；

$Z_{(2)}=\frac{\alpha_2\beta_2}{\sqrt{\alpha_2^2\sigma_{\beta_2}^2+\beta_2^2\sigma_{\alpha_2}^2}}=2.026$；通过查询 Z 检验临界值表，查到显著性 0.05 水平所对应的临界值，可知 Z(ZSGX) 和 Z(CXNL) 均通过检验，个别中介作用显著。

最后，进行中介作用的差异化比较和检验，可知 ZSGX 和 CXNL 的个别中介比较结果为 $f=\alpha_1\beta_1-\alpha_2\beta_2=-0.026$，利用公式进行显著性检验，$Z=\frac{f}{\sqrt{\text{var}(f)}}\approx -0.908(p>0.05)$，可知在 GXCJ 和 CXJX 的作用间 ZSGX 的个别中介作用略小于 CXNL 的个别中介作用，差异化不明显。

由以上分析可知，知识共享和企业创新能力在外部关系质量各维度与低碳创新绩效之间具有多重中介效应，其总体中介效应和个别中介效应均存在且可以通过显著性检验，因此本书提出的多重中介效应假设模型得以验证。通过个别中介效应的差异化分析可知，尽管各差异化均不显著，但在关系耦合度与低碳创新绩效的作用路径上，知识共享的部分个别作用略大于企业创新能力的个别中介作用（差异度 $|f_1|=0.015$），而在关系交互度和关系持久度与低碳创新绩效的作用路径上，企业创新能力的个别中介作用略大于知识共享的作用效果（$|f_2|=0.038$，$|f_2|=0.026$）。

7.3.3　结构方程总体模型评价与检验

利用结构方程模型对总体研究模型进行实证研究，使用 AMOS 18.0 软件进行运算分析，首先根据总体研究模型构建初始结构方程模型，模型中包含 6 个外生潜变量（关系耦合度、关系交互度、关系持久度、政策制度环境、市场需求环境和社会文化环境）和三个内生潜变量（知识共享、企业创新能力和低碳创新绩效），其中企业创新能力是由五个子能力构成的二阶潜变量，将各子能力问项的加权平均作为创新能力的测量变量，初始结构方程简图如图 7.3 所示。

通过导入数据进行分析计算，得出初始模型的拟合结果如表 7.11 所示。模型的 $\chi^2=1\,023.525$（自由度 $df=311$），$\chi^2/df=3.291$，$RMSEA=0.097$，位于 0.08~0.1 区间内，表明模型拟合稍差，*GFI*、*TLI*、*CFI* 指标数值分别为 0.841、0.882 和 0.913，依据前文介绍的拟合判别标准，除比较拟合指数外，其他指数均低于 0.9，表明初始模型不在拟合可接受范围之内，模型未通过检验。易丹辉指出[265]，初始模型拟合不优的原因一方面可能在于内部结构设定有误，这种问题可以通过模型修正加以改进，例如通过路径调整和修正改进在结构设定中遗漏或错误假定的测量模型或结构模型，另一方面原因可能源自于样本数据容量或数据非正态性，经过检验，本书数据具有较好的偏度和峰度值，且样本容量基本符合实证要求，故本书拟对研究模型进行扩展或简约修正，依据 AMOS 18.0 给出的模型修正指数 MI 和临界比率C. R. 值，通过增加或释放部分作用路径来抑制 χ^2 值，以期提高模型整体拟合度。

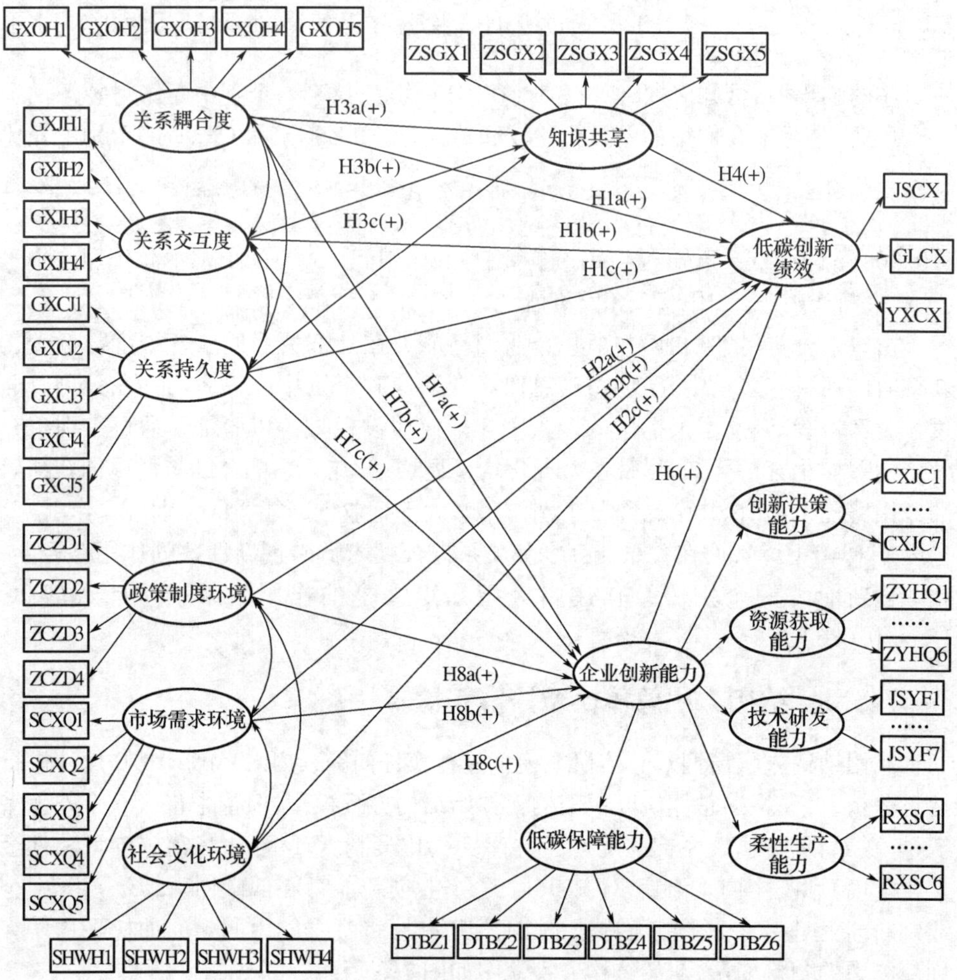

图 7.3　初始模型结构方程图

表 7.11　初始结构方程模型拟合度检验

拟合指标	χ^2	χ^2/df	*RMSEA*	*GFI*	*TLI*	*CFI*
建议值	>0.5	1~3	<0.08	>0.9	>0.9	>0.9
单维度模型	1023.525	3.291	0.097	0.841	0.882	0.913

首先，考察模型修正指数，发现社会文化环境→企业创新能力作用路径的值最大，为 61.537，并且两变量路径上的 C.R. 绝对值 = 1.436 < 1.96（9 = 0.107 < 0.05），两潜变量间的影响关系并不显著，因此在模型修正时首先释放该段作用路

径,并剔除控制变量对低碳创新绩效的作用路径,得到修正模型M1,将经过修正的模型带入AMOS 17.0中进行拟合检验,结果表明M1的*RMSEA*、*GFI*和*TLI*仍在拟合接受的临界值以外,经过分析本书又添加外部环境质量各维度对外部关系质量各维度的作用路径,得到修正模型M2,经过拟合检验,模型M2的χ^2值为891.658,$\chi^2/df=2.867$,$RMSEA=0.078$,*GFI*、*TLI*、*CFI*指标数值分别为0.953、0.914和0.922,*RMR*值为0.047,*PGFI*和*PNFI*均大于0.5,表明模型M2具有较好的拟合效果,各拟合指标满足在临界值以内,确定M2为修正后的最终模型。通过对最终模型进行AMOS 17.0检验,得到最终模型的标准化路径系数和*P*值如表7.12所示。

表7.12 模型M2检验结果

假设	路径	路径系数	*P*值	检验结果
H_{1a}	关系耦合度低碳创新绩效	0.209	**	支持
H_{1b}	关系交互度低碳创新绩效	0.221	**	支持
H_{1c}	关系持久度低碳创新绩效	0.189	**	支持
H_{3a}	关系耦合度知识共享	0.318	**	支持
H_{3b}	关系交互度知识共享	0.419	***	支持
H_{3c}	关系持久度知识共享	0.274	**	支持
H_{7a}	关系耦合度企业创新能力	0.171	*	支持
H_{7b}	关系交互度企业创新能力	0.274	**	支持
H_{7c}	关系持久度企业创新能力	0.186	*	支持
H_4	知识共享低碳创新绩效	0.471	***	支持
H_6	企业创新能力低碳创新绩效	0.497	***	支持
H_{2a}	政策制度环境低碳创新绩效	0.397	***	支持
H_{2b}	市场需求环境低碳创新绩效	0.364	***	支持
H_{2c}	社会文化环境低碳创新绩效	0.255	**	支持
H_{8a}	政策制度环境企业创新能力	0.266	**	支持
H_{8b}	市场需求环境企业创新能力	0.218	**	支持
初始模型基础上添加的路径	政策制度环境关系耦合度	0.289	**	支持
	政策制度环境关系交互度	0.094	0.107	不支持
	政策制度环境关系持久度	0.204	**	支持
	市场需求环境关系耦合度	0.276	**	支持

表 7.12(续)

假设	路径	路径系数	*P* 值	检验结果
初始模型基础上添加的路径	市场需求环境关系交互度	0.281	**	支持
	市场需求环境关系持久度	0.167	*	支持
	社会文化环境关系耦合度	0.116	0.142	不支持
	社会文化环境关系交互度	0.181	*	支持
	社会文化环境关系持久度	0.134	0.086	不支持

注：* 表示 $p<0.05$ 水平显著，** 表示 $p<0.01$ 水平显著，*** 表示 $p<0.001$ 水平显著，双尾检验($N=370$)

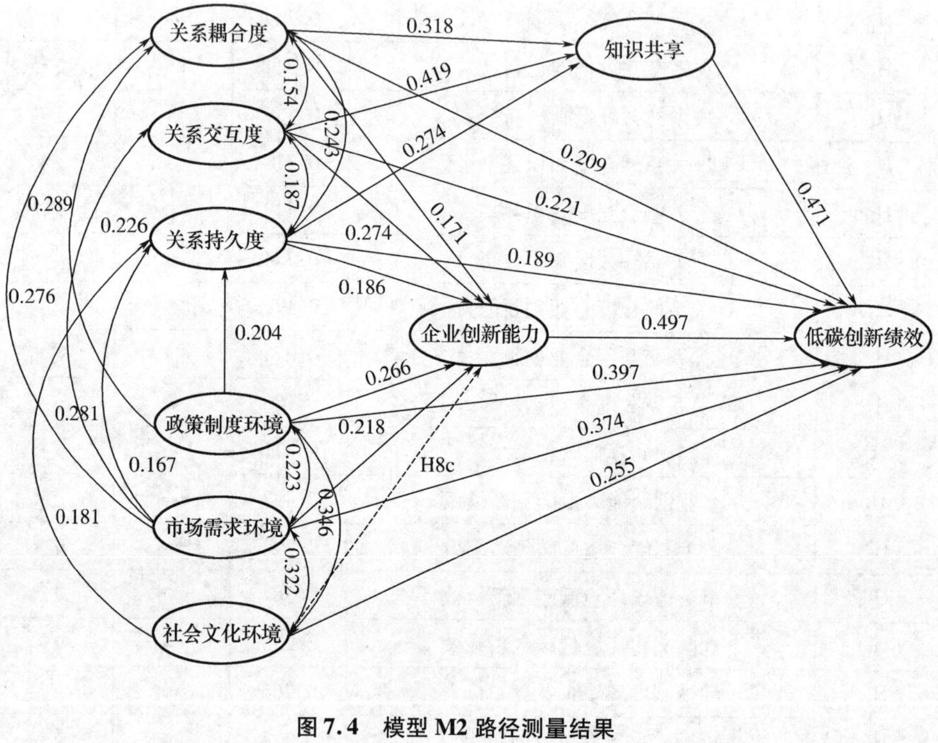

图 7.4　模型 M2 路径测量结果

由表 7.12 和图 7.4 可以看出，初始模型中的各个假设除假设 H_{8c} 在模型修正时路径被释放以外，其余均通过检验，新添加的 9 条作用路径中，有 6 条通过检验，分别是政策制度环境对关系耦合度的作用路径(路径系数为 0.289，$P<0.01$)、政策制度环境对关系持久度的作用路径(路径系数为 0.204，$P<0.01$)、市场需求环

境对关系耦合度的作用路径（路径系数为 0.276，$P<0.01$）、市场需求环境对关系交互度的作用路径（路径系数为 0.281，$P<0.01$）、市场需求环境对关系持久度的作用路径（路径系数为 0.167，$P<0.05$）以及社会文化环境对关系交互度的作用路径（路径系数为 0.181，$P<0.05$），其余 3 条路径未通过假设检验。

7.3.4　实证结果分析

本节采用层级回归分析方法对制造企业创新能力在外部关系质量和外部环境质量与低碳创新绩效之间的单独中介效应进行检验；在此基础上，依据柳士顺等[260]提出的多重中介模型检验方法对知识共享和创新能力的多重中介效应进行总体中介效应检验、个别中介效应检验以及中介效应差异比较；最后采用结构方程模型对所构建的总体研究模型进行拟合、修正和评价，得出如下实证分析结果。

（1）制造企业低碳创新的外部关系质量和外部环境质量既对低碳创新绩效具有直接促进作用，同时又通过企业创新能力的中介传导作用对创新绩效具有一定的间接作用，即企业创新能力分别在外部关系质量和低碳创新绩效之间，以及外部环境质量与低碳创新绩效之间发挥部分中介作用，H_9 和 H_{10} 得到验证，说明内生性因素能够有效衔接和传导外生性因素对因变量的作用效果，企业低碳创新绩效的提升是内外因素共同作用的结果。从各个维度进行分析，关系质量和环境质量的各个维度对创新绩效的直接促进作用都具有显著性，可见，开放创新环境下组织间合作关系和外界支撑环境的优化能有效激发和保障制造企业的低碳创新效能，大幅提高创新绩效。同时，路径系数表明，关系质量各个维度的提升对于培育企业自身创新能力，形成低碳创新优势进而促进创新绩效的作用也极其明显，其中关系交互度的作用效果最为显著（其直接作用效果为 0.221，间接作用效果为 0.136，总效应为 0.557），表明加大沟通和互动的频繁程度、鼓励组织之间有效交换核心思路和想法是提高低碳创新成功率的有效捷径。在环境质量对企业创新能力的作用层面，政策制度环境和市场需求环境的作用效果显著，而社会文化环境的作用路径未得到支持，讨论其原因可能在于通过优化全民低碳意识和低碳文化进而带动企业低碳创新绩效的做法具有较大的时延性，其优化作用在调研样本数据中并未得到体现。

（2）通过多重中介模型检验可知，知识共享和企业创新能力在外部关系质量的各个维度与低碳创新绩效之间发挥多重中介作用，其总体中介效应和个别中介效应均通过显著性检验。表明在制造企业的开放式低碳创新活动中，优质的合作关系在通过提升企业能力助力企业创新的同时，又能够有效催化组织间的知识流动和转移，通过知识共享高度嵌入合作组织关系对合作效果的影响之中，通过组织之间的耦合互动关系为知识的共享和交换提供渠道和基础，避免知识转移的黏滞现象，激活知识共享的桥梁作用，为低碳创新绩效的提升提供灵感保障。同时，通

过个别中介效应的差异化分析可知，尽管各差异化均不显著，但在关系耦合度与创新绩效的作用路径上，知识共享的部分个别作用略大于企业创新能力的个别中介作用（差异度$|f_1|=0.015$），而在关系交互度和关系持久度与低碳创新绩效的作用路径上，企业创新能力的个别中介作用略大于知识共享的作用效果（差异度$|f_2|=0.038$，差异度$|f_2|=0.026$）。说明企业在提升低碳创新绩效的管理中应有针对性地加强创新能力培育和知识共享的作用，在外部合作主体的关系耦合度保持不变的前提下，加速知识流动、提高知识共享对低碳创新绩效的优化效果要略高于企业创新能力提升的作用，相反，在频繁交流和长久关系保持的前提下，应重点通过培育企业创新能力、保障低碳创新绩效，而借助外脑和外部知识注入的手段次之。

(3)对模型修正后新添加的作用路径进行分析表明，外部环境质量对外部关系质量也具有一定的正向促进作用，这一点是前文假设分析中未考虑到的。其中，政策制度环境正向作用于关系耦合度和关系持久度（标准化路径系数为0.289和0.204）；市场需求环境对关系质量的3个维度均有促进效果（路径系数分别为0.276，0281和0.167）；社会文化环境仅对关系交互度具有正向促进作用（路径系数为0.181）。结果表明政府通过政策扶持和制度引导能够有效促进制造企业与合作创新组织的静态连接强度，提升合作关系稳固的程度，合作组织间也乐于通过维护持久的利益关系来把握政策机遇，实现共赢发展；低碳市场需求和市场竞争对于关系质量的优化是全方位的，通过低碳产品需求和激烈竞争环境的调节和诱导作用，合作组织更倾向于加大投入力度和优化资源配置强化合作关系连接，保持频繁沟通和进行持久合作，以期最大化获取和占据市场份额；而社会文化环境对关系质量的作用只体现在其对关系交互度的促进方面，即低碳文化的普及、倡导和宣传产生的影响力和渗透力对提升制造企业与创新合作组织间交流互动的频率和广度作用显著，而对于关系的静态连接强度以及连接时间作用不大。综上所述，尽管社会文化环境对企业创新能力的直接作用未得到支持，但其可以通过关系交互度的传导作用促进企业创新能力的培育，其间接作用路径得到检验。

7.4 本章小结

本章在前文研究的基础上将外部关系质量、外部环境质量、企业创新能力三个关键因素与低碳创新绩效放入一个研究框架内进行分析，首先提出外部关系质量、外部环境质量对企业创新能力的作用命题，然后结合前文各因素对低碳创新绩效的作用研究构建了总体作用机制模型，最后利用所设计的问卷量表及370份制造企业调研问卷数据对总体模型进行实证分析。在方法选择上采用层级回归分析的方法对制造企业创新能力分别在外部关系质量与低碳创新绩效、外部环境质量与低碳创新绩效之间的单独中介作用进行检验，并利用多重中介模型检验方法对知识共享和企业创新能力的多重中介效应进行总体中介效应检验、个别中介效应检验以及中介效应差异比较，进而采用结构方程模型对所构建的总体研究模型进行拟合、修正和评价。实证结果表明，制造企业外部关系质量和外部环境质量对低碳创新绩效的正向促进作用是通过企业创新能力的中介效应体现，说明内生性因素能够有效衔接和传导外生性因素对因变量的作用效果，企业低碳创新绩效的提升是内外因素共同作用的结果；知识共享和企业创新能力在外部关系质量和低碳创新绩效之间发挥多重中介效应，且两中介效应存在非显著性细微差异，企业应在创新过程中予以区别对待；外部环境质量对外部关系质量具有一定的正向促进作用，其中市场需求环境对外部关系质量的作用效果最为全面，突显出培育健康市场环境的重要性。

第8章 提升我国制造企业低碳创新绩效的保障措施

在前文研究的基础上，本书明晰了影响制造企业低碳创新绩效的三方面关键因素——外部关系质量、外部环境质量和企业创新能力，并分别研究了各因素对制造企业低碳创新绩效的作用路径和作用效果，结合各章分析结果，本章侧重从优化各个关键因素的角度提出提升我国制造企业低碳创新绩效的保障措施，其中优化外部关系质量和优化企业创新能力是针对企业层面提出对策建议，优化外部环境质量是针对政府部门层面提出对策建议，以期为管理部门和制造企业决策者的策略制定提供有益借鉴。

8.1 优化外部关系质量提升低碳创新绩效

8.1.1 积极培育和形成专业化创新合作网络

制造企业与其他创新合作主体间关系的紧密耦合、良性互动和持久保持对低碳创新绩效具有明显的促进作用。近年来，开放式创新的重要性已被绝大多数企业管理者所接受和重视，在低碳经济的席卷下，制造企业个体不具备足够雄厚的经济技术实力践行低碳友好型发展，推动企业产品和经营的低碳创新。为了应对复杂化和动荡性的经济形势和竞争态势，制造企业应着力建立具有广泛联系的创新合作联盟，依托外部专业化机构的优质创新资源和创新信息实现与自身实力的有效整合。目前，低碳商机在我国制造产品市场已经展露，尽管我国不乏具有庞大规模和雄厚资金实力的制造企业，但不可否认我国绝大多数制造企业在自主低碳创新方面实力还非常脆弱，要求企业采取与科研院所、合作企业等的深度联盟与创新协作，形成依靠联盟成员之间的低碳价值为纽带的协同创新模式，通过创新主体之间的相互支持、利益共享以及诚信联盟，促使企业更好地维护和发展低碳市场、分担低碳风险、巩固低碳实力，形成协同的效果。

一方面，制造企业低碳创新推进的关键在于低碳技术的掌握，技术创新是一项长期和复杂的系统工程，急需整合各方面技术资源力量实现产品技术和工艺上的突破。通过积极与专业化科研合作联盟构成创新网络，制造企业能够有效弥补自身专业技术上的缺口，同时，大规模的低碳技术研发是一项高投入、高风险的创新活动，制造企业依靠一己之力而为之难度较大，企业管理者也往往不认可耗费巨大成本的同时承担低成功率风险。因此，制造企业应该在低碳创新过程中积极促成和采取联合研发方式，通过创新联盟降低技术研发支出，并在技术秘诀、技术流程的分享中提升低碳实力。

另一方面，低碳创新在制造企业生产管理和制度管理上的主要表现是缩减成本、降低排放和循环利用废弃物，制造企业单靠自身的微小产量往往难于实现成本的节约，这就要求制造企业通过与合作企业以及供应链的企业进行通力合作。通过专业化分工，形成资源互补、优势共享的创新联盟，将合作同盟的创新型节约思路和做法融入企业自身的生产运作流程中，通过经验借鉴和批量化产品组合实现生产管理和制度管理的低碳化和节约化。

8.1.2　建立和健全创新联盟关系稳固机制

创新联盟是一个局部的创新系统，通过创新系统的整体协调发展才能发挥最大的创新潜力。创新联盟关系的稳固性是影响整个创新系统合作创新绩效和系统存在生命周期的重要因素，这种关系的稳固性主要通过创新合作伙伴的和谐关系来提升。制造企业在与外部组织构建低碳创新联盟时，创新联盟中的各部门可能因为存在利益和风险分担问题产生冲突，影响合作创新关系的稳固性和合作效果。因此，制造企业在与外部组织建立低碳创新联盟关系时要重视建立和健全关系稳固机制，通过梳理和分析本书建议从以下三个方面着手，分别是建立良好沟通机制、推动组建标准化联盟和建立有效监督评价机制。

首先，要在创新联盟主体间建立行之有效的沟通机制。在组建低碳创新联盟初期应该重视稳定的契约关系管理，通过契约来明确联盟主体的权利和义务。创新联盟主体间的管理部门间的沟通是联盟主体间信息交流的重要方式，因此应该通过合作契约和合作主体的信誉来减弱彼此的自我保护意识，加强管理部门间的沟通和联系，建立冲突管理机制，当出现冲突时能够积极解决问题，避免拖沓和逃避责任的现象。在管理部门间的沟通联系中，联盟组织高层管理人员之间的沟通尤为重要，应该改变国内联盟组织高层管理人员间表面化沟通的方式和局面，强化高层管理人员沟通的重要性，通过制定合作创新战略、创新联盟规划等确定创新联盟的任务和方向，并通过有效沟通控制整个创新合作的过程，为创新联盟主体间的关系稳固性提供保障。

其次，要推动创新联盟的标准化机制建设。积极加入有国内外规模化企业参与的低碳创新联盟组织，通过与国际化公司建立合作关系实现与低碳标准化技术和创新的接轨，促进企业的低碳创新与国际化的标准相融。围绕关键核心的低碳技术展开共同研发，推动标准化联盟关系的建立，进而提高创新联盟主体间的关系稳固性。

最后,要建立创新联盟内部的评价和监督机制。创新联盟组织的成立是为了提高信息流通和创新的效率、降低创新的成本,应该在联盟内部通过组织间的协商建立科学合理的评价和监督机制。根据联盟成立的目标和创新成果的需求构建信息交流、合作效果的统一评价指标,尽量量化沟通和合作的效果,依据联盟组织间的合作协议和合作创新成果评价体系建立相互之间的监督机制,保障低碳创新联盟关系的稳定性和持久性。

8.1.3 重视和促进创新合作中的知识共享交流

知识共享机制在外部关系质量和低碳创新绩效的作用路径之间发挥关键的传导作用。诚然,创新活动是知识密集交织的结果,低碳经济导致制造企业产品绿色功能需求的激增以及技术寿命的迅速缩短,创新型知识的涌现和获取成为企业低碳创新的关键环节。在制造企业与其他创新主体的低碳合作创新中,创新成果和创新产出是以知识的共享、交织和升华为蓝本,知识共享机制高度嵌入合作团队成员关系网络对合作效果的影响,为创新合作效果提供衡量标准,重视和促进创新合作中的知识共享和交流应从以下几方面着重考虑。

第一,需建立以信任为前提的共享机制。增进创新合作组织成员间的信任感进而提升合作的凝聚力是有效知识共享的前提,企业应鼓励和采取措施增进员工与合作机构成员的互信交流,使双方保持工作中的伙伴关系之外,成为日常生活中可以信赖的朋友,打破知识共享的竞争风险,不必担心彼此的投机行为,确保知识的无障碍流动;第二,应规范知识共享的传输渠道。鉴于技术知识存在形式的多样性,高度规范化的知识共享渠道既能保持共享知识的完整性,又能有效消除创新合作伙伴间知识共享的障碍。在创新合作中应预先制定规范的制度标准,并采取标准化文档传输知识,提高知识共享和传输效率的同时使双方知识的沟通和交换有迹可循;第三,应着力提高制造企业自身的知识整合能力,创新合作中知识共享的价值只有在知识被有效整合吸收之后才能显现,可以说知识的成功转移与收发双方的知识整合能力密切相关,通过优质知识整合能力保证创新合作中的核心知识以全面、充分的形态加以呈现,从而借助外部知识加速激活制造企业内部的资本增量,形成低碳创新绩效提升的内生动力。

8.2 优化外部环境质量提升低碳创新绩效

8.2.1 合理制定和完善低碳政策制度

发展低碳经济需要低碳经济政策体系为其提供有力保障,完善的低碳经济政策和体系才能促进低碳经济社会的和谐稳定发展。我国早在 2007 年已经公布了《中国应对气候变化国家方案》,在 2008 年又发表了《中国应对气候变化的政策与行动》,为我国发展低碳经济指明了方向。为了与国际低碳经济发展标准相吻合,积极参与国际市场的竞争,我国政府还应在低碳产品认证、碳标签制度、碳交易制度和碳税征缴等方面进一步制定和完善相关规定制度。

在低碳产品认证方面,在 2013 年我国政府发布了《低碳产品认证管理暂行办法》,但是该办法对低碳产品的规定并不十分详尽,低碳产品的认证标准并未得到明确规定,还需要进一步对低碳产品认证管理办法进行修改和完善。在完善过程中要注意借鉴国际低碳产品认证标准,与国际低碳发展相接轨,包括 ISO14064、ISO14065 等温室气体认证和排放标准等。目前,国际竞争市场越来越重视产品潜在碳排放量指标,因此我国政府在发布相关法规时还应重视对企业产品生产全过程碳足迹的评价,积极与国际市场接轨,参考国际组织发布的碳足迹评价方法制定相关的碳足迹跟踪和评价规则制度。

在碳标签制度方面,借鉴国外碳标签法律制度的制定,结合我国市场运行规律的现实情况,采取自上而下的发展模式制定碳标签制度,与国际新出台的 ISO 1407 碳标签标准相匹配,严格规定碳标签的申请、评定、颁发和审核流程规范。在认证管理委员会下设置碳标签专门工作小组,为了鼓励制造企业申请碳标签的积极性,可对申请成功的企业实行减免税费的优惠政策。由于碳标签制度反映了产品整个生命周期的碳排放量,为了真正起到监督和激励作用,建议对申请成功的企业进行周期性或不定期审查和考评,及时处理考评不合规企业,免去其相应资质和享受的政策优惠并严格处罚。

在碳交易制度方面,逐步建立碳交易市场,利用企业间的碳交易行为通过市场化调节来达到碳减排的目的。2011 年国家发改委下发了《关于开展碳排放权交易试点的通知》,正式启动北京市、天津市、上海市等七个省市碳排放权交易试点的运行,各地区按照本地区的条件自行拟定碳排放交易管理办法,明确碳排放总量控制目标以及对各单位二氧化碳排放量的分配方案,建立监管体系和交易平台。目前,我国对碳排放权交易的相关法律规定仍处于缺失状态,随着碳排放权交易试点的运行,相关政府部门应该总结吸取实践经验积极制定碳排放权交易的相关法律和规定,建设区域内和区域间的碳交易平台,积极发展与发达国家共同参与的碳排放权交易项目,利用国外直接投资和技术支持发展我国的碳排放权交易市场,推进我国碳交易制度的完善。

在征缴碳税方面,我国政府应该在考虑本国国情的同时,注重与国际碳税制度接轨。采取循序渐进的方式逐步分段开征碳税,从燃油税开始逐步推行资源税,进而提出碳税制度改革,征收碳关税将基于 WTO 禁止征收双重税的原则,此项举措大大削弱了美国等国家通过碳关税制度对我国出口贸易的打击。2009 年我国财政部颁布的《中国开征碳税问题研究》报告就已提出预计在未来的五年内制定征收碳税的相关法律规制，采取从量计征的方式向环境中排放二氧化碳的单位和个人征收碳税。在开征碳税的初始阶段就针对全范围征收容易造成较大的消极影响，可以先以汽油、天然气等能源下游行业为征收对象，依据其能源消耗所含碳量及制定的碳税税率进行征收，这些行业的税费增加必然会导致成本的提高。当行业内部无法消化成本带来的冲击时会通过向其他行业整合的方式利用规模效应来应对碳税带来的高成本，从而达到由能源行业带动其他行业重组的格局，而后再逐步将征收范围向其他行业覆盖。根据 IPCC 研究结果表示，碳税征收的价格区间应在每吨二氧化碳 3 美元到 95 美元之间，其中最合理配置的碳税为 12 美元，我国在实施过程中应该依据我国的实践情况加以设定，并采取动态调整的策略进行微调来探索适合我国国情的碳税税率标准，并合理制定减免政策来激励企业积极开展碳减排活动，对逐年实现碳减排目标的企业通过碳税减免或税收返还的方式给予优惠。

8.2.2 积极引导和培育低碳市场环境

提高市场需求环境质量要引导消费者的低碳消费模式，培养消费者的低碳生活方式，加大政府低碳采购的力度及完善政府低碳采购体制，具体来说，应从引导和培养消费者的低碳消费模式和加大政府采购扶持两方面发挥对低碳市场环境的优化作用。

引导和培养消费者的低碳消费模式。引导消费者的消费模式和生活方式向低消耗、低排放和低污染的方向转变是提高市场中低碳产品需求量的重要途径。但是低碳消费模式还需要一定的生活收入水平作为经济保障，但整体来看，我国居民人均收入水平虽然逐年持续增长，但相较于发达国家仍有较大差距。因此，在合理设置低碳产品价格的同时，政府应当着力进行低碳意识的引导和宣传，推动消费者低碳消费模式的形成。要采用各种渠道和方式加强对低碳消费的宣传力度，综合利用网络、电视、报纸等媒体，提高消费者的低碳消费意识和低碳心理效应，提高市场对低碳产品的需求量。

加大政府低碳采购力度。政府低碳采购行为能够从社会公共利益的角度出发宏观调控市场经济，引导低碳产业的发展，提高市场对低碳产品的需求量，对转变企业低碳生产方式和消费者的低碳消费模式都具有重要的影响作用。因此，应在我国现有《政府采购法》及相关规范规定的基础上制定并完善低碳采购的详细规定，明确界定低碳产品的名录和标准，规定政府采购低碳产品的相关机构、流程和考评制度等实施办法，将政府低碳采购的绩效考评与政府业绩相关联，提高政府低碳采购行为的积极主动性。完善政府低碳采购制度建设需要设置采购和管理职能相分离的梯度机构，提高相关采购人员的专业化水平，完善政府低碳采购部门的人力资源建设制度，健全政府低碳采购的预算制度和考评制度，建立政府采购机构的公共信息平台，为政府采购工作人员、供应商和中介组织的沟通交流提供便利的同时，加强政府低碳采购的信息公开化、简约化，保证政府低碳采购工作的高效和透明运作。

8.2.3　大力倡导和鼓励低碳文化宣传

低碳文化是发展低碳经济的价值引导和行为规范，社会低碳文化的培养和形成可以有效促使低碳社会和低碳经济的发展上升到更优质的层面。低碳文化一方面会影响公众的低碳生活和消费习惯，促进低碳消费和公民节约；另一方面，会有效促进相关企业的低碳责任意识的形成，在低碳文化的作用下，企业开始更加重视自身行为对环境的影响，在关注经济效益的同时，形成内生性的环境责任和社会责任，为经济社会低碳发展贡献力量。具体来说，应重点从以下几方面加强对低碳文化的宣传力度。

第一，要建立并完善低碳文化的宣传机制。政府作为低碳文化的有力推动者，应该将媒体、企业、公众等纳入低碳文化的宣传体系中，充分有效地利用广播、电视、网络和报纸等媒体平台宣传低碳文化和理念。从低碳生活方式到企业低碳事迹，从政府低碳政策到国际低碳规定，将低碳文化和知识渗透到公众的生活点滴中，逐渐改变公众的生活方式，培养企业的低碳生产模式，使节能减排成为全社会每个组织和个体的主动性行为。

第二，建议将低碳文化教育纳入我国教育体系。教育部等相关部门应该在教材和部分课程中加入低碳文化教育的内容，出台相关文件和规定使各地区的教育部门加强对低碳文化教育的教育程度，不仅在义务教育中加入对低碳文化素质的培养，还要在大学等教育组织部门提高低碳文化教育的比重，积极开展低碳文化教育活动，开设低碳宣传讲座和低碳实践活动，培养国家高素质人才的低碳文化素质。

第三，建议采用多种宣传渠道进行低碳文化宣传。文化宣传部门设立低碳文化日或世界低碳节日来普及低碳文化知识，这种持续性的低碳文化宣传载体能够起到普及性的社会宣传效果。此外，建设低碳博物馆、展览馆等宣传场所，或在现有的博物馆中加入低碳的内容和元素，宣传低碳文化的发展历程以及最新的低碳技术和创新成果，在宣传低碳文化的同时也能够促进低碳创新知识和信息的传播及应用。

8.3　培育企业创新能力提升低碳创新绩效

8.3.1　培育和提高创新决策能力

随着经济全球化以及科学技术的快速发展，制造企业的生存环境正面临着日新月异的变化，近年来全球变暖等气候变化带来的巨大影响使全球的经济发展环境逐渐在发生转变，制造企业只有采取相应策略来应对外部的低碳经济发展环境变化才能在市场竞争中获得竞争优势进而占据主导地位，此时需要制造企业及时洞察外部环境的机会并识别企业自身的竞争优势来制定科学合理的低碳发展战略进而展开低碳创新。这些活动都离不开制造企业家的创新精神、社会资本和风险控制等创新决策能力，下文从以上三方面来提出提升制造企业创新决策能力的对策建议。

企业家创新精神是营造企业创新文化的价值导向，在面对外部低碳发展环境的变化时，具有创新精神的企业家能够及时感知外部低碳经济发展环境带来的机遇和挑战。根据多年积累的经验和知识提出应对策略，在具有创新精神的企业家的引导和带领下，企业一般不会随波逐流听之任之，也不会掩耳盗铃一味逃避，而是及时认知外部低碳经济发展背景的新机遇和新信息、分析企业自身具备的优势、整合内外部资源尽快制定企业低碳发展策略，依据低碳发展战略开展低碳创新活动。作为制造企业文化和规范的引导者，企业家必须重视自身创新意识、个性和理念的培养，通过不断学习和努力挖掘企业发展中各个方面的低碳创新潜力，通过对各方面低碳创新的认知将企业低碳创新的潜力转变为低碳创新意识，进而转化为低碳创新的动机。同时，企业家应该将自己的利益、企业的利益与社会的利益相统一，将社会责任感和企业价值观紧密融合，关注经济、社会和环境的全球化问题，坚定创新理念和必胜的信念，勇于推动创新和实现创新目标。

增加制造企业的社会资本存量也是提高制造企业创新决策能力的重要途径。制造企业在低碳经济背景下是否实施低碳创新、在企业的哪些方面展开低碳创新、实施到什么程度、低碳创新的具体工作由哪些部门或者人员来执行、怎样才能实现低碳创新的应用价值，这些都需要大量的信息和数据来做佐证和支撑。企业在培育强大技术资本和专业人力资本的同时，更应该积极拓展和提高社会联系资本，只有这样才能有效获取更多的基础性创新素材和知识，通过与企业自身技术能力相融合形成创新成果和创新收益。如果企业缺乏自身技术研发能力的支持和支撑，则更应该积极拓展和培养横向社会资本，进而提高获取低碳创新应用型成果信息的效率并降低获取信息的成本。由此通过模仿创新和合作创新模式实现低碳创新成果转化，另外，制造企业在低碳创新决策实施过程中更需要纵向社会资本作为支撑，纵向社会资本往往蕴含大量的决策信息和决策商机，对制造企业创新实施成败的影响作用显著。因此，积极增加横向社会资本、纵向社会资本和社会联系资本对企业培育创新优势，保证创新成功具有重要作用。

重视企业的风险控制管理是制造企业创新决策能力培养的另一重要方面。制造企业低碳创新会涉及企业内部包括技术、管理、营销等多方面的创新和改变，实施低碳创新后是否能够获得更多的经济价值具有一定的不确定性，也就是说，制造企业低碳创新具有一定的风险，企业在进行创新决策时，会充分考虑到各种风险的可能性以及企业自身的控制管理能力。若企业具有较强的风险控制管理能力，则在创新决策时会具有相对较大的风险偏好，若企业的风险控制管理能力较弱，则在创新决策时会具有较大的风险厌恶情绪，进而会影响制造企业低碳创新战略的制定和实施。因此，制造企业的管理人员和普通员工都应该重视培养风险意识，制定科学合理的风险预警体系，提炼企业的各项风险要素，建立风险评估指标体系，按照重要程度进行权重赋值，定期评估企业的风险情况，建立应对风险、转移风险等风险控制机制，最大限度地降低制造企业实施低碳创新可能面临的损失。

8.3.2　培育和提高资源获取能力

企业是由人力、物力、财力、信息和知识等一系列资源组成的集合和整体，这种由多个资源束组成的集合形成了企业独特的竞争优势。随着企业开放式创新的改革和发展，对外界创新资源的获取并加以吸收改进形成企业自身的异质性资源成了新时代企业发展的挑战，企业只有先不断获取外界的信息和资源，然后才能实现筛选、吸收、改进和商业化应用等过程。因此，培育和提高资源获取能力对制造企业低碳创新意义重大。

第一，要完善创新资源获取机制。制造企业若欲在市场激烈的竞争中保持一定的地位和优势，则一定要打破封闭式创新资源获取机制，向开放式创新资源获取机制转变，才能获取跨越企业和其他组织边界。开放式的创新资源获取机制与封闭式的创新资源获取机制相比有较大的知识和技术外溢的风险，在建立完善的知识共享机制和风险共担机制之外，要重视对资源占有机制的建立。其中，基于知识产权的正式制度资源占有机制能够对企业之间的获取途径进行规范化引导，还能够有效防止在资源获取和传播过程中机会主义行为的出现。制造企业在低碳创新过程中要积极采取开放式创新模式，在开放式创新模式的基础上建立有效的低碳创新资源获取机制、知识共享机制、风险共担机制和低碳创新资源占有机制，借助外部的低碳创新知识和力量来以最低成本实现最高效率的低碳创新。

第二，强化资源获取渠道的开发和管理。选择合适的供应商作为长期的合作对象，开发、维护、获取先进生产设备和原材料的渠道，设备决定技术，技术决定产品。因此，在制造企业进行低碳创新过程中，引进先进的低碳生产设备是制造企业实施低碳创新来生产低碳产品的重要而快捷的途径。制造企业应该与多方优质的设备供应商建立联系，从中选择购买适用于企业、与企业原有工艺设备兼容性较好的低碳生产设备。另外，低碳产品需要对其从原材料采购到生产加工，直至销售到最终消费者手中的整个生命周期的碳排放量进行测量和评价，所以制造企业在购买原材料环节必须坚持节能减排的原则，与信誉好的供应商长期建立高质量的合作关系，为制造企业实行低碳创新进而生产低碳产品做好原料和设备的保障。此外,制造企业应该积极参加行业内及其他相关的低碳主题活动,包括行业协会的低碳技术交流、低碳产品展示、低碳合作等,积极与科研院所、中介机构等建立良好的合作关系,通过企业良好的信誉提高与合作对象的关系质量,如此才能及时获取低碳创新的相关信息和创新资源,为制造企业低碳创新提供资源保障。

第三,加强创新资源的整合和应用。制造企业通过相关资源获取渠道获取了低碳创新所需要的创新资源后,因为有些简单的创新资源能够与企业本身相匹配,而有些资源与企业自身的兼容性不佳需要进一步改善和处理才能使其与企业自身相融合,所以制造企业在获取了低碳创新资源后,要重视对资源的整合和处理,包括人才、资金和知识等方面。在知识经济的时代,人才是决定企业是否具有竞争优势的要素,制造企业低碳创新更离不开人力资源的支撑,建立一支专业强水平高的人才队伍是促使企业取得创新成功的关键,对专业人才队伍结构的有效整合更是有利于制造企业高效利用资源获得低碳创新成功的重要动力。制造企业在实行低碳创新时不仅要重视对低碳创新人才的吸引,还要重视整体人才队伍的建设和整合。此外,制造企业低碳创新更需要资金的保障,低碳创新资金投入力度决定了低碳创新活动的顺利实施和成果的质量,我国制造企业目前还普遍存在对创新活动资金投入力度小的问题。为了确保低碳创新成果质量,制造企业必须确保低碳创新资金的持续投入及投入增量,保证企业低碳创新的物质基础。知识资源是企业更为深层次的要素,通常可以划分为显性知识和隐性知识,前者强调提升企业对事物的认知能力,而后者主要用于提升企业具有的决策能力。企业的未来成长在很大程度取决于企业所拥有隐性知识的多少,制造企业不仅要重视显性创新知识的整合,还要加大对隐性知识的识别,突破隐性知识一般以人为载体的识别和传播障碍,重视对低碳创新人才具备的隐性知识的开发,加速隐性知识在企业内部的传播、应用和扩散。

8.3.3 培育和提高技术研发能力

制造企业的技术研发能力体现在利用引进的技术和现有的知识创建新知识和新技术来改善现有生产工艺流程和产品质量性能等方面的能力,技术研发能力的强弱影响着制造企业在市场竞争中的发展和地位。制造企业应该重视建立企业研发中心,完善研发中心的组织结构和设计流程,培养具有系统性、完备性和高层次的研发能力。制造企业在低碳创新中的重点即为低碳技术创新,低碳技术创新的设计和实施都离不开企业技术研发能力的支撑。

首先,重视对研发中心的建设。研发中心是制造企业从事自主技术创新活动的主要基地,目前很多大型制造企业已经建立了自主研发中心,并具备一定程度的系统性研发能力,然而还有很多中小型制造企业尚未意识到研发中心的重要性,导致我国整个制造行业仍未形成系统性的创新结构和体系。从制造企业自身的角度看，若无研发中心的存在，创新活动主要以研发项目的形式通过从各部门调用的人员组成的项目组来执行，往往会导致项目组成员间出现冲突或各自为政的现象，给创新任务的顺利执行带来了较多障碍。因此，制造企业研发中心的设立是非常必要的，不仅能够协调创新活动在各部门间的配合工作，为企业提供能够与企业自身技术兼容且适合于企业发展的技术创新成果，而且能够与其他研发中心建立合作关系来促成组织间的协同创新，这种组织间通过研发中心建立协同创新关系的方式能够在很大程度上提高信息交流的频率和研发工作的效率。

其次，合理分配研发中心成员的职责。研发中心要形成以人才为中心的研发团队，面对制造企业低碳创新的任务要建立专门的研发领导小组，根据现代管理学理论和方法从计划、组织、领导和控制等方面协调研发中心和其他各部门的人员配置。依据市场分析和研发需求对研发中心成员进行定岗定编管理，分析研发中心各成员的特征和岗位的素质和技能要求，通过对成员创新能力、综合素质和专业技能等方面的差异性分析使之与各岗位进行匹配，使研发中心的每个成员在自己的岗位上能够发挥其最大的潜能。制造企业在全面展开低碳创新时，研发中心的成员应该及时获取和跟踪外部市场环境、政策环境和社会文化环境等的信息和变化，依据市场需求和企业低碳创新战略制订具体研发计划，并做好人力、物力和资金等方面的统筹工作，各司其职，提高企业低碳创新的效率和绩效。

最后，建立并完善研发人员的测评和激励机制。科学完善的测评和激励机制是提高研发人员主观能动性和科研积极性的重要途径。对制造企业的专门研发人员进行定期或不定期的测评和考核，包括对专业知识、专业技能、创新能力、风险控制能力等方面的考察，除了对研发中心成员业务和能力的考察和测评外，还要重点对每个成员的任务完成程度以及其工作内容与工作岗位的匹配程度进行考察。由于研发和创新工作具有一定的周期性，尤其低碳创新的研发工作可能具有较长的项目周期，所以对研发中心成员的这项考察可以依据其完成目标的百分比进行考核，并依据业务能力和工作考核结果对研发人员实行奖励和惩罚措施；对业务能力不合格的研发人员进行培训或者调离到其他岗位；对测评和考核结果的奖惩要及时兑现，在最大程度上激励研发人员在企业低碳创新过程中的主动性和积极性。

8.3.4　培育和提高柔性生产能力

在低碳经济背景下，制造企业会受到来自政府、竞争企业、供应商、客户等多方外部主体的影响，企业产品类型和产品功能更趋于多样化和复杂化。在外部环境和与外部主体关系的作用下，柔性生产能力是企业减少受到外部环境和关系扰动和冲击的缓冲器，提高制造企业的柔性生产能力不仅能够减少低碳经济发展环境对制造企业的冲击，使制造企业的生产工艺系统在低碳发展环境中依然运转不止，还能够降低制造企业对生产系统进行低碳创新的风险程度。提升制造企业的柔性生产能力,应该从以下两方面着手。

一方面,要加强柔性生产制造管理。制造企业必须时刻对市场需求保持高度敏感,及时感知市场需求的变化和趋势,依据市场需求制订相应需求计划,这样才能及时感知市场对低碳制造品的需求以及变化趋势,并及时采取应对措施。尤其在市场对低碳制造品需求变化的初期,制造企业应该在低碳创新过程中以原有的生产系统和流程为基础加以改革,采取延迟化策略来实现产品的多样化生产,即在对生产系统进行低碳创新的过程中进行。由于低碳制造品推广具有一定的风险,要尽量做到传统制造品和低碳制造品通过相同的工艺制作过程来生产,并将制造企业运营过程中的顾客参与活动延迟至订单确定为止,这样能确保顾客需求与企业生产的无缝对接,进而使制造企业的产品和服务能够更好地满足市场和顾客的需求。另外,还要重视对制造企业班组的建设和完善,由于作为制造企业系统的末梢组织和单元,每个班组都是制造企业生产流程的最基本单位,加强对班组的重视和管理及对其功能的完善,才能使其更好地执行管理层的柔性生产和低碳创新等方面的决策和指令。

另一方面,要构建适应企业柔性生产的信息系统。现代制造企业已经基本普及了企业信息化管理,利用管理理念来充分整合企业设计、生产、制造、管理、营销、服务等诸多方面的资源和信息,为信息在企业间的传播及管理者的决策搭建便利和良好的平台。制造企业应该基于柔性化生产运营理念设计并构建计算机集成制造系统,也就是说,在设计系统时就应该考虑在满足企业需求的前提下,尽可能提高系统的柔性来适应企业生产的柔性化程度,不仅包括对网络的柔性建设和维护,还包括硬件和软件的柔性化维护和管理。随着外部低碳经济发展环境的变化,企业的发展战略也随之改变,这就要求企业的信息化管理系统能够满足企业低碳发展战略变化的要求。随着企业低碳创新需求的提高,需要对企业业务流程进行重组和优化来完成企业的低碳创新,此时只有柔性的信息化管理系统或计算机集成制造系统才能在系统优化过程中加入低碳的理念,从而促进企业在设计、生产、制造、销售等过程中的低碳创新。

8.3.5 培育和提高低碳保障能力

低碳保障能力是制造企业实施低碳创新的重要支撑力量。创新和改革的关键在于突破阵痛期,制造企业实施低碳创新是对企业全方位的一次改革,企业经过多年的发展已经形成了固有的路径依赖,低碳技术创新、低碳管理创新、低碳营销创新等一系列低碳创新活动的执行在初期会使企业内部组织和成员产生或多或少的抵触情绪。为了削弱制造企业生产运营的路径依赖对低碳创新的阻碍作用,制造企业应该努力提高低碳保障能力,即培育低碳创新的软实力,建议主要从低碳文化、低碳品牌和低碳习惯三方面着手。

企业低碳文化是发展低碳经济背景下应运而生的企业价值观,是企业在低碳经济背景下可持续发展的软实力,制造企业建设低碳文化需要将低碳理念深入贯彻到企业的每一个角落,建设低碳文化并非一朝一夕的事情,应该做到持之以恒,将低碳文化与企业的发展紧密联系起来,在制造企业生产运营的全过程都营造节能减排的低碳氛围。制造企业建立低碳文化应该采取自上而下的贯彻模式,企业的领导层应以身作则、身体力行地将低碳文化贯彻到领导活动和行动中,并将低碳文化建设作为企业在低碳经济背景下发展战略的核心内容,做出循序渐进的、科学的、明确的建设规划。将低碳文化建设的任务和责任具体落实到每个责任人手中,明晰每个阶段低碳文化建设活动的对象、内容和形式,将低碳文化建设的范围扩展到整个企业,把企业每个员工都纳入到低碳文化的培养和建设互动中,积极展开低碳文化培训活动,普及企业低碳文化知识和技能,提高员工参与低碳文化建设的积极性和主动性,使员工认识到企业发展和自身发展都应该具有强大的社会责任感。重视对企业内部管理层的低碳文化渗透,将低碳文化落实到管理活动中,形成低碳管理模式。除了以企业内部领导层、管理人员和普通员工等为对象的低碳文化建设外,还应该重视企业低碳标准体系的建立。企业低碳标准的建立应该以国际标准、国家标准和行业标准为依据,以企业在低碳经济背景下的发展战略为方向,以提高企业的经济效益、社会效益和生态效益为目标,结合企业自身的发展水平和资源实力,制定具有一定前瞻性、创新性和能体现企业竞争优势的低碳标准体系,为企业日常生产运营的各个过程发挥规范作用、提供行为准则。

在建设低碳文化的基础上,还要重视打造企业的低碳品牌。制造企业的低碳品牌是其低碳文化的实质性象征,是企业在市场竞争中的形象标识,也是制造企业在低碳市场竞争中获取更大优势的重要力量。制造企业在树立低碳品牌和形象时要以节能减排和环境保护为主要内容,以消费者的低碳需求为出发点,突出企业低碳产品的个性和优势,并使低碳品牌观念成为企业所有成员的行动指南。第一,制造企业低碳品牌的建立是为了获得更多消费者的青睐和认可,所以在树立低碳品牌时最重要的是要以消费者的低碳产品需求为出发点,突出企业的低碳个性、低碳标注和低碳价值。低碳品牌不只是制造企业在市场营销活动过程中的口号,企业在实践中的行动必须与企业的低碳品牌和低碳形象相符合和一致,这样才能获取消费者的信任。第二,低碳品牌要体现出制造企业尤其是企业产品的低碳价值,更要体现出企业的低碳承诺内容,这就要求企业建立的低碳品牌要与低碳标准相衔接,对低碳产品的整个生产周期的碳排放量按照标准进行跟踪和计量,通过具体的数字标准而不是泛泛的语言来体现企业产品的低碳承诺和低碳价值。第三,采取多种形式推广企业低碳品牌和低碳形象,充分利用电视、广播、网络、报纸等媒体,加强企业低碳品牌的宣传力度,通过低碳产品现场展示和客户体验等方式展现企业的低碳承诺和低碳价值,提高消费者对低碳产品的理性认识的同时也提高其对企业低碳品牌的信赖和忠诚度。

培养企业员工的低碳习惯,形成从高碳向低碳的行为习惯转变。低碳创新起于毫末,作为制造企业的基本工作单元,如果每个员工都养成了低碳习惯,就形成了企业的低碳惯例,能为整个企业从高碳向低碳运营模式的转型提供有力的保障,可见,低碳习惯既是低碳文化和低碳理念的基础,又是低碳文化和低碳理念的目标。培养员工低碳习惯,首先,要提高员工的低碳责任意识,企业在低碳创新过程中要注重员工的全员参与,使每个员工都成为企业低碳创新的主体,将企业的低碳创新视作自己的责任和义务,将低碳理念贯彻到日常生产运营的每一个细节,包括每一道工序,每一次操作,例如对低碳原材料的把关和废料利用、对工艺设备的操作性和实用性低碳创新等。其次,低碳习惯的培养并非一朝一夕,更重要的在于持之以恒。企业应该重视对员工的低碳教育和培训,提高员工的低碳意识,从小事做起,培养员工的日常低碳习惯,小到随手关灯、节约纸张材料,大到精细工作、避免返工浪费,让低碳理念和文化深入到每个员工的价值观中形成了习惯,在生产和管理等活动中注重低碳行为的执行和实施。最后,对低碳习惯的巩固和交流也是低碳文化形成的必要环节,企业应该定期举办以低碳为主题的经验交流活动,促进部门内和部门间的低碳方法和低碳经验的共享,加快员工低碳习惯的养成,进而形成企业的低碳惯例,提高低碳创新的效率和效益。

8.4 本章小结

本章对提升我国制造企业低碳创新绩效的对策进行分析,侧重从以下几个方面给出措施建议。在外部关系质量的培育和提升方面,建议企业在积极培育专业化创新合作网络的同时,建立全面的关系稳固机制,并采取措施加速创新合作中的知识交流和共享;在外部环境质量的培育和提升方面,建议政府管理部门要合理制定和完善相关政策制度、引导和培育健康市场环境、倡导和鼓励低碳文化和低碳宣传;在企业创新能力的优化方面,分别从低碳背景下制造企业创新能力的 5 个子能力的培育方面给出建议,包括创新决策能力、资源获取能力、技术研发能力、柔性生产能力和低碳保障能力,通过各子能力的提升构建和优化企业整体低碳实力,提升低碳创新绩效。通过上述保障措施的提出和分析,为我国制造企业抓住低碳机遇、应对低碳挑战、实现创新发展做出贡献。

结　论

本书以应对低碳经济的筛选和挑战为背景，以我国制造企业为研究对象，以寻求企业经济、科技、能源、环境和碳排协调发展、提升企业低碳创新绩效为研究目的，沿着科学性提出问题、系统性分析问题、针对性解决问题的研究思路，搭建了“理论和问题探索——概念模型构建——作用机制和作用效果分析——实证研究和结果讨论——提升对策和建议”的研究框架，采用文献研究和归纳分析法、组合动态评价方法、多主体演化博弈建模方法、数值实验和仿真分析法，以及实证统计分析等方法，对我国制造企业低碳创新绩效的提升路径进行探索和研究。本书所得到的主要研究结论有以下几方面。

第一，通过对我国制造企业低碳创新发展水平的动态测度表明，自 2007 年以来，我国制造企业低碳创新发展水平呈现逐年优化趋势，但低碳创新发展总体态势偏低，预测该努力程度下最优发展水平仅为微同势 18 级，提升制造企业低碳创新绩效势在必行。系统集对势变化趋势测算结果表明宏观调控和刺激作用导致我国制造企业低碳创新的阶段性波动特性明显，一方面说明我国制造企业低碳创新的内生性能力和资源不足；另一方面，过多依靠外界因素的拉动作用不是长久之计，难以避免企业的低碳创新水平的回落，反映出我国制造企业具有低碳创新的内部保障力量薄弱、外部支持力度不强、联盟嵌入程度不高以及内外资源整合认识不足等问题。

第二，采用扎根理论质化研究方法对影响制造企业低碳创新绩效的关键因素进行识别。通过对原始资料进行开放式编码、主轴式编码、选择式编码和理论饱和度检验等步骤反复得出内容如下。外部关系质量、外部环境质量和企业创新能力是影响制造企业低碳创新绩效的关键主范畴因素，其中外部关系质量包含关系耦合度、关系交互度和关系持久度三个范畴，外部环境质量包含政策制度环境、市场需求环境和社会文化环境三个范畴，企业创新能力包含创新决策能力、资源获取能力、技术研发能力、柔性生产能力和低碳保障能力五个范畴。

第三，探讨了制造企业外部关系质量因素对低碳创新绩效的作用机制。通过设计量表采用层次回归分析方法进行实证分析。实证结果表明，关系质量作为影响制造企业低碳创新绩效的关键外部因素对企业低碳创新绩效具有显著正向作用，其中代表关系质量动态维度的关系交互度对企业创新效能的催化作用效果最为明显;知识共享机制在外部关系质量和低碳创新绩效的作用机制路径上发挥部分中介作用。实证结论说明,制造企业通过关系管理提升低碳创新绩效的有效途径在于通过保持合作关系互动的频繁和高效,有效推动创新知识资源的共享和转移。

第四,研究了制造企业外部环境质量因素对低碳创新绩效的作用机制。通过演化博弈建模分析和多元回归分析实证等方法研究了环境质量主体间行为选择对企业低碳创新决策及其演化路径的影响,以及外部环境质量各维度对制造企业低碳创新绩效的作用效果。结果表明制造企业低碳创新决策的选择和低碳创新成效的取得是政府、企业和消费者三方主体共同作用的结果,政策制度环境(政府低碳扶持)、市场需求环境(低碳产品需求)和社会文化环境(低碳消费意识)对制造企业低碳创新行为的演化和低碳创新绩效的提升均具有显著正向作用。其中,政策制度环境的作用效果最为显著,突显出本土情境下政府的宏观调控对制造企业低碳创新的关键影响作用。

第五,讨论了企业创新能力对制造企业低碳创新绩效的作用机制,在采用二阶验证性因子分析进行结构维度检验的基础上;构建了企业创新能力变量组和低碳创新绩效变量组的典型相关模型,对两者的直接作用机制假设进行检验。结果显示了企业创新能力变量组与低碳创新绩效变量组之间可提炼出两对典型相关变量,相关系数分别达到0.860 1和0.749 9,两者具有典型正相关性;企业创新能力子维度中技术研发能力具有最大的解释贡献度,突显了技术先导性对企业整体创新能力的带动作用,是企业创新能力培育的重点关注维度。而低碳创新绩效子维度中技术创新绩效的解释贡献度最大,表明技术创新绩效的取得对于最大程度优化企业整体低碳创新绩效作用最为显著。

第六,构建了关键影响因素对制造企业低碳创新绩效的联合作用机制模型。通过对量表数据进行实证分析表明,制造企业外部关系质量和外部环境质量对低碳创新绩效的正向促进作用是通过企业创新能力的中介效应体现,说明内生性因素能够有效衔接和传导外生性因素对因变量的作用效果,企业低碳创新绩效的提升是内外因素共同作用的结果;知识共享和企业创新能力在外部关系质量和低碳创新绩效之间发挥多重中介效应,且两中介效应存在非显著性细微差异,企业应在创新过程中予以区别对待;外部环境质量对外部关系质量具有一定的正向促进作用,其中,市场需求环境对外部关系质量的作用效果最为全面,突显出培育健康市场环境的重要性。

第七,紧密结合研究结论,本书提出提升我国制造企业低碳创新绩效的保障措施。建议企业应重点从专业化创新合作网络的形成、创新联盟关系稳固机制的强化,以及对合作过程中知识共享机制的重视几方面优化企业创新的外部关系质量;建议政府部门应从合理制定和完善低碳扶持政策、积极引导和培育低碳市场环境,以及大力倡导和鼓励低碳文化宣传等方面优化企业创新的外部环境质量。另外,企业整体创新能力的培育更不容忽视,分别从优化和培育创新决策能力、资源获取能力、技术研发能力、柔性生产能力和低碳保障能力等方面给出相关对策建议。

尽管本书对制造企业低碳创新绩效的关键影响因素及作用机制的研究所得出上述研究观点基本得到现有理论和实践数据的支持,但鉴于时间和个人研究能力限制,本书中还存在一些亟待完善的地方。如采用状态转移矩阵和集对分析理论相结合对我国制造企业低碳创新水平的评价中,采用专家建议并打分的方法对各评价指标的定级有一定主观性,其定级标准可能有待进一步商榷;在环境质量主体对制造企业低碳创新行为影响的分析中,提出一系列模型构建的假设前提以确保演化博弈模型得以简化分析和计算,这种做法难免影响到模型对实际问题的解释度和客观性。另外,鉴于制造企业低碳方面数据获取方面的难度,本书通过随机选取调研对象获取到的问卷数据可能并不十分翔实,研究范围及研究对象有待进一步扩大和精选,对于本书中的不完善和欠缺之处,将作为笔者在今后研究工作中的重点拓展和改进方向。

参 考 文 献

[1]ANDERSSON L M, BATEMAN T S. Individual environmental initiative: championing natural environmental issues in U. S. business organizations[J]. Academy of Management Journal,2000,43(4):548-570.

[2]倪外.低碳经济发展的全球治理与合作研究[J].世界经济研究,2012(12):10-17.

[3]UK Energy White paper our energy future creating a low carbon economy [R].2005.

[4]郝新鸿,蔡仲.IPCC与哥本哈根气候大会:中国要争取科学话语权[J].科学学研究,2011,29(1):3-8.

[5]冯之浚,周荣.低碳经济:中国实现绿色发展的根本途径[J].中国人口·资源与环境,2010(4):1-7.

[6]邢国均,邓继跃.2012装备工业蓝皮书:转型升级中的装备制造业[M].北京:机械工业出版社,2012.

[7]王欢芳,胡振华.中国制造行业发展与碳排放脱钩测度研究[J].科学学研究,2012,30(11):1671-1675.

[8]HUGHES N, STRACHAN N. Methodological review of UK and international low carbon scenarios[J]. Energy policy,2010,38(10): 6056-6065.

[9]DAGOUMAS A S, BARKER T S. Pathways to a low-carbon economy for the UK with the macro-econometric E3MG model[J]. Energy Policy, 2010, 38(6): 3067-3077.

[10]STRACHAN N, BALTA-OZKAN N, JOFFE D, et al. Soft-linking energy systems and GIS models to investigate spatial hydrogen infrastructure development in a low-carbon UK energy system[J]. International Journal of Hydrogen Energy,2009,34(2): 642-657.

[11]SKEA J, NISHIOKA S. Policies and practices for a low-carbon society[J]. Climate policy,2008, 8(sup1): S5-S16.

[12]CHEN Z H. Action plan and achievements of Japan low-carbon society[J]. Contemporary Economy of Japan,2009(6):12-19.

[13]郑林昌,付加锋,李江苏. 中国省域低碳经济发展水平及其空间过程评价[J]. 中国人口·资源与环境,2011,21(7): 80-85.

[14]MORGENSTERN R D, HO M, SHIH J S, et al. The near-term impacts of carbon mitigation policies on manufacturing industries[J]. Energy Policy,2004,32(16): 1825-1841.

[15]FLOROS N, VLACHOU A. Energy demand and energy-related CO_2 emissions in greek manufacturing: assessing the impact of a carbon tax[J]. Energy Economics, 2005,27(3): 387-413.

[16]ACQUAYE A A, DUFFY A P. Input-output analysis of Irish construction sector greenhouse gas emissions[J]. Building and Environment,2010(45):784-791.

[17]HAMMOND G P, NORMAN J B. Decomposition analysis of energy-related carbon emissions from UK manufacturing[J]. Energy,2012,41(1):220-227.

[18]MATTILA T. Any sustainable decoupling in the finnish economy? a comparison of the pathways and sensitivities of GDP and ecological footprint 2002-2005[J]. Ecological Indicators,2012(5):128 -134.

[19]TRIDECH S, CHENG K. Low carbon manufacturing: characterisation, theoretical models and implementation[J]. International Journal of Manufacturing Research, 2011,6(2): 110-121.

[20]RAI V, VICTOR D G, THURBER M C. Carbon capture and storage at scale: lessons from the growth of analogous energy technologies[J]. Energy Policy,2010,38(8): 4089-4098.

[21]BALL P D, EVANS S. Zero carbon manufacturing facility-towards integrating material, energy, and waste process flows[A]. Proceedings of the Institution of Mechanical Engineers[J]. Journal of engineering manufacture,2009,223(9):1085-1096.

[22]LEONARD-BARTON D. Core capabilities and core rigidities: A paradox in managing new product development[J]. Strategic Management Journal,1992(13): 111-125.

[23]MOORMAN C, RUST R T. The role of marketing [J]. Journal of Marketing,1999(63): 180-197.

[24]GUNDERMAN R B, GUNDERMAN S C. The appreciative approach to innovation and improvement[J]. Journal of the American College of Radiology,2006,3(2): 81-84.

[25]DITTRICH K, DUYSTERS G. Networking as a means to strategy change: The case of open innovation in mobile telephony[J]. Journal of Product Innovation

Management, 2007,24(6):510 - 521.

[26]SUI H Y. Social captial, absorptive capability, and firm innvation[J]. Technological Forecasting & Social Change,2013(80):1261 - 1270.

[27]CESAR C, ANA V. Organizational innovation as an enabler of technological innovation capabilities and firm performance[J]. Journal of Business Research,2014, 67(1): 2091 - 2902.

[28]STEELE L W. Evaluating the technical operation[J]. Research Management,1988 (9):10 - 12.

[29]TERZIOVSKI M, SAMSON D, GLASSOP L. Creating core competence through the management of organization[J]. Copyright & Foundation for Sustainable Economic Development,2001:45 - 49.

[30]CAPALDO G, LANDOLI L. The evaluation of innovation capabilities in small software firms: A methodological approach[J]. Small Busines Economics,2003,21 (4):343 - 354.

[31]JSEUS P O, JAVIER G B, JESUS G. The intervening effect of business innovation capability on the relationship between total quality management and technological innovation[J]. Journal of Production Research,2009,47(8):5087 - 5107.

[32]PRAJOGO D I, AHMED P K. Relationships between innovation stimulus, innovation capacity and innovation performance[J]. R&D Management,2006,36(11): 499 - 515.

[33]ALEGRE J, LAPIEDRA R, CHIVA R. A measurement scale for product innovation performance[J]. European Journal of Innovation Management, 2006(4): 333 - 346.

[34]BRUNNERMEIER S B, COHEN M A. Determinants of environmental innovation in US manufacturing industries[J]. Journal of Environmental Economics and Management, 2003,45(2):278 - 293.

[35]URSULA T, JOHANN W. Integrated environmental product innovation in the region of munich and its impact on company competitiveness[J]. Journal of Cleaner Production, 2008(16):1484 - 1493.

[36]MORRIS A. When green isn't mean: economic theory and the heuristics of the impact of environmental regulations on competitiveness and opportunity cost[J]. Ecological Economics,2001(36):31 - 44.

[37]UNRUH G C. Understanding carbon lock-in[J]. Energy Policy,2000,28(12): 817 - 830.

[38]UNRUH G C. Escaping carbon lock-in[J]. Energy Policy, 2002, 30(4):

317 - 325.

[39] UNRUH G C. Globalizing Carbon lock-in[J]. Energy Policy, 2006, 34(10): 1185 - 1197.

[40] VERGRAGT P J, MARKUSSON N, KARLSSON H. Carbon capture and storage, bio-energy with CCS, and the escape from the fossil-fuel lock-in[J]. Global Environmental Change, 2011, 21(2): 282 - 292.

[41] COHEN W M, KLEPPER S. The tradeoff between firm size and diversity in the pursuit of technological progress[J]. Small Business Economics, 1992, 4(1): 1 - 14.

[42] MICHAEL E P, CLAAS V D L. Toward a new conception of the environment - competitiveness relationship[J]. Journal of Economic Perspectives, 1995(9): 97 - 118.

[43] LANDRY R, AMARA N, LAMARI M. Does social capital determine innovation? To what extent? [J]. Technological Forecasting and Social Change, 2002, 69(7): 681 - 701.

[44] ASSIS J A B. External linkages and technological innovation: (some) topical issues[J]. International Journal of Entrepreneurship and Innovation Management, 2003, 3(1): 151 - 175.

[45] BURGELMAN R, MAIDIQUE M A, Wheelwright S C. Strategic management of technology and innovation[M]. NewYork: Mc-Graw-Hill, 2004: 112 - 185.

[46] NABIL A, REJEAN L. Sources of information as determinants of novelty of innovation in manufacturing firms: evidence from the 1999 statistics Canada innovation survey[J]. Technovation, 2005(25): 245 - 259.

[47] COOMBS J E, BIERLY P E. Measuring technological capability and performance [J]. R&D Management, 2006, 36(4): 421 - 438.

[48] YOUSEF E, Aidan K, et al. Green and competitive? An empirical test of the mediatin role of environmental innovation strategy[J]. Journal of World Business, 2008, (43): 131 - 145.

[49] SUI-HUA Y. Social captial, absorptive capability, and firm innvation[J]. Technological Forecasting & Social Change, 2013(80): 1261 - 1270.

[50] 张英华，张建宇. 企业环境友好运营的理论与实践：中国制造企业的低碳之路[M]. 北京：经济科学出版社，2010.

[51] 王崇梅. 中国经济增长与能源消耗脱钩分析[J]. 中国人口 · 资源与环境，2010，20(3)：35 - 37.

[52] 陈晓红，赵贺春，李岩. 工业企业低碳生产的动力机制研究：基于我国铝业低

碳生产的数据[J]. 数理统计与管理,2014,33(2):222 - 232.
[53]王智宁,吴应宇,叶新凤. 企业低碳成长的路径与策略开发[J]. 科技进步与对策,2011,28(1):84 - 87.
[54]姚西龙,于渤. 技术进步,结构变动与工业二氧化碳排放研究[J]. 科研管理,2012,33(8):35 - 39.
[55]解百臣,徐大鹏,等. 基于投入型 Malmquist 指数的省际发电部门低碳经济评价[J]. 管理评论,2010(6):119 - 128.
[56]卜华白,高阳. 我国铅锌企业低碳生产水平的“DS - BP”评价模型及其实证检验[J]. 管理评论,2011,23(4):3 - 10.
[57]陈琦,欧阳峣. 钢铁企业低碳化发展评价指标体系及评价方法研究[J]. 工业技术经济,2012(11):124 - 128.
[58]朱利明. 企业低碳竞争力评价指标体系研究[J]. 中国商贸,2013(5):105 - 106.
[59]唐德才,仲凤霞,沈子琦. 我国制造业低碳经济发展状况评价分析[J]. 商业研究, 2013(5):198 - 203.
[60]魏江,许庆瑞. 企业创新能力的概念、结构、度量与评价[J]. 科学管理研究,1995,13(5): 50 - 55.
[61]官建成,史晓敏. 技术创新能力和创新绩效关系研究[J]. 中国机械工程,2006,15(11):1000 - 1002.
[62]陈力田,赵晓庆,魏致善. 企业创新能力的内涵及其演变:一个系统化的文献综述[J]. 科技进步与对策,2012,29(14):156 - 157.
[63]杨智勇,覃锋. 企业技术创新能力的评价模型[J]. 统计与决策,2008(7):35 - 37.
[64]李垣,陈龙波,赵永彬. 战略导向、内部控制和技术创新的关系分析[J]. 预测,2009(2):33 - 38.
[65]朱利民. 企业技术创新能力的 E - V 模型评价[J]. 科技进步与对策,2004(6):86 - 88.
[66]吕一博,苏敬勤. “创新过程”视角的中小企业创新能力结构化评价研究[J]. 科学学与科学技术管理,2011,32(8):58 - 64.
[67]黄山松,谭清美. 不同要素密集型制造业创新效率变动的实证分析[J]. 武汉理工大学学报(社会科学版),2011(2):27 - 33.
[68]孙冰,周大铭. 基于改进 DEA 的装备制造企业自主创新现状评价与实证研究[J]. 科技进步与对策,2011(28):106 - 109.
[69]张晓明. 基于粗糙集:AHM 的装备制造业企业创新能力评价指标权重计算研究[J]. 中国软科学,2014(6):151 - 158.

[70]王建明,陈红喜,袁瑜.企业绿色创新活动的中介效应实证[J].中国人口·资源与环境,2010,20(6):111-117.
[71]华锦阳.制造业低碳技术创新的动力源探究及其政策含义[J].科研管理,2011,32(6):42-48.
[72]洪江涛,王明月,黄沛.钢铁企业低碳供应链的创新[J].研究与发展管理,2012,24(3):93-99.
[73]李先江.服务业绿色创业导向、低碳创新和组织绩效间关系研究[J].科学学与科学技术管理,2012,3(8):36-43.
[74]洪江涛,王明月,黄沛.钢铁企业低碳供应链的创新[J].研究与发展管理,2012,24(3):93-99.
[75]岳书敬,王旭兰,许耀.中国工业行业低碳创新及其影响因素解析[J].财经科学,2014(9):78-87.
[76]曹鹏,陈迪,李健.网络能力视角下企业创新网络机理与绩效研究[J].科学学研究,2009,27(11): 1742-1748.
[77]郑慕强,徐宗玲.中小企业外部网络,吸收能力与技术创新[J].经济管理,2009(11):71-78.
[78]黄攸立,陈如琳.企业创新绩效影响因素的研究综述[J].北京邮电大学学报(社会科学版),2010,12(4):71-77.
[79]陈劲,吴波.开放式技术创新范式下企业全面创新投入研究[J].管理工程学报,2011(25):227-234.
[80]谭蓉娟.珠三角装备制造业自主创新模式与创新绩效影响因素实证研究[J].科技管理研究,2011(22):1-6.
[81]奉小斌.研发团队跨界行为对创新绩效的影响[J].研究与发展管理,2012,24(3):56-65.
[82]胡平,温春龙,潘迪波.外部网络,内部资源与企业竞争力关系研究[J].科研管理,2013,(4):90-98.
[83]王宗水,刘宇,孙静.制造业集群成员知识存量及关联强度评价[J].科技进步与对策,2013(5):128-133.
[84]熊彼得.经济发展理论[M].邹建平,译.北京:中国画报出版社,2012.
[85]HORBACH J. Determinants of environmental innovation—new evidence from german panel data sources[J]. Research Policy, 2008,37: 163-173.
[86]许庆瑞,王毅.绿色技术创新新探: 生命周期观[J].科学管理研究,1999,17(1):1-4.
[87]桑金琰.环境友好型制造企业的协同运作与优化提升机制研究[D].天津:天津财经大学,2009.

[88]徐建中,谢晶. 基于属性视角的我国制造业先进性的判断与测度[J]. 科学学与科学技术管理,2013,34(5):54－60.
[89]徐士元. 技术进步对能源效率影响的实证分析[J]. 科研管理,2009,11(30):16－24.
[90]SCHIPPER L, MURTISHAW S. Carbon emissions from manufacturing energy use in 13 IEA countries: long-term trends through 1995[J]. Energy Policy, 2001,29(9):667－688.
[91]蔡兴. 低碳经济背景下中国制造业主导产业选择[J]. 系统工程,2010(12):105－110.
[92]郑林昌,附加锋,李江苏. 中国省域低碳经济发展水平及其空间过程评价[J]. 中国人口·资源与环境,2011,21(7):80－85.
[93]陈诗一. 能源消耗、二氧化碳排放与中国工业的可持续发展[J]. 经济研究,2009(4):41－55.
[94]赵克勤. 集对论:一种新的不确定性理论方法与应用[J]. 系统工程,1996,14(1):18－23.
[95]张林凤. 同异反态势排序在体育系统工程中的应用[J]. 系统工程,1998,16(3):70－72.
[96]周兴慧,张吉军. 基于五元联系数的风险综合评价方法及应用[J]. 系统工程理论与实践,2013,33(8):2069－2076.
[97]顾成喜. 一种改进的四元联系度中集对势排序方法[J]. 数学的实践与认识,2012,42(2):36－42.
[98]MOUHOUBI Z, AÏSSANI D. New perturbation bounds for denumerable Markov chains[J]. Linear Algebra & its Applications, 2010,432(7):1627－1649.
[99]王梓坤. 生灭过程与马尔可夫链[M]. 北京:科学出版社. 1980.
[100]曹静. 走低碳发展之路:中国碳税政策的设计及 CGE 模型分析[J]. 金融研究,2009(12):19－29.
[101]王长峰. 知识属性、网络特征与企业创新绩效:基于吸收能力的视角[D]. 山东:山东大学,2009.
[102]刘满凤. 民营科技企业创新绩效分析与评价[J]. 科技和产业,2005,5(1):1－6.
[103]FREEMAN C, SOETE L. The economics of industrial innovation[M]. Routledge,1997.
[104]HAGEDOORN J, CLOODT M. Measuring innovative performance: is there an advantage in using multiple indicators? [J]. Research policy,2003,32(8):1365－1379.

[105]隋俊,毕克新,杨朝均,等.跨国公司技术转移对我国制造业绿色创新系统绿色创新绩效的影响机理研究[J].中国软科学,2015(1):118-129.

[106]程华,廖中举.中国环境政策演变及其对企业环境创新绩效影响的实证研究[J].技术经济,2010,29(11):8-13.

[107]赵细康.引导绿色创新:技术创新导向的环境政策研究[M].北京:经济科学出版社,2006.

[108]毕克新,黄平,李婉红.产品创新与工艺创新知识流耦合影响因素研究:基于制造业企业的实证分析[J].科研管理,2012,33(8):16-24.

[109]邓正红.低碳创新:绿色潮流下的获利方法[M].北京:科学出版社,2012:84-92.

[110]王建民.管理创新理论与务实[M].北京:高等教育出版社,2003:24-26.

[111]张钢,陈劲,许庆瑞.技术、组织与文化的协同创新模式研究[J].科研管理,1997,15(2):56-61.

[112]朱玉胜.基于系统协同的装备制造企业整合营销创新研究[D].天津:天津大学,2012.

[113]高南林.低碳经济环境下的绿色营销策略[J],经济师,2010,(9):49-50.

[114]GLASER B G, STRAUSS A L. The discovery of grounded theory[J]. Strategies of Qualitative Research [M]. 1967,3(6):377-380.

[115]赵红丹,彭正龙.基于扎根理论的强制性公民行为影响因素研究[J].管理评论,2012,24(3):132-139.

[116]王建明,贺爱忠.消费者低碳消费行为的心理归因和政策干预路径:一个基于扎根理论的探索性研究[J].南开管理评论,2011,14(4):80-89.

[117]王海花,彭正龙,蒋旭灿.开放式创新模式下创新资源共享的影响因素[J].科研管理,2012,33(3):49-55.

[118]RENNIE D L. Grounded theory methodology as methodical hermeneutics: reconciling realism and relativism[J]. Theory & Psychology, 2000, 10(4):481-502.

[119]张秀春,邹晓燕.青少年的个人事务自主观念研究概述[J].心理科学进展,2004,12(6):883-890.

[120]王京生,王争艳,陈会昌.对定性研究的重新评价[J].教育理论与实践,2000(2):46-50.

[121]FASSINGER R E. Paradigms, praxis, problems and promise: grounded theory in counseling psychology research[J]. Journal of Counseling Psychology, 2005, 52(2): 156-166.

[122]孙晓娥.扎根理论在深度访谈研究中的实例探析[J].西安交通大学学报(社会科学版),2011,31(6):87-92.

[123]HENNING-THURAU T, KLEE A. A critical reassessment and model development[J]. Psychology & Marketing,1997,14(8):737-764.

[124]GUMMENSSON E. The new marketing-developing long term interactive relationship[J]. Long Range Planning,1987,20(4):10-20.

[125]CROSBY L A, EVANS K R, COWLES D. Relationship quality in services selling: an interpersonal influence perspective[J]. Journal of Marketing,1990,54(3): 68-81.

[126]HOLMLUND, MARIA. The D&D model-dimensions and domains of relationship quality perceptions[J]. Service Industries Journal, 2001,21(7):13-36.

[127]刘人怀, 姚作为. 关系质量研究评述[J]. 外国经济与管理, 2005,7(1): 27-33.

[128]WARY B, PALMER A, BEJOU D. Using neural network analysis to evaluate buyer-seller relationship[J]. European Journal of Marketing, 1994, 28(10): 32-48.

[129]ROBERTS K, VARKI S, BRODIE R. Measuring the quality of relationships in consumer services: an empirical study[J]. European Journal of Marketing,2003, 37(1-2):169-196.

[130]王辉,侯文华. 双边道德风险下业务流程模块化度对业务流程外包激励契约的影响研究[J]. 管理学报,2013,10(2):224-251.

[131]沈灏,李垣. 联盟关系、环境动态性对创新绩效的影响研究[J]. 科研管理, 2010,31(1):77-85.

[132]HARRYSON S. Japanese technology and innovation management: from know-how to know-who[M]. Northampton: Edward Elgar Publishing,1998.

[133]HAGEDOORN J, ROIJAKKERS N, VAN K H. Inter-firm R&D networks: the importance of strategic network capabilities for high-tech partnership formation [J]. British Journal of Management,2006,17:39-53.

[134]VEUGELERS R, CASSINAN B. Technology cooperation between firms and universities, some empirical evidence from Belgian manufacturing[J]. International Journal of industrial organization,2005,23(5):355-380.

[135]陈秋英. 国外企业开放式创新研究评述[J]. 科技进步与对策,2009(12): 196-199.

[136]贾生华,吴波,王承哲. 资源依赖、关系质量对联盟绩效影响的实证研究[J]. 科学学研究,2007,25(2):334-339.

[137]GRANOVETTER M S. Economic action and social structure:the problem of embeddedness[J]. American Journal of Sociology,1985,91(3):481-510.

[138] HSU J Y A. Late-industrial district? learning network in the hsinchu science-based industrial park[D]. Berkeley:University of Californi. 1997:78 -92.

[139] UZZI B. The sources and consequences of embeddedness for the economic performance of organizations [J]. American Sociology Reviews, 1996 (8): 674 -698.

[140] 刘璐. 企业外部网络对企业绩效影响研究[D]. 山东:山东大学,2011.

[141] KRAATZ M S. Learning by association? Intergranizational networks and adaptation to environmental change[J]. Academy of Management Journal, 1998, 41(6):621 -643.

[142] MOHR J, SPEKMAN R. Characteristics of partnership success: partnership attributes, communication behavior, and conflict resolution techniques[J]. Strategic Management Journal, 1994, 15(2):135 -152.

[143] 谢言,高山行. 组织学习对企业技术创新影响的实证研究[J]. 中国科技论坛,2013(1):11 -17.

[144] MADHOK A, TALLMAN S B. Resources, transactions and rents: managing value through interfirm collaborative relationships[J]. Organization Science, 1998(9):326 -339.

[145] HEIDE JB, JOHN G. Alliances in industrial purchasing: the determinants of joint action in buyer-supplier relationships[J]. Journal of Marketing Research, 1990(27):4 -36.

[146] KOGUT B, ZANDER U. Knowledge of the firm and the evolutionary theory of the multinational corporation[J]. Journal of International Business Studies, 1993, 24(4): 625 -645.

[147] 周玉泉,李垣. 组织学习、能力与创新方式选择关系研究[J]. 科学学研究,2005,23(4):523 -530.

[148] 喻科. 产学研合作创新网络演进过程及其主体知识传递模式探究[J]. 科技进步与对策,2010(7):44 -48.

[149] ERIKSSON L V, Dickson G W. Knowledge sharing in high technology companies[J]. Proceedings of Americas Conference on Information Systems, 2000(2): 1330 -1335.

[150] 李纲. 合作创新组织间关系嵌入与知识共享的关系研究[J]. 科技进步与对策,2010,27(1):130 -133.

[151] SMITH G K, OLIAN J D, SIMS H P. Top management team demography and process: the role of social integration and communication[J]. Administrative Science Quarterly, 1994, 39(3): 412 -438.

[152]TSAI W, GHOSHAL S. Social capital and value creation: the role of intra-firm networks[J]. Academy of Management Journal, 1998, 41(4): 464-476.

[153]徐建中,吕希琛.关系质量对制造企业团队创新绩效影响研究:业务转型外包情境视角[J].科学学与科学技术管理,2014,35(9):141-151.

[154]GILLEY K M, RASHEED A. Making more by do less: an analysis of outsourcing and its effects on form performance[J]. Journal of Management, 2000, 26(4): 763-790.

[155]LEE J. MIRANDA S M, KIM Y. IT outsourcing strategies: universalistic, contingency, and configurational explanations of success[J]. Information Systems Research, 2004, 15(2): 110-131.

[156]潘松挺.网络关系强度与技术创新模式的耦合及其协同演化[D].浙江:浙江大学, 2009.

[157]BARKER R, CAMARATA T. The role of communication in creating and maintaining a learning organization: preconditions, indicators, and disciplines[J]. The Journal of Business Communication, 1998(35): 443-467.

[158]李志刚,汤书昆,梁晓艳,等.产业集群网络结构与企业创新绩效关系研究[J].科学学研究,2007,25(4):777-782.

[159]王晓娟.知识网络与集群企业竞争优势研究[D].杭州:浙江大学, 2007.

[160]杨玉浩,龙君伟.企业员工知识分享行为的结构与测量[J].心理学报,2008,40(3): 350-357.

[161]CHIU C, HSU M, ERIC T, et al. Understanding knowledge sharing in virtual communities: an integration of social capital and social cognitive theories[J]. Decision Support Systems, 2006, 42(3): 1872-1888.

[162]伍蓓,陈劲,吴增源.企业 R&D 外包的模式、测度及其对创新绩效的影响[J].科学学研究,2009,27(2):302-308.

[163]MAVONDO F T, CHIMHANZI J, STEWART J. Learning orientation and market orientation: relationship with innovation, human resource practices and performance[J]. European Journal of Marketing, 2005, 39(11): 1235-126.

[164]杨燕,高山行.企业合作创新中知识黏性与知识转移实证研究[J].科学学研究,2010(10):1530-1539.

[165]史丽萍,刘强,唐树林.团队自省性对团队学习能力的作用机制研究:基于交互记忆系统的中介作用和内部控制机制的调节作用[J].管理评论,2013(5):102-115.

[166]SMITH A M. Some problems when adopting Churchill's Paradigm for the development of service quality measurement scales[J]. Journal of Business Research,

1999(2): 109 - 120.
[167]BARON R M, KENNY D A. The moderator-mediator variable distinction in social psychological research: conceptual, strategic and statistical consideration [J]. Journal of Personality and Social Psychology, 1986(51):1173 - 1182.
[168]JAWORSKI B J, KOHLI A K. Market orientation: antecedents and consequences [J]. Journal of Marketing,1993,(57):53 - 71.
[169]王永贵,邢金刚,李元南. 战略柔性与竞争绩效:环境动荡性的调节效应[J]. 管理科学学报,2004,7(6):70 - 78.
[170]陈璇,淳伟德. 企业环境绩效评价:基于价值链理论的探讨[J]. 西南民族大学学报(人文社科版),2009,(12):237 - 240.
[171]袁菁,彭灿. 高科技企业技术跨越的外部环境质量评价[J]. 科技进步与对策,2009,26(24):142 - 145.
[172]余亮,陆止华. 外生环境因素对企业研发活动影响的理论与实证分析[J]. 科技管理研究,2010(6):126 - 135.
[173]任荣. 环境因素对企业合作创新绩效影响的实证研究[C]. 中国管理学年会,2008.
[174]黄山,吴小节,宗其俊. 中国制造企业低碳竞争力的来源及提升途径[J]. 华东经济管理,2013,27(5):42 - 46.
[175]ZIEGLER A,SCHRODER M,RENNINGS K. The effect of environmental and social performance on the stock performance of European corporations[J]. Environmental and Resource Economics,2007,37(4):661 - 680.
[176]徐建中,吕希琛. 低碳经济下政府、制造企业和消费群体决策行为演化研究[J]. 运筹与管理,2014,23(6):81 - 91.
[177]杜建国,王敏,陈晓燕,等. 公众参与下的企业环境行为演化研究[J]. 运筹与管理,2013,22(1):244 - 251.
[178]魏芳芳,陈福集. 网络虚假信息中政府、企业和公民三者的进化博弈行为分析[J]. 运筹与管理,2012,21(6):225 - 230.
[179]魏中龙,郭辰. 基于顾客认知价值分析的产品定价策略研究[J]. 管理世界,2007(4):162 - 163.
[180]FRIEDMAN D. Evolutionary games in economics[J]. Econometrica,1991,59(3):637 - 666.
[181]陈智勇. 新经济时代企业创新环境分析[J]. 企业经济,2003(9):5 - 7.
[182]刘仿. 中小企业非研发创新:一个理论框架及对企业创新绩效的影响研究[D]. 杭州:浙江大学, 2012.
[183]陆小成. 区域低碳创新系统理论与实践研究:基于全球气候变化的思考[M].

北京:中国文史出版社,2011:76-77.
[184]NADKARNI, PAMELA S. Environmental context, managerial cognition, and strategic action: an integrated view[J]. Strategic Management Journal,2008,29(13):1395-1427.
[185]樊琦,韩民春.我国政府投入、市场竞争与自主创新关系研究[J].中国科技论坛,2011(3):10-15.
[186]梁益琳,张玉明.基于云创新的企业低碳技术创新模式实证研究[J].科技进步与对策,2014,31(20): 69-76.
[187]李巧华.生产型企业绿色创新:影响因素及绩效相关[D].成都:西南财经大学,2014.
[188]RENNINGS K. Redefining innovation eco-innovation research and the contribution from ecological economics [J]. Ecological Economics, 2000, 32 (2): 319-332.
[189]EIADAT Y, KELLY A, ROCHE F. Green and competitive? An empirical test of the mediating role of environmental innovation strategy[J]. Journal of World Business, 2008,43(2):131-145.
[190]POUDER R J, CARON H. Hot spots and blind spots: geographical clusters of firms and innovation[J]. The Academy of Management Review,1996,21(4): 1195-1225.
[191]ANDERSON M H. The effects of individual's social network characteristics and information processing characteristics on their sense making of complex, ambiguous issues[D]. USA: University of Minnesota,2002: 102-162.
[192]水常青.基于市场导向的全面创新机制及绩效实证研究[D].杭州:浙江大学,2009.
[193]MOORMAN C, RUST R T. The role of marketing [J]. Journal of Marketing, 1999(63): 180-197.
[194]RICHARD B, GUNDERMAN S C. The appreciative approach to innovation and improvement[J]. Journal of the American College of Radiology, 2006,3(2): 81-84
[195]DITTRICH K, DUYSTERS G. Networking as a means to strategy change: the case of open innovation in mobile telephony[J]. Journal of Product Innovation Management, 2007,24(6):510-521.
[196]王立新,高长春,任荣明.企业创新能力的评价体系和评价方法研究[J].东华大学学报,2006,32(3):34-37.
[197]陈力田,赵晓庆,魏致善.企业创新能力的内涵及其演变:一个系统化的文献

综述[J]. 科技进步与对策,2012,29(14):156 - 157.
[198]张军,许庆瑞,张素平. 企业创新能力内涵、结构与测量:基于管理认知与行为导向视角[J]. 管理工程学报,2014,28(3):1 - 9.
[199]SUCHETA N, NARAYNAN V K. Strategic schemas, strategic flexibility, and firm performance: the moderating role of industry clockspeed[J]. Strategic Management Journal,2007,28(3):243 - 270.
[200]FERRIER W. Navigating the competitive landscape: the drivers and consequences of competitive aggressiveness[J]. Academy of Management Journal, 2001,44(4):858 - 977.
[201]ANDREWS K. The concept of corporate strategy[M]. Homewood:Dow Jones - liwin,1971.
[202]GRANT R B. A resource based the theory of competitive advantage: Implications for strategy formulation[J]. California Management Review, 1991, 33(3): 114 - 135.
[203]CHESBROUGH H, et al. Open innovation: research a new paradigm[M]. New York:Oxford University Press,2006:227 - 241.
[204]TEECE D J. Competition, cooperation & innovation: organizational arrangements for regimes of rapid technological progress[J]. Journal of Economic Behavior & Organization,1992,18(3):1 - 25.
[205]MAHONEY J T, PANDIAN J R. The resource - based view within the conversation of strategic management[J]. Strategic Management Journal, 1992(5): 363 - 380.
[206]马鸿佳. 创业环境、资源整合能力与过程对新创企业绩效的影响研究[D]. 吉林:吉林大学博士学位论文. 2008.
[207]牛东旗,高翠娟,林向义. 创新开放对企业自主创新能力的影响机制[J]. 情报杂志,2011,30(12):187 - 191.
[208]HOWARD P, LARRY W. Industrial strategy and technological change: theory versus reality[J]. Journal of Development Economics,1986,22(1):87 - 128.
[209]BARTON D L. Core capability & core rigidities[J]. Journal of Scientific & Industrial Research, 1992,13(5):113 - 126.
[210]安同良. 企业技术能力:超越技术创新的新范式[J]. 当代财经,2002,(1): 62 - 65.
[211]李随成,孟书魁,谷珊珊. 供应商参与新产品开发对制造企业技术创新能力的影响研究[J]. 研究与发展管理,2009,21(5):1 - 10.
[212]陈劲,邱嘉铭,沈海华. 技术学习对企业创新绩效的影响因素分析[J]. 科学

学研究,2007,25(6):1223-1232.
[213]葛沪飞,仝允恒,高旭东.企业自主研发选择差异及其影响因素实证研究[J].研究与发展管理,2010(8):10-19.
[214]GEORGE S. Production and distribution in the short run[J]. Journal of Political Economy, 1975,47(6):305-327.
[215]MANDELBAUM M. Flexibity and decision making. European Journal of Operational Research,1990(44):17-27.
[216]陈琪.制造业企业推行柔性制造的意义及对策[J].企业经济,2005(4):7-8.
[217]GONHAUG K, DREYER B. Uncertainty, flexibility, and sustained competitive advantage[J]. Joumal of Business Research,2004.57(5):484-494.
[218]龚世文.信息时代的企业组织结构变革[J].管理探索,2006(5):10-11.
[219]张荣,陈大佑.提升国有大中型企业竞争力的新途径:柔性化管理[J].当代经济研究,2006(1):33-35.
[220]李刚,郭琳.基于MDS的企业价值创新能力分类研究[J].统计与决策,2014(10):169-172.
[221]段婕,刘勇.基于因子分析的我国装备制造业技术创新能力评价研究[J].科技进步与对策,2011,28(20):122-126.
[222]袁小量.制造企业低碳竞争力演化研究[D].哈尔滨:哈尔滨工程大学,2012.
[223]独娟.论企业低碳竞争力的形成要素及构建路径[J].求索,2012(5):193-195.
[224]宁小勇.低碳企业文化与品牌竞争力[D].上海:华东师范大学,2011.
[225]张素平.企业家社会资本影响企业创新能力的内在机制研究:基于资源获取的视角[D].杭州:浙江大学,2013.
[226]ZAHRA S A, IRELAND R D, HITT M A. International expansion by new venture firms: internal diversity[J]. Academy of Management Journal, 2000, 43(5):925-950.
[227]SHELBY D H, ROBERT M. The resource-advantage theory of competition: dynamics, path dependencies and evolutionary dimensions[J]. Journal of Marketing,1996(4): 107-114.
[228]TEECE D J. Dynamic capabilities and strategic management[J]. Strategic Management Journal,1997(7):509-533.
[229]魏江.企业技术能力研究的发展与评述[J].科学管理研究,2000,18(5):20-23.
[230]赵晓庆,许庆瑞.企业技术能力演化的轨迹[J].科研管理,2002,23(1):

70 – 76.

[231] BONTIS N, CROSSAN M, HULLAND J. Managing an organizational learning system by aligning stocks and flows[J]. Journal of Management Studies, 2002, 39 (4): 437 – 469.

[232] 蔡建华. 精益生产系统的柔性研究:基于资源整合视角[J]. 科技管理研究, 2006(7):120~124

[233] 叶丹,战德臣,徐晓飞. 企业的敏捷性及其度量体系[J]. 中国机械工程, 1998, 9(2): 21 – 23.

[234] CAMERON K S, QUINN R E. Diagnosing and changing organizational culture: based on the competing values framework[M]. New York: Addlson – Wesley Press, 1998: 79 – 82.

[235] 奉小斌. 质量改进团队跨界行为及其作用机制研究[D]. 杭州:浙江大学, 2012.

[236] MILLER D, et al. Structural change and performance: quantum vs piecemeal incremental approaches [J]. Academy of Management of Journal, 1982 (4): 867 – 892.

[237] DESHPANDE R, FARLEY J U, WEBSTER F E. Corporate culture, customer orientation, and innovativeness in Japanese firms-a quadrad analysis[J]. Journal of Marketing, 1993, 57(1): 23 – 27.

[238] 唐健雄,王国顺. 企业战略转型能力的自组织研究[J]. 科学学与科学技术管理, 2008(9): 171 – 175.

[239] GURIZATTI P, SOLI V, TATTARA G. Patterns of diffusion of new technologies in small metalworking firms: the case of an Italian region[J]. Industrial and Corporate Change, 1997(6): 275 – 313.

[240] DEBRA M, AMIDON R. The challenge of fifth generation R&D[J]. Research Technology Management, 1996, 39(4): 33 – 41.

[241] 寿涌毅,孙宇. 集群企业创新来源、技术能力及创新绩效关系研究[J]. 管理工程学报, 2009(增刊): 59 – 64.

[242] 张健华. 低碳金融[M]. 上海:上海交通大学出版社, 2011: 32 – 34

[243] 欧阳斐. 低碳企业文化与企业内部社会资本研究[D]. 上海:华东师范大学, 2012.

[244] 程毛林,韩云,易雅馨. 苏州工业园入园企业技术创新与入园效应的典型相关分析[J]. 科技进步与对策, 2013, 30(6): 30 – 33.

[245] 何晓群. 多元统计分析[M] 3 版. 北京:中国人民大学出版社, 2012: 197 – 211.

[246]孙玮,王九云,成力为.技术来源与高技术产业创新生产率:基于典型相关分析的中国数据实证研究[J].科学学研究,2010,28(7):1088-1093.

[247]郭岚,张祥建.上市公司的成长能力与投资行为研究[J].软科学,2010(3):96-102.

[248]GEMUNDEN H G, RITTER T. Management technological networks: the concept of network competence[J]. Relationships and Networks in International Markets, 1997:294-304.

[249]施放,王静波,蒋天颖.企业社会网络关系嵌入对技术创新能力影响的实证研究:基于不同技术创新阶段视角[J].浙江社会科学,2014(1):79-86.

[250]于飞.集群企业技术创新能力的外部影响因素:基于组织间网络的视角[J].中国科技论坛,2013(8):61-66.

[251]Oliver C. Determinants of Inter organizational relationships: integration and future directions[J]. Academy of Management Review 1990,15(2):241-265.

[252]王树林,吴晓薇.网络关系对企业创新能力的影响研究[J].哈尔滨工业大学学报(社会科学版),2009,11(2):107-112.

[253]GERTLER M S, WOLFE D A, GARKUT D. No place like home? The embeddedness of innovation in a regional economy[J]. Review of International Political Economy, 2000,7(4):688-718.

[254]何亚琼,秦沛,苏竣.网络关系对中小企业创新能力影响研究[J].管理科学,2005,18(6):18-23.

[255]SIMMIE J. Reasons for the development of island of innovation: evidence from Herford shire[J]. Urban Studies,1998,35(8):1261-1289.

[256]吴晓松.国家创新体系对企业创新能力及创新绩效影响研究[D].昆明:昆明理工大学,2012.

[257]世界自然基金会低碳企业发展项目组.企业低碳领导力[M].北京:中信出版社,2010.

[258]王雪峰.低碳经济语境与绿色政治变革[J].南京社会科学,2010(5):69-74.

[259]赵道致,张靓.资源杠杆:基于企业网络的竞争优势获取模式[J].科学学与科学技术管理,2006,27(9):169-170.

[260]柳士顺,凌文辁.多重中介模型及其应用[J].心理科学,2009,32(2):433-435.

[261]MACKINNON D P, LOCKWOOD C M, HOFFMAN J M, et al. A comparison of methods to test mediation and other mediating variable effect[J]. Psychological Methods, 2002,7(1):83-104.

[262]宋媚.支持银行中小企业贷款决策的 G2B 信息共享研究[D].上海:上海交通大学,2012.

[263]郑杭生.结构方程模型原理与应用[M].北京:中国人民大学出版社,2010.

[264]BAGOZZI R P, YI Y. On the evaluation of structural equation models[J]. Journal of Marketing Science, 1988,16(1):74-94.

[265]易丹辉.结构方程模型:方法与应用[M].北京:中国人民大学出版社,2008.

附录　关于制造企业低碳创新绩效相关研究的调查问卷

尊敬的先生/女士：

您好！

非常感谢您在百忙之中抽出时间为我们的研究填写调查问卷，本调查问卷采取匿名填写方式，不会透露您的核心信息，请您放心。我是哈尔滨工程大学经济管理学院的一名博士生，我所在的研究团队正在进行关于“制造企业低碳创新绩效的关键影响因素及作用机制”的研究，旨在为制造企业低碳创新发展提供有建设性的理论借鉴。本问卷的调查对象主要是贵企业的中高层管理人员，请您根据您的实践经验和专业知识对以下问题做出回答，您的回答对我们的研究具有重要的意义。本次调查只做学术研究，无关任何商业用途，保证不会泄露贵企业及您的相关信息，恳请您放心如实填写。

再次感谢您的大力支持，请您将问卷反馈至邮箱 LXC19850916@163.com，若您对研究结果感兴趣，也请通过该邮箱联系索要结果，我们会及时将研究成果发给您。在此表示感谢！

一、基本信息

该部分内容主要是为了解贵企业和您的基本情况，对我们的研究同样重要，请您如实填写。

1. 贵企业名称是________

2. 您在企业中的职位是________

3. 贵企业员工数为________

4. 贵企业成立时间是________

5. 贵企业所处行业是________

6. 贵企业的所有制类别是________

A. 国有及国有控股　　B. 集体　　C. 民营　　D. 三资　　E. 其他

7. 您的性别是（　）。

A. 男　　　　B. 女

8. 您的受教育程度是（　）。

A. 大专以下　　B. 大专　　C. 本科　　D. 硕士　　E. 博士

9. 您的年龄范围是(　　)。

A. 25 周岁以下　　B. 25 ~ 35 周岁　　C. 35 ~ 45 周岁

D. 45 ~ 55 周岁　　E. 55 周岁以上

二、问卷题项

该部分需要填写人根据实际经验和情况分别对以下题项的同意程度进行判断,采用 Likert7 分度量表法进行变量的测量,从 1 到 7 表示认可程度随分数逐步递增:1 分表示完全不同意,2 分表示一般不同意,3 分表示有些不同意,4 分表示不确定,5 分表示有些同意,6 分表示一般同意,7 分表示完全同意。请在您认为最符合实际的正确分值下打"√"。

(1)外部关系质量相关题项

序号	关系耦合度	评分						
		1	2	3	4	5	6	7
1	企业在合作创新中重视与合作组织的紧密联系							
2	企业愿意与合作组织在平等合作中实现共赢							
3	企业与合作组织在创新活动中地位平等							
4	企业与合作组织具有很好的合作氛围							
5	企业(成员)很愿意信任合作创新组织(成员)							
序号	关系交互度	评分						
		1	2	3	4	5	6	7
1	企业与创新合作组织有频繁的沟通交流							
2	企业与创新合作组织的沟通是有效果和有效率的							
3	企业与合作组织在合作过程中共同解决过难题							
4	合作组织愿意主动为企业创新提供支持							
序号	关系持久度	评分						
		1	2	3	4	5	6	7
1	企业与合作伙伴的合作关系稳固							
2	企业与合作伙伴的合作关系已保持较长时间							
3	企业与合作伙伴的合作关系还会保持较长时间							
4	创新合作伙伴会定期到访为我们提供创新帮助							
5	企业成员与合作组织成员已成为工作外的朋友							

(2)外部环境质量相关题项

序号	政策制度环境	评分						
		1	2	3	4	5	6	7
1	政府出台了鼓励企业低碳创新的优惠政策							
2	企业低碳活动获得过政府的财税、土地等补贴							
3	企业的创新技术可以得到有效的制度保护							
4	企业对政策变化能够做出及时应对措施							
序号	市场需求环境	评分						
		1	2	3	4	5	6	7
1	相对于同类竞争企业高碳产品,消费者更倾向于购买本企业的低碳产品							
2	客户对我们企业的低碳产品感觉满意							
3	企业的竞争对手实力很强劲							
4	企业能够了解自身和竞争对手的优势所在							
序号	社会文化环境	评分						
		1	2	3	4	5	6	7
1	区域内的公民乐于关注低碳和环保							
2	公民对企业的碳排放污染等行为反应强烈							
3	媒体对企业低碳行为的关注度较高							
4	企业自身的节能减排和创新行为能提高企业声誉							

(3)知识共享相关题项

序号	知识共享	评分						
		1	2	3	4	5	6	7
1	企业与创新合作组织具有频繁的知识共享行为							
2	合作双方愿意投入更多知识参与共享							
3	通过合作获得的知识能够解决企业问题							
4	通过知识共享可以提升企业知识水平							

（续表）

序号	知识共享	评　分						
		1	2	3	4	5	6	7
5	企业的核心知识中有很多来自于合作组织							

(4)企业创新能力相关题项

序号	创新决策能力	评　分						
		1	2	3	4	5	6	7
1	企业管理层具有很好的创新意识							
2	企业管理层具有很好的创新判断力和环境洞察力							
3	根据外界环境企业可以迅速调整创新战略							
4	企业能够及时获取和分析外界环境情况信息							
5	企业会根据创新战略制定短期目标							
6	企业对自身发展情况有很好的把握							
7	企业很倾向于投入技术和资源进行新产品创新							
序号	资源获取能力	评　分						
		1	2	3	4	5	6	7
1	企业能够吸引创新型技术和管理人才							
2	企业创新活动能够获得足够的资金投入							
3	企业对所获取的知识能够有效分类和利用							
4	企业具有获得先进技术的渠道							
5	企业具有良好的产品和市场资源配置能力							
6	企业具有良好的创新资源的配置能力							
7	企业具有良好的获取先进设备和原材料的能力							
序号	技术研发能力	评　分						
		1	2	3	4	5	6	7
1	企业管理者重视和支持科技研发工作							
2	企业具有持续且稳定的科研投入							
3	企业能够及时和有效预测行业内技术发展趋势							
4	企业的产品具有行业领先的技术水平							

（续表）

序号	技术研发能力	评分						
		1	2	3	4	5	6	7
5	企业具有较好的研发环境和研发条件							
6	企业善于利用外界吸收的知识改进自身技术							
7	企业对技术资源条件利用充分							
序号	柔性生产能力	评分						
		1	2	3	4	5	6	7
1	企业能够自动控制和管理零件的加工过程							
2	企业能够有效监控产品和零件的故障率							
3	企业具有种类多样的生产设备和生产线							
4	企业具有灵活的生产配置计划管理							
5	企业能够应付多种产品和零件的中小批量生产							
6	企业具有短时间调整产品生产类型和生产计划的能力							
7	企业通过优化的调度管理功能控制生产过程							
序号	低碳保障能力	评分						
		1	2	3	4	5	6	7
1	企业管理者具有很好的环境责任意识							
2	企业重视树立良好的绿色和环保形象							
3	企业管理制度中能够体现出绿色和环保价值							
4	企业文化中能够体现出绿色和环保价值							
5	企业重视培养员工的绿色和环保习惯							
6	企业考评中具有衡量员工节约和节能的指标							

（5）低碳创新绩效

序号	低碳技术创新绩效	评分						
		1	2	3	4	5	6	7
1	通过创新活动企业生产出较多的低碳型产品							
2	与竞争企业相比本企业的产品在生产和使用过程中表现出较好的降碳环保优势							

（续表）

序号	低碳技术创新绩效	评分						
		1	2	3	4	5	6	7
3	通过创新企业形成更简洁优质的工艺流程							
4	企业在产品生产工艺的各个环节都能够重视节约和节能,并基本实现减排目标							
序号	低碳管理创新绩效	评分						
		1	2	3	4	5	6	7
1	通过创新企业日常工作重视低碳计划和低碳控制							
2	企业规章制度和企业文化很多涉及低碳理念							
3	企业的组织结构和运营流程足够精简有效							
序号	低碳营销创新绩效	评分						
		1	2	3	4	5	6	7
1	企业在低碳营销渠道方面优于竞争对手							
2	企业在产品包装、运输等方面重视低碳							
3	企业低碳产品比竞争企业占据更多市场份额							

问卷调查终止,再次感谢您的支持和配合!